真实打动世界

恋爱中的暴君

自恋型男友识别指南

邱雨薇

著

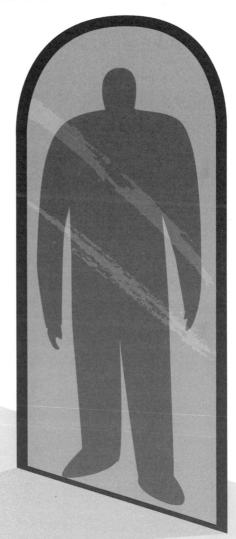

台海出版社

图书在版编目（CIP）数据

恋爱中的暴君：自恋型男友识别指南 / 邱雨薇著. — 北京：台海出版社，2024.6
ISBN 978-7-5168-3826-6

Ⅰ. ①恋… Ⅱ. ①邱… Ⅲ. ①恋爱心理学－通俗读物
Ⅳ. ①C913.1-49

中国国家版本馆CIP数据核字（2024）第070501号

恋爱中的暴君 ： 自恋型男友识别指南

著　者：邱雨薇

出 版 人：薛　原
责任编辑：王　萍　　　　　　　　策划编辑：叶嘉莹　宋文倩
封面设计：麦克茜　　　　　　　　版式设计：李　一

出版发行：台海出版社
地　　址：北京市东城区景山东街 20 号　　邮政编码：100009
电　　话：010-64041652（发行、邮购）
传　　真：010-84045799（总编室）
网　　址：www.taimeng.org.cn/thcbs/default.htm
E - mail：thcbs@126.com

经　　销：全国各地新华书店
印　　刷：河北盛世彩捷印刷有限公司
本书如有破损、缺页、装订错误，请与本社联系调换

开　　本：880 毫米 × 1230 毫米　　　1/32
字　　数：200 千字　　　　　　　　　印张：10.25
版　　次：2024 年 6 月第 1 版　　　　印次：2024 年 6 月第 1 次印刷
书　　号：ISBN 978-7-5168-3826-6

定　　价：58.00 元

版权所有　翻印必究

你是否也经历过
这样的"有毒"关系

起初他看起来自信且有魅力，对你十分热情。你俩总有说不完的话，有太多的相似点，让你认定自己终于找到了那个"灵魂伴侣"。虽然你有时也会觉得这一切来得太突然，但是看到他的笃定和真诚，很快就把疑虑抛诸脑后。

　　可是过了不久，你逐渐意识到他似乎变了一个人。

　　他的态度变得拒绝、回避和不耐烦。他对你和周围的人冷嘲热讽，时不时还疑神疑鬼。那些他曾经称赞过的你的优点成了攻击你的理由。他的这些改变让你开始怀疑自己，可能自己太把关注点放在感情上了，情绪敏感，缺少安全感。

　　一开始你觉得这只是你们关系中的小插曲，很快就会过去。你会帮对方找理由，心想："他只是最近比较忙"，"他这两天压力比较大"，"他在情感里曾受过伤"，"没有一段关系是完美的"。同时，你希望通过自己的努力去化解两人之间的矛盾。渐渐地，你发现自己无论多努力尝试沟通，他好像总是听不明白或者拒绝听你在说什么，更不想做出改变。

　　如果你坚持表达自己的立场和感受，他可能会突然情绪失控，对你和你周围的人进行言语甚至肢体攻击。他也可能会用冷漠、谎言和出轨等方式回避问题。一旦你跟他对峙，他会把所有的责任推到你的身上，控诉你控制欲太强或者干脆一言不发。你的情绪一激动，他会觉得你疯了，心理有问题。因此，你会深深地陷入自我责备的循环中，好像这一切的发生都是自己的错。你想不明白，如果不是自己的问题，当初如此善解人意的伴侣，如今怎么会判若两人呢？

于是，你在这段关系中变得小心翼翼，生怕不知不觉又犯了错，触发对方的情绪。出于羞耻和恐惧，你会疏远周围的人，选择把自己孤立起来。或者，你积极地寻求帮助，希望通过心理咨询解决你俩关系中的矛盾。遗憾的是，对方要么直接拒绝，要么在咨询师面前戴着一副"完美"的面具。他可能会夸夸其谈自己在这段关系中的"付出"，也可能扮演受害者的角色控诉你的"情绪问题"，仿佛你就是一切问题所在。

你开始产生离开的念头，但还是想尽最后的努力。当你竭尽全力想要修复这段关系却只换得对方的一句"你控制欲太强"，当你无数次流着泪跟他分享你的伤痛却只换得对方不耐烦的表情，当你为这段关系再次赌上仅剩不多的爱与信任，却只换得对方再一次的欺骗，你突然意识到眼前的这个人冷酷傲慢、自私自利、谎话连篇，丝毫不把你的情绪和感受放在眼里。面对冲突，他可能会暴怒，也有可能脆弱不堪，就是无法承担起自己的责任。

相信离开这个人是你一生中所做出的最艰难的选择之一。每次当你终于下定决心，信誓旦旦地说要分手后，却又忍不住回了头。直到你已经被消耗到筋疲力尽，才可能会选择断掉这段关系，也可能会被对方突然分手。总之，你们的关系很难有一个妥善的告别。离开这个人后，你总是会有一种"不知道自己到底经历了什么"，"看不清对方是个什么样的人"的感觉，甚至午夜梦回的时候还颇感遗憾，时常冒出"会不会再努力一些就会不一样"的念头。他可能会无缝衔接到下一段关系，开始在社交网络上展示自己的新生活，让你感觉自己孤身一人在痛苦中徘徊。他也有可能释放模棱两可的信号与你藕断丝连，让你无法摆脱他的阴影。

如果这个故事让你觉得似曾相识，那你很可能遇到了一个"自恋伴侣"（narcissistic partner）。

目录

前言

你是否也经历过这样的"有毒"关系

序章

遇见灵魂伴侣后，我怀疑自己被情感操控

第一章

自恋型伴侣：一切都是你的错

第二章

为什么你会被自恋伴侣吸引？

第三章

我从"有毒"关系中幸存

遇见灵魂伴侣后，
我怀疑自己被情感操控

越自恋的人，内心越脆弱

"自恋"一词源于希腊神话中的人物那喀索斯（Narcissus），传说他在湖边休息时，在水中看到了自己的影子，越看越入迷，最后爱上了自己的倒影。

在日常生活中，当形容一个人自恋的时候，我们或多或少想传达出一些积极的含义，比如说这个人很自信，特别相信自己的实力，非常知道自己想要什么。

精神分析学家将"自恋"这一概念引入心理学领域，将自恋描述为一种以优越感和自我中心为特征的人格模式，也就是自恋型人格（narcissistic personality）。

人格类似于心理的免疫系统，帮助我们应对外部的挑战。心理成熟度越高的人，人格越稳定，越会采用有效的方式去应对关系中的冲突和矛盾。举个例子，当一个人觉得自己被人误解的时候，人格稳定的人会把自己不舒服和真实的想法表达出来，人格不稳定的人可能会使用发脾气、回避、讨好的方式处理。

心理学家普遍认为人格是一种建构（construct）。一个人的人格建构由其属性（attributes）、品质（qualities）和特征（characteristics）来定义，人格结构有不同的种类，大家最熟知的就是内向型人格和外向型人格。

当我们说一个人是自恋型人格的时候，我们在形容这个人拥有一系列的特质，包括：缺乏同理心、有优越感、浮夸、傲慢、寻求认可和崇拜、有控制欲、以自我为中心以及容易情绪失控。[1]

另一个与之相似的人格类型（有时可以替换使用）是对抗型人格（antagonistic personality）。对抗型人格的人往往与他人格格不入，喜欢夸大自己的重要性，认为自己应该得到特殊的待遇，对他人缺乏同理心，对他人的需要和感受知之甚少，并且不顾他人的感受，利用他人去满足自己的需要。[2]

可能会有读者产生疑问："好像我也喜欢别人认可和关注我，难道我是自恋型人格吗？"

答案是：不一定。

按照从健康自恋到病态自恋（pathological narcissism）的心理状态，心理学家用连续的光谱来衡量一个人的自恋程度。[3]

健康的自恋包括有相对稳定的自我价值感，并且对自己和他人的需要持一种慈悲、接纳、尊重的态度。面对人际关系中的挑战，自恋程度比较健康的人可能会有处理不当的时候，但是大多数情况下他们都能够觉察反思自己，共情理解对方，尝试沟通协商并满足彼此的需要。

当说到不健康的自恋或者"病态自恋"的时候，我们在描绘一个人的内在太过于脆弱，以至于缺少对自己和他人情绪感受的觉察力。在人际交往中，这些人可能会觉得自己高人一等，不顾他人的感受，以满足自己的需要为中心。[4]

当自恋程度发展到病态，并且导致严重的心理功能紊乱，给患者带来困扰和痛苦时，自恋的人格特质会发展为自恋型人格障碍（narcissistic personality disorder, NPD）。

自恋的人，没有爱的能力

精神分析学派创始人弗洛伊德（Sigmund Freud）曾说过："有爱的能力的人是谦逊的。为了爱，他们已经让渡了部分的自恋。"有爱的能力的人势必要超越自我，去看到、听到他人的需要和感受。

遗憾的是，我们处在一个自恋的时代。自恋已经成为这个时代的流行病，让人变得"爱无能"。有研究显示，如今二十岁左右的美国人中，将近五分之一呈现自恋特质。[5] 随着个人主义、物质主义在全球的流行以及互联网、社交媒体的普及，自恋流行病已经蔓延到全球。

需要强调的是，自恋型人格和自恋型人格障碍是两个截然不同的概念。人格意在描述一个人的行为模式。它不是诊断，也不是疾病。

自恋型人格障碍是一种临床诊断的心理疾病。心理学界的权威诊断手册《精神障碍诊断与统计手册》第五版（DSM-5）将自恋型人格障碍定义为一种虚荣、需要赞美和缺乏同理心的普遍心理行为模式。自恋型人格障碍患者的典型症状包括：脆弱的自我，对无限成功、完美爱情抱有不切实际的幻想，相信自己是独特的，高人一等，剥削他人，嫉妒，傲慢，共情能力差等。[6] 依据不同的测量标准，自恋型人格障碍的平均患病率为 1.2% ~ 6.2%。[7]

在社交媒体上很多人会使用"自恋型人格障碍"或者"NPD"这类诊断性的词汇，但诊断自恋型人格障碍需要有资质的心理学家或者精神科医生，对患者进行长时间、系统性的观察、评估、调查、走访。而很多人没有相关的专业背景和资质，当他们描述表现自恋特质的个体时，自恋型人格是一个更适合的词汇。

这种现象积极的一面是自恋这个议题受到越来越多的关注，而消极的一面是，这会削弱表达者的可信度，同时也会造成概念歧义。

比 PUA 更可怕的，是情感吸血鬼

之前提到，有自恋倾向的个体缺少共情和自我反思的能力，很难意识到自己的行为给他人造成的影响。当自恋倾向达到极端程度，病态自恋者因为以自我为中心、情绪不稳定，性格上敏感易怒，面对批评时他们会用蔑视、狂怒或挑衅的方式来应对，容易对人产生敌意，所以他们常常有人际关系问题，例如与同事、家人频繁发生冲突。

特别是在亲密关系中，病态自恋者表现出控制、攻击倾向，情绪失控时可能会发生严重的暴力和虐待行为。长期处在这种关系下，他们的伴侣会出现焦虑、抑郁的症状。

寻求心理援助的人往往是被自恋型人格障碍者影响的人（伴侣、家人、朋友、工作伙伴），而障碍者自己由于缺少共情力和自我反思力，很难意识到自己的问题，基本不会主动去寻求帮助，进而不会被诊断和统计。很多资深的实务工作者认为自恋型人格障碍的实际比例会比诊断数据高很多。

出于同样的原因，我没有机会深入接触到来访者的自恋伴侣，但基于来访者的身心体验，我能够描绘出他们伴侣的行为模式，从而做出人格方面的判断。在这本书里，我会使用"自恋伴侣"去指代来访者所遇到的疑似展现出自恋型人格障碍的伴侣。

在一段关系开始时，自恋伴侣可能看起来很有魅力和礼貌，但随着时间的推移，他们的行为会逐渐展示出具有操纵、支配和剥削性的一面。而后者才是他们人格真实的底色。这会让受害者感到孤独、无助、焦虑、抑郁，总觉得自己做错了什么，失去了自我意识和边界，难以做出自主的选择，无法面对并离开自恋伴侣。

这几年我所接手的情感咨询案例中，有超过一半都跟自恋伴侣和亲密关系暴力有关，并呈现出愈演愈烈的趋势。

越来越多的人在情感咨询过程中向我哭诉自己所经历的伤害，这些受害者无时无刻不处在抑郁、焦虑、怀疑、恐惧和悲痛之中，甚至遭受亲密关系暴力和自恋型虐待（narcissistic abuse）。自恋型伴侣通过一系列的心理、情感、经济和性等方面的虐待手段，企图操控受害者，以获得关注和认可，满足膨胀的自我重要性。自恋型虐待也称为自恋虐待综合征或自恋受害者综合征，在国内外的学术研究和临床实践里是一个比较新的非医学术语，并不为人所熟知。

有的人花了很多年甚至一生的时间试图去理解和证明发生在自己身上的事情，他们时常感慨："我根本不了解这个人"，"我对自己的经历一知半解"，"这段关系把我变成了一个自己讨厌的人"，等等。我知道这不是简单的"恋爱脑被 PUA"或者"焦虑型人格遇到回避型人格"的故事。他们的经历是真实的，背后是有深层次的心理、社会、文化等原因。

在心理咨询中自恋型人格障碍几乎是一个无法被治疗的禁区。因为这类人格难以改变且在关系中呈现出极大的虐待性，被心理咨询师称为"情感吸血鬼"。[8]

这本书的目的是想唤起大众对自恋型伴侣的认识，帮助大家更好地辨别和疗愈亲密关系暴力。我相信爱与被爱应该是一项基本人权。在任何一段关系中，没有谁应该被攻击，没有人应该被不公平对待。

参考文献

1. Ahmad B O. Selfie-liking and its relationship to some personality Traits among a sample of university students[J]. AL-ADAB JOURNAL, 2022, 1（142）: 372-395.
2. Wells R, Ham R, Junankar P N. An examination of personality in occupational outcomes: antagonistic managers, careless workers and extraverted salespeople[J]. Applied Economics, 2016, 48（7）: 636-651.
3. Krizan Z, Herlache A D. The narcissism spectrum model: A synthetic view of narcissistic personality[J]. Personality and Social Psychology Review, 2018, 22（1）: 3-31.
4. Di Sarno M, Frisina S, Madeddu F, et al. Interpersonal perceptions in treatment sessions: Pathological narcissism predicts self - rater discrepancies[J]. Journal of Clinical Psychology, 2023, 79（4）: 1002-1020.
5. Lenzenweger M F. Narcissistic personality disorder studied the long way: predicting change in narcissistic pathology during college[J]. American Journal of Psychotherapy, 2023, 76（1）: 15-25.
6. American Psychiatric Association D, American Psychiatric Association. Diagnostic and statistical manual of mental disorders: DSM-5[M]. Washington, DC: American psychiatric association, 2013.
7. Yakeley J. Current understanding of narcissism and narcissistic personality disorder[J]. BJPsych advances, 2018, 24（5）: 305-315.
8. Northrup C. Dodging Energy Vampires: An Empath's Guide to Evading Relationships that Drain You and Restoring Your Health and Power[M]. CA: Hay House, Inc., 2018.

第一章

自恋型伴侣：
一切都是你的错

从事心理咨询的初期，我经常被问到的是："你觉得我的伴侣是不是个自恋狂？"

回答这个问题有一定的困难。

那么自恋型人格的行为模式组成是什么呢？临床心理学家拉玛尼·德瓦苏拉（Ramani Durvasula）博士提出的 CRAVED 模型，总结了自恋型人格常见的六类行为模式。CRAVED 模型是由六类行为模式的首字母缩写组成，包括：

（1）C= 冲突性（Conflict）。自恋型人格的人往往是高冲突性的人，容易把人与人之间的不同视为攻击的对象，极易跟他人起争执，[1] 比如：当你给对方善意的反馈的时候，他会一下子觉得你在指责他，并开始跟你争辩是非。

（2）R= 固化（Rigidity）。固化是指人格缺少变通性，以自己的标准为唯一的标准，黑白分明，好胜心强。[2]

（3）A= 对抗性（Antagonism）。对抗性跟冲突性听起来有些类似，但是它更强调的是在人际关系中出现的"有毒"的行为动态，比如：煤气灯效应（gaslighting）。[3]

（4）V= 报复性 / 受害者 / 脆弱性（Vindictiveness/Victim/Vulnerability）。当说到一个人很自恋的时候，我们可能会觉得这个人起码看起来会很自信强大，其实不然。有相当一部分的自恋型人格的人会通过扮演受害者，展现自己的脆弱，从而获得他人的信任，继而在关系中实施虐待行为。[4] 这类自恋型人格也被称为脆弱型自恋。

最常见的例子是，他们看起来可能是患有焦虑症、抑郁症，但是传统的抗焦虑和抗抑郁的治疗无法彻底消除他们内在病态的不安全感。这一类人群服药后，从表面上来看焦虑、抑郁的情绪似乎有所缓解，但是他们总觉得周围的人对不起自己，无法承担起自己的责任。自恋型人格的人报复心也很强。当遇到不符合自己心意的事情，他们会铭记在心，趁机打击报复。即使事情过去很久，他们也会怀恨在心，绝不允许自己有任何利益的损失。

（5）E= 特权感和剥削性（Entitlement/Exploitativeness）。特权感和剥削性是自恋型人格的显著特征。[5]他们认为自己是独特的，需要特殊对待，漠视规则和法条，为了达成自己的目的不惜代价。即使没有付出任何努力，他们也觉得自己需要得到贵宾级别的待遇。如果没有得到，他们就会暴怒。总之，自恋型人格的人希望任何事情都按照他们的想法来。

（6）D= 失控（Dysregulation）。自恋型人格的人在压力的情况下（期待落空、被拒绝、被质疑），很容易在情绪、行为上失控，即刻就会把显著的情绪宣泄出来，[6]比如：暴怒。可能上一秒两个人还很甜蜜，下一秒一旦遇到不开心的事情，他的情绪就会爆发，瞬间判若两人。

以上就是对自恋型人格的行为模式的概述，希望能给大家提供一个框架去识别自恋型伴侣。需要注意的是，这些模式需要放在关系的互动中去判断，而非从关系中单拎出来。如果不了解前因后果，很容易会把受害者遭遇虐待后所产生的应激反应视作自恋者的行为模式，这就是"反应性虐待"（reactive abuse）。这些应激行为看起来跟自恋型虐待有很多相似之处，但是它们是遭受虐待的结果，而非实施虐待的原因。如果缺乏对于关系脉络的梳理，把行为单拎出来看，很容易会把受害者视作自恋型伴侣。[7] 我会在本章详细跟大家论证反应性虐待是什么以及其表现形式。

　　如果用一个词去描述自恋型人格的话，那就是病态的不安全感。不安全感具体落实在不同个体身上表现各异。有些自恋型伴侣看起来自信满满，或者看起来文质彬彬，或者看起来内向谦和，或者看起来精力充沛。这些人乍听起来都有截然不同的风格，但是内在核心是一致的。我会通过讲述五类自恋型伴侣，包括：浮夸型、脆弱型、忽略型、恶性型和良性型，跟大家分享如何通过观察对方的行为模式，识别自己是否处在一段自恋型虐待关系中。

第一节 浮夸型自恋伴侣

蓓儿二十岁出头，是个眼神很干净、说话柔声细语的姑娘。

"你好，我是蓓儿，来自广州。这两天一直在听你的电台，得到了疗愈与陪伴。很高兴认识你，我想跟你分享我和前任的故事，我觉得他是个'有毒'的人。

"我是一个典型的'乖乖女'——从小品学兼优，多才多艺。父母希望我有一个稳定的工作，所以选大学的时候我读的是省内985院校的教育师范类专业。毕业后我成为当地重点小学的一名语文老师，有编制，工作稳定。周围的人都说我内心很柔软，是个不带刺儿的小绵羊。之前朋友还经常会对我说：'希望你未来的另一半是真的因为你的单纯简单喜欢你，而不是利用这个伤害你。'

"没想到真的被她们说中了。"蓓儿苦笑着说。

林家豪和蓓儿是老乡。他比蓓儿大六岁，刚离开国企金融行业，准备接手他父亲的房地产公司。

"我们是通过熟人介绍认识的。听介绍人说，家豪不仅外表看起来自信阳光，还是个事业心强、情商高的'前'金融男。可是深入接触后，我发现他很自大，目的性很强，谁都不放在眼里。他一直强调'我从不在乎外界的眼光'，但他其实很在乎外界怎么看他。"感觉蓓儿一口气儿把积压在内心当中的很多真实的想法告诉了我。

我听到蓓儿认为家豪有言行不一致的地方，这是一个很关键的线索。我继续问下去："听起来好像对方有很多前后言行不一致的地方，能够展开说一下这部分吗？"

一见钟情，可能是被爱情轰炸欺骗了

"他言行不一致的例子可太多了！我们刚认识的时候，他对我特别上心，我觉得遇到了理想伴侣，还觉得自己特别幸福，后来才发现他只关注自己。这种改变让我觉得莫名其妙，怀疑是不是自己不够好，或者做错了什么事情让他对我的印象大打折扣。现在我还觉得混乱，时常搞不清到底是他的问题，还是我不够好。"说到最后，蓓儿皱起了眉头。

我问蓓儿："你怀疑是自己不够好，是什么会让你有这种感受呢？"

"我之前也谈过恋爱，可是分手过后没有感觉到这么混乱的。本来想自己写下来梳理，但是总觉得会陷入自我怀疑的旋涡中。我觉得自己应该寻找专业的帮助。我想把我们俩的故事从头到尾讲一遍，请你帮我从专业的角度看一看我到底经历了什么。"

蓓儿告诉我，认识家豪之前不久，她刚结束了一段亲密关系，还没有完全从分手的状态中走出来。通过介绍人认识家豪后，他们一开始只是保持线上联系。蓓儿起初没有太把家豪放在心上，但是家豪却异常热情，比如：从认识第一天开始就会像"老友"一样拍照报备自己每天的行程；每天定点问候；他还要了蓓儿的八字，说他的奶奶找了当地有名的"大师"算了一卦，两个人八字很合。

我问蓓儿："听起来对方在关系的初期特别'热情'，那当时你的感受如何呢？"

"我隐隐觉得有点奇怪，就想，你又不了解我，干吗对我这么热情？但我也没有多想，反正就按照自己的节奏回复对方的信息，有时甚至会隔几个小时。"

蓓儿接着说："我们俩第一次见面是通过一场'相亲局'。我第一眼见到家豪的时候，出于礼貌，对他微笑了一下，点点头。席间我很少讲话，都是在听别人说。我对家豪的印象和熟人介绍的差不多，感觉他很优秀、自信且有礼貌。"

结束饭局后到了家，家豪就开始发信息给蓓儿，关怀备至地问蓓儿没怎么吃东西，是不是不合口味，并且约蓓儿第二天继续吃饭。蓓儿出于礼貌答应了家豪的邀请后，他就开启了火热聊天的模式。两人一开始还在聊共同感兴趣的电影，但是家豪很快就把关注点转移到了自己的身上，大说特说自己"风光"的工作经历。家豪觉得打字聊得不够尽兴，干脆拨语音过去。蓓儿当时已经困到哈欠连连，跟家豪说聊十分钟就要去睡觉了，但是最后她足足听家豪讲了一个多小时，整个聊天话题都聚焦在家豪的身上。

"他的语气听起来就像一个兴奋的小男孩，我都不好意思打断他，就一直听着。"

第二天吃饭的地点是一家私人餐厅。两人刚进去的时候，家豪就跟服务员说认识店里的老板，跟服务员提出要"最棒的服务"。

吃饭过程中大部分时间都是家豪介绍他自己。其间他只是打听了蓓儿所在的学校，可还没等蓓儿说太多，他很快就把话题又扯回到了自己的身上，说自己跟蓓儿学校的校长和教育局的领导打过几次照面，话里话外似乎很熟络的样子。他又说自己在前公司是管理层最年轻的，还跟蓓儿分享自己管束拿捏员工的经历。然后他大谈特谈自己后来跳槽到父亲的公司做管理，如何树立威严，以及对未来的规划和愿景。家豪还说自己特别看不起那些"随遇而安"的年轻人，他们只想给别人打一辈子的工，没有眼界和想法，不求上进。

饭后，家豪又开车带蓓儿去一家豪华酒店吃下午茶，说那是他们家一个有权有势的远房亲戚开的。整个过程两人都是在聊家豪现在的工作。虽然家豪从来没有出国留过学，但是言谈中很爱夹杂英文，按蓓儿的话说就是，给人一种"超级自信""我最棒""自信无限"的感觉。

我问蓓儿："在这个过程中我没有怎么听到你的想法和感受。"

"唉……"蓓儿叹了一口气，告诉我，"出于礼貌，整个交流过程中我在不断地附和他，尽量保持微笑，时不时地还赞美他两句，关键时刻还投以崇拜的眼光，说'好厉害'。现在想想感觉自己好傻好憋屈呀，为什么不打断他呢？可是，他看起来既自信又长得善良正派，是我的'菜'。我当时没有介意那么多。"

蓓儿觉得交往初期自己好像活在粉色的泡泡里。

"第一次约会完后，我们的交往进度发展得非常快。他每天都约我，时刻跟我聊天想要知道我在做什么。我当时还跟我朋友说："原来一个人喜欢你是会非常明确地让你知道的，也根本憋不住。"现在想起来感觉自己好傻。"蓓儿感叹道。

我追问："是什么会让你觉得自己'好傻'呢？"

"好像他并不是真的对我感兴趣，而是希望我做一个'听众'，去证明他是一个多么棒的人。现在想想，真的是太可怕了，我当时根本就没有意识到。"

在恋爱初期，家豪表现出重复性的行为模式，即特权感。

特权感的一个表现形式是"我最重要"。在交流的过程中，家豪总是把关注点放在自己的工作履历上，强调自己多么年轻有为，取得了多少成就，还认识蓓儿学校的校长和教育局的领导，甚至把自己和那些"不求上进"的年轻人区分开来，突显自己的与众不同。即使言语中说特别关心蓓儿，但是家豪在交流过程中总是把关注点拉回到自己的身上来，非常以自我为中心，对蓓儿的想法和感受缺少兴趣。特权感的另一个表现形式是需要"特殊对待"。家豪在餐厅强调自己认识老板，需要最棒的服务。自恋型伴侣会把自己的价值建立在外界的认可和期待上，所以他们希望自己被不一样对待，甚至享受特殊待遇，这样才能够体现出自己的重要性。

有一天，家豪约蓓儿去海边度假。蓓儿感觉到对方有很明显的性暗示，比如，发给蓓儿想要预订的房间都是单间的海景大床房，并有想要同床共枕的表达："想要搂着你入睡，醒来第一件事就是要看到你。"蓓儿觉得自己还没有准备好，委婉地拒绝了家豪的好意，希望两个人能够"慢慢来"。

当天晚上，两人视频聊天的过程中，蓓儿明显感到家豪的心情不太好。蓓儿问他怎么回事儿，家豪也不说。当蓓儿跟家豪分享自己的朋友哭着跟她打电话说甲状腺癌的检测结果时，家豪冷冷地说："那有什么办法，哭也没有用。"当蓓儿提到自己的母亲不太同意自己单独跟家豪去度假，自己不知如何是好时，家豪却不耐烦地说："你问我怎么办我怎么知道，你妈又不是我妈。"

"就在当天我拒绝他的邀约后，他的态度就有了一百八十度大转变。"

我跟蓓儿说："他好像十分介意你的拒绝。你的感受如何呢？"

"是的！那个时候就感觉很奇怪，怎么他的态度和以往很不一样，变得很不耐烦。我的确有点委屈，但是也没多想。现在想起来觉得挺气愤的，没按照他的要求来，态度就有这么大的转变，凭什么啊！"蓓儿继续说道，"但是，第二天，他就邀请我去吃日料，一改前一晚冷淡的态度，恢复到原先特别热情的样子。"

吃日料的过程中，家豪很急切地向蓓儿表白。他问蓓儿相不相信缘分，他说第一次见到蓓儿的时候就知道，她就是他一直在寻找的能共度一生的那个人。言谈间，他的眼神看起来也十分诚恳且真挚。他说他最喜欢蓓儿的微笑，她的笑似乎能够冲走自己心中的苦闷、烦躁和阴霾。家豪还告诉蓓儿，自己理想中的伴侣就是像她这样简单、善良、单纯，隐隐之中总觉得对蓓儿有一种难以描述的熟悉感。他还特意强调，感觉蓓儿没什么阅历，就想把她培养成"养成系女友"（"养成系"这一概念最早起源于日本，被运用于模拟养成类的电子游戏中，指游戏玩家可以通过设定游戏角色的各种属性，将角色培养成自己喜欢的样子，此处指代的意思是培养伴侣使其成长）。

家豪还告诉蓓儿，他之前在亲密关系中总是被动的一方，一直是女生用各种方法主动引起他的注意，但是他都不以为然，爱搭不理。不论女方的身份、地位多么显耀，哪怕是有很多集团的老总想把女儿嫁给他，但只要他不喜欢就直接走人。但是他说不知道为什么他对蓓儿就十分有耐心，仿佛没有办法发脾气，无论蓓儿说什么他都特别愿意听。包括，他从来不会帮女生拎包、系鞋带、开车门等，但是遇到了蓓儿就觉得这一切都仿佛理所当然，他一点都不排斥。

"经历了饭桌上的疯狂示爱，隔天我就跟家豪去他在广州的家了。那个时候我就觉得他已经这么爱我了，话都说到那个份儿上了，不去不太好吧。"

我问蓓儿："似乎对方很希望把你塑造成他期待的样子。你听了他的表白后，感觉如何呢？"

"现在回想起来，我觉得有点莫名其妙。但是当时他看起来非常真诚，容不得我分辨真伪，我头脑一热也就相信了，而且还很感动。"蓓儿说道，"之后家豪还不止一次跟我提及有哪些漂亮女生主动向他示好，包括性暗示。很多家世、职位显赫的长辈还在争着抢着给他介绍对象。这让我特别疑惑不解，觉得自己特别卑微，没有安全感。"

当蓓儿拒绝家豪的邀约，他后续的处理方式是一种情感操控（emotional manipulation），属于自恋型人格中对抗性行为的范畴。情感操控是指意图在情感上利用、控制或影响某人以满足自己的利益或欲望。[8]在自恋型虐待中，最常见的情感操控的技巧包括煤气灯效应、忽冷忽热（push-pull）、三角测量（triangulation）、伪造未来（future-faking）等。[9]家豪使用的是忽冷忽热和三角测量这两种情感操控手段。

忽冷忽热是指操控者对伴侣一会儿冷淡，一会儿热情，让伴侣失去对自己判断力的信任，从而顺从操控者的心意。这也就是"打个巴掌给个甜枣"。蓓儿感受到，家豪提出的要求一旦没有得到回应和满足，他对自己的态度一下子就变得极其冷漠——不仅对她朋友不幸的遭遇漠不关心，还对她的处境爱搭不理，甚至会说一些落井下石的话。第二天，家豪一改前一晚的冷漠，开始对蓓儿不断地说情话，哄蓓儿开心。这让蓓儿感到困惑，但她很快放下了警惕，顺从了家豪的要求。

三角测量是试图利用关系之外的第三方来操控他人，从而达成自己的目的。家豪表面上夸赞蓓儿，制造"万人之中选择了你""你很特别"的氛围，其实背后一直在表达自己的喜好，即，喜欢"简单""善良""单纯"的女孩，而且在刻意强调周围有很多"优质"的选择对象，言下之意是：如果你不按照我的意思来，我就直接走人。这是利用自己的期待或者第三方去制造不安全感，让蓓儿服从自己的要求，符合情感操控的特征。

情感操控难以在当下被觉察，是一个温水煮青蛙的过程：可能从刚开始的对日常生活选择的无心评论，再到对你自我价值的打压、交友的干涉、财产的控制，直到你完全被对方控制住，无法信任自己的判断力和感受。在这个过程中，受害者如果不按照对方的要求来，往往就会有一种焦虑、愧疚和羞耻感，总是感觉自己"没什么选择""要依着他的意思来""不好意思表达自己"。在蓓儿的表述中，她也提到一种"不去不太好"的为难的情绪。

很多人在恋爱的初期会把对方这种"操控"当成一种"爱"，觉得"因为她太爱我了，所以才时刻查看我的手机""他对我太着迷了，所以才会对我有这么多的要求"，而忽略了这些强势的行为背后可能是控制。这也是可以理解的。毕竟，我们都渴望获得爱与关注。在健康的亲密关系中，我们会选择信任伴侣，但是自恋型伴侣会滥用这种信任，从对方身上获取情感、金钱和性的价值，而很少在乎对方的感受。时过境迁，当把那些点点滴滴的记忆拼凑出来之后，受害者才会意识到自己原来一直在被对方操控，有一种"恍然大悟"的感觉。

爱我就是服从我

时间快进到蓓儿跟着家豪到了海边的度假酒店。家豪早已在酒店外的沙滩上准备了鲜花、礼物和香槟。这让蓓儿感到很蒙，但是也稀里糊涂地接受了。于是，家豪上来就要吻蓓儿。尽管蓓儿觉得感情还没发展到那个程度，要接吻有些奇怪，但是她怕影响气氛，也就没拒绝。

"他之后说觉得我的反应没有在他的预期内。他以为我会跟他合照，并开心得落泪。"

第二天，两人就发生了性关系。

家豪不顾蓓儿的要求，没有采取任何保护措施。事后，蓓儿再次强调希望对方采取保护措施，因为她说一时还不想怀孕。家豪不仅没有尊重蓓儿的要求，反而强调如果有了孩子，那"顺其自然就好""都是缘分"。

"分手后，他竟然拿这个说事儿，埋怨我说当初我提出要采取保护措施，是因为不够爱他，心里还有别人。"

我问蓓儿："我听到家豪并没有回应你的需求，反而一直在强调自己的想法。你感受如何呢？"

蓓儿无奈地告诉我："我感觉很羞耻，但也不敢和任何一个人说。毕竟，我没告诉我爸妈我要跟他旅行这件事情，所以我不敢告诉他们他这么对我。我的朋友们也不太能理解，大家都觉得我找到了一个特别理想的对象，都要谈婚论嫁了，所以这种小事无所谓。我的一个女性朋友还跟我说，男人都这样，他想跟你生孩子，这是想对你负责的体现，让我别多想。"

回到广州后，蓓儿把和家豪旅行的事情一五一十地告诉了自己的父母。蓓儿的父亲打电话给家豪，大意是想见一下他的父母讨论年底结婚的事情。家豪嘴上虽然答应了，但是挂了电话就跟蓓儿抱怨："你才二十多岁，为什么你爸这么着急让你结婚？我们两个得自然而然相互吸引才行。"

"我当时其实不是很清楚他的意思，觉得为什么之前给我的感觉是这辈子非你不娶，现在又说要慢慢相处？"蓓儿皱着眉头跟我说，"现在想来他虽然嘴上说认定了我，但是当需要他面对具体的责任时，他的态度就有些回避。"

"他真的不想负责任。"蓓儿低下了头，长叹一口气，"家豪之前有一个谈了六年分手的女友。他说他当时想跟那个女孩结婚，但是因为女孩已经考上了家乡的事业单位，女孩的父母不同意她辞去稳定的工作到广州。家豪并没有跟女孩一起解决异地的问题，而是说他给女孩半年时间自己考虑以及说服父母。半年时间一到，女孩依然迫于父母的压力无法辞职陪伴家豪。家豪就单方面直接分手了。家豪的语气十分决绝，仿佛在说一件发生在别人身上的事情一般。当然，他还连带着用嫌弃的口气说道，他的妈妈当时也嫌前女友太娇气、气色不好，太瘦小，不好生养。"

"我还挺心疼那个女孩的。我又问家豪如果父母反对我们在一起怎么办，他却说：'那我也没办法，我又不知道该怎么办。'"

在自恋型虐待中，我经常会告诉来访者："不要听对方说了什么，要看对方做了什么。"热恋时期对方会说很多浪漫的话，做出山盟海誓的承诺，但是一旦涉及具体的事情，需要承担责任、付出心力的时候，自恋型伴侣往往就会后退。这是一种情感操控的手段——伪造未来。

当热恋的阶段逐渐冷却下去，自恋型伴侣在关系中的剥削性就会慢慢显露出来。剥削性具体是指为了达到自己的目的会不择手段，不顾伴侣的情绪和感受。无论是在性关系中不采取保护措施，还是对结婚前后不一的态度，家豪都展现出不负责任的一面。在这个过程中，他刻意回避了伴侣的需求，总是以自己的想法为主，没有在关系中承担起理解和沟通的责任，反而把责任推卸给了女方。家豪的这种模式不仅在跟蓓儿的关系中有所呈现，在跟前任的关系中也有发生。

之后的一段时间，按蓓儿的话说，家豪对自己"还不错"。他出差的时候还是天天保持着视频、电话不停报备。他还要求蓓儿每天自己做早午晚餐，然后发图给他。他像是一位"完美女友培训师"。家豪不停地向蓓儿灌输"女子无才便是德"以及要扶持丈夫、操持好家事、女生不需要有太强的事业心等观念。

"他跟我说女生老得快，还是不要太辛苦。他周围很多女性亲戚朋友过了三十岁身体机能就有断崖式的下降，不好找对象也不好怀孕。他建议我别读书了，料理好家务，有时间了到他的公司协助他做事就好。"

蓓儿真正开始感觉这段关系有点"不对"，是第一次跟家豪一家共同旅行。几天相处下来，蓓儿感觉她心目中家豪一家人的"完美人设"彻底坍塌了。

第一次见面的时候，蓓儿觉得家豪家里的气氛特别好。家豪的妈妈看起来优雅知性，话语间都是对儿子的赞美，感觉家庭成员间充满着爱。深入了解家豪的妈妈，蓓儿发现她是一个认同男尊女卑思想的家庭主妇。在相处过程中，家豪的妈妈一直告诉蓓儿要如何讨好男人，懂得男人的需求。这让蓓儿感到很不习惯。因为在蓓儿的家庭中，父母两人地位比较平等，各自都有话语权。

蓓儿告诉我："他妈妈对我过往比较优秀的经历一点都不感兴趣，总是在我面前强调他们家族的势力多么强大，每个人都有头有脸。她的儿子有多么优秀，满脸骄傲自豪。她希望我能好好代替她伺候好她儿子，当男人在外打拼事业的时候，女人应当操持好大小家务等，满脑子这种封建思想。她还给我'规划'未来，希望我多生孩子，最好凑满六个，因为六六大顺。"

蓓儿后来跟家豪抱怨他妈妈控制欲有点强，没想到家豪却觉得是蓓儿不够"懂事"，对蓓儿非常"失望"。家豪非常认同妈妈的思想观念，觉得自己的妈妈"不是一般的女人""样样精通"，希望蓓儿向他妈妈学习，比如：他妈妈会为丈夫准备第二天穿的衣服，搭配三到四套，观察他喜欢什么样的款式然后记下来；她在工作方面很努力，能够协助他爸爸管理人事方面的业务（我会在第二章详细讲述和分析家豪与母亲之间的情感纠缠）。

"我听到家豪和他的妈妈对待你的模式有很多相似之处。"我回应道。

"是的，我现在才意识到他和他的妈妈控制欲都很强……之前还一度觉得是我不够'听话''努力'，现在看来，我觉得在他们眼里，我就是一个高攀他们家，被他儿子看上的'傻白甜'吧。"蓓儿无奈地说，"之后他的控制欲就越来越明显，比方说，他让我不要化妆，不要经常染头发、做美甲，不要打耳洞。他喜欢朴素的女生，觉得染发不好看，美甲太轻浮。他说他的妈妈也是这种习惯。他说他喜欢他妈妈那样的朴素端庄的女生，这样对老公运势好。那一刻我就感觉，他并不是真的喜欢我，他只想把我改造成他喜欢的样子。"

家豪对蓓儿的情感控制和剥削性慢慢展现出来：从一开始两个人交往聊天中的以自我为中心，再到对蓓儿身体边界的侵犯、推卸责任，然后是对蓓儿的个人发展开始干涉，目的是满足自己的利益，而几乎完全没有顾及蓓儿的想法和感受。很多来访者告诉我，自己被自恋型伴侣当成"免费劳动力"使用，似乎对方要榨干自己一切可利用的价值。但是，无论自己多努力，似乎对方都不会因此而满意，反而会提出更多的要求，觉得这一切都是理所应当，像一个无底洞一样消耗着自己的精力。

同时，蓓儿讲述，家豪和他的家人认为女性就一定要相夫教子，男性要在外打拼。当蓓儿提出不同的想法时，家豪选择的是打压她的感受（"不懂事"），想让蓓儿按照自己家里的想法来（"像我妈学习"）。每个人因为出生环境不同，有着不同的观念。当自己和伴侣的观念发生冲突的时候，如何更好地处理，就体现了一个人人格的成熟度。自恋型伴侣因为自我太脆弱，总是会有固化的价值观，以自己的标准论对错，很难站在对方的立场上去想问题。所以，面对不同的观点，自恋型伴侣往往会采用攻击性较强的方式去应对，企图让伴侣按照自己的意思来。思维固化也是自恋型人格的组成部分之一。

断崖式分手：前一天谈婚论嫁，后一天消失断联

"我想，如果当我感到不对劲的时候就当机立断，之后也就不会出现这么多狗血的剧情和痛苦了吧？"蓓儿眼眶有些湿润，略显悔恨地说道，"可是还没等我反应过来，就已经被抛弃了。"

蓓儿和家豪的分手突如其来。

分手前一个星期，蓓儿已经感觉家豪不再那么频繁地回自己的

信息。每晚固定的通话，他也以"工作忙""见客户"为由拒绝。有一天，蓓儿主动问询家豪最近是不是有烦心事，感觉他有点冷淡，她却突然收到家豪的一条短信，写道："你是一个很优秀的女生，但是我是一个对自己要求极为严格的人。经过这段时间的相处我认为我们各方面都不太合适。祝你找到更合适的另一半。"

那一刻蓓儿感觉天都塌下来了，不知道自己做了什么会突然"被分手"。

蓓儿回复家豪说想跟他打电话，具体聊聊分手的原因是什么，为什么会觉得"各方面都不合适"。家豪回蓓儿信息，说他在外面出差，忙完了再打给蓓儿。结果一直到第二天傍晚，蓓儿都没有收到家豪的消息。

因为两家已经到了谈婚论嫁的程度了，当蓓儿把"被分手"的消息告诉父亲后，父亲非常生气，就打电话给家豪，希望他给女儿回个电话，告诉她分手的原因。据蓓儿回忆，蓓儿的父亲在电话中语气虽然有点着急，但话语中没有任何谩骂和指责。

几天之后，家豪才给蓓儿回了电话。他列出了蓓儿和她家人的三大"罪状"。蓓儿说家豪通话全程态度冷漠，说到关键点还十分愤怒，冲蓓儿大吼大叫。大致内容是：

第一，自己不被关心。他认为蓓儿不懂得分寸，且十分自私，不尊重他的工作，在他十分繁忙的时候却还在纠缠分手理由。他对蓓儿父亲给他打电话的事情还耿耿于怀。家豪不明白明明是两个人在谈恋爱，为什么会是蓓儿的父亲打电话来质问他。整个过程中，家豪觉得蓓儿的父亲在偏袒自己的女儿。家豪愤怒地告诉蓓儿："他以为他是谁啊，竟然用这样的态度跟我说话。你们家的人就是这么以自我为中心，你也一样，这种观念你最好改改，我是为你好。"

第二，自己不受尊重。家豪控诉蓓儿没有使用自己特地给她买的第一份礼物——护肤品套装，而是仍旧用她自己原先的护肤品，这是对他的不尊重。他还控诉蓓儿没有好好保存他送的奢侈品包，而是随意扔在一边。自己给蓓儿做的饭，蓓儿也没有全部吃掉。

蓓儿委屈地告诉我：自己习惯护肤品用完一套再开新的一套；奢侈品包挂在衣架上也没有随意乱扔；家豪那天为她一个人煮了三人份的面，她实在吃不下。她并不觉得这些是不尊重他的表现。

第三，对生活现状不满。家豪觉得和蓓儿在一起很平淡，不浪漫，彼此生活习惯也不同。按他的话来说："从一开始跟你在一起我就很难受，感觉我们认知水平不在一个层次上。我见过更多的世面，更成熟，相比起来你差多了。但是我一直在磨合，努力磨合。我很珍惜我们在一起的时间，我问心无愧。"

最后他说，他发现跟蓓儿没法深入交流，总是自己说得多，蓓儿却没什么表达。自己为了让蓓儿变得更好，建议她做一系列的事情，比如：健身、人生规划，结果反倒成了自己的负担。他觉得蓓儿把自己都快拖到深渊了，感觉身心疲惫，唯一能做的是把蓓儿

"扔掉"。

蓓儿听了家豪说出的这一番话，顿时气不打一处来。蓓儿质问他："你不觉得这么做很伤人吗？"结果换来的只是他冷冷的一句："如果不及时止损，我就会继续被你伤害。"

家豪这种突然的转变虽然听起来让人毫无头绪，但是在自恋型虐待关系中并不少见。这种从一开始觉得遇到了"真爱"，到之后的虐待打压，再到最后的抛弃，这是自恋型虐待关系中的经典模式。我之后在第二章会具体跟大家分享自恋型虐待的循环。

在分手的过程中蓓儿听到，家豪一直在指责她和她家人的"罪状"，对自己的责任没有任何的反思，还把自己的价值观强加在她的身上，对她一家人指指点点，完全不在乎她的感受。在这个过程中，他情绪还很失控，责怪蓓儿的父亲，还对蓓儿大吼大叫，很容易暴怒，一改自己往日"情商高"的一面。

家豪在与蓓儿相处的这段关系中，前后不一致的地方非常明显。从一开始把蓓儿当成"梦中情人"，用各种浮夸的手段博得芳心，到后来控制打压，最后只用短信的方式分手。

家豪在这段关系中的表现基本符合自恋型人格的六类行为模式，包括：

（1）高冲突性：在分手的时候，家豪要么就回避蓓儿的请求，要么就攻击蓓儿和她的家人，无法妥善地解决分歧。

（2）理念固化：家豪以自己的价值取向作为是非对错的唯一标

准，缺少对于蓓儿想法的尊重和理解。

（3）对抗性强：在这段关系的中期，面对蓓儿的拒绝，家豪使用了情感操控的手段，包括忽冷忽热、三角测量、伪造未来，让蓓儿失去对自己情绪和感受的判断力，从而顺从家豪的想法；不到半年的时间，到分手时转变为冷漠无情，家豪有意地操控情感，满足他的需要。一旦对蓓儿不感兴趣，家豪的共情能力就会消失。

（4）扮演受害者：从家豪跟蓓儿分手的方式、态度和理由来看，家豪缺少自我反思的能力，把分手的责任全部推卸给蓓儿和她的家人，认为都是蓓儿一家人的错，这是典型的扮演受害者的手段，也是自恋型伴侣常见的一种行为模式。家豪通过证明自己是那个受害者，从而站在道德的制高点，指责蓓儿和家人种种对不起自己的地方，而且不顾对方的情绪，处理得十分草率，这是不负责任的表现。

（5）特权感和剥削性：家豪在关系中总觉得自己的想法和需要是最重要的，需要被特殊对待和持续性地被认可，没有承担起与伴侣沟通的责任。他希望蓓儿未来的选择完全以他的利益为中心，而忽略蓓儿的想法和感受。

（6）情绪失控：面对蓓儿的质疑，家豪会变得暴怒，无法情绪稳定地处理异议。

浮夸型自恋伴侣的特点是在关系的初期看起来自信健谈、风趣幽默，对伴侣赞赏有加、关怀备至，但是一旦伴侣信任自己后，他就会变得极度以自我为中心，虐待性的一面就逐渐展现出来。浮夸型自恋伴侣最大的特点就是控制欲强，善于使用情感操控的手段去处理亲密关系中所产生的冲突，缺少对伴侣深度的共情和理解。[10]

我对蓓儿说："基于家豪的行为模式可以推断出，对方很可能是个浮夸型自恋者（grandiose narcissist）。这类人表面上看着自信、能力强，但其实内心很脆弱，总是以自我为中心，缺少对自己的觉察和反思。这并不是你的错，蓓儿，你很可能在不知情的情况下遇到了一个自恋型伴侣。"

"我现在终于明白为什么自己会这么混乱了，原来是被控制的结果。虽然心里大概知道对方是个什么样的人，但听完了你的分析之后还是有点委屈地想哭……"蓓儿顿了顿，有些哽咽，"不过，认清了现实让我感到有一部分的遗憾放下了，谢谢你信任我。"

第二节 脆弱型自恋伴侣

如果说蓓儿遇到的浮夸型自恋伴侣所表现出的行为模式比较容易识别，那么小艾遇到的自恋型伴侣所表现出的行为模式更隐性。因为她很可能遇到了一个脆弱型自恋者（vulnerable narcissist）。

小艾在上海出生，长大。她的父母是生意人，家庭条件优渥。

小艾从小就很努力上进，是个"别人家的孩子"。

父母希望她有更好的眼界和发展，高中时就把她送到美国读书。她在大学主修金融，目前在美国西雅图从事金融产品的销售工作。

小艾留着过肩长发，戴着黑框眼镜，说话语速很快。她给我留下的第一印象是，一个真诚、直率的姑娘。

她一上来就开门见山地说："我之前因为跟男朋友的问题找了好几个咨询师，但感觉都没有触及核心的问题。直到我听了你发布的有关自恋型伴侣的播客，我开始怀疑自己遇到了一个'有毒'伴侣，但不是很确定……"小艾犹豫了一下，接着说："我现在鼓起勇气想要和男友分手，却一直被对方纠缠，不知道该怎么办。"

我问小艾："具体发生了什么事情让你感到无法跟他分手呢？"

"我三天前已经提出了分手，对方如我所料不能接受，但是我不会动摇的。我怀疑他对我进行情感控制，我又非常心软，所以就再一次陷入了我想分手但对方拒绝的境地里。我们俩目前住在我的房子里。他昨天大半夜进我房间躺在我的床上不肯走，我们僵持了半个多小时。他指责我单方面提出分手是不负责的表现，说我这样什么关系都不会经营成功的。虽然我知道他都在胡扯，只是想让我感到愧疚从而控制我，但我心里还是有点难受和自责。"小艾快速地把目前的状况告诉了我，"如果你能够帮助我分析确定一下对方到底是个什么样的人，可能会让我能够更妥善地跟他分手。"

我回复小艾："听起来这的确是一个艰难的处境。你说对方展现出了控制性的行为，不过因为不知道这些行为具体是指什么以及如何形成的，所以我需要了解更多的背景信息，才能做出判断。那你觉得从哪开始讲比较好呢？"

"那我就从我们怎么认识，以及我到底经历了什么说起吧。"

共情能力越强，越容易被操控

遇到丹之前，小艾有过两段不太愉快的恋爱经历。即便如此，她仍对爱情抱有憧憬，认为爱能够战胜一切，她是个真爱至上的人。

她和丹在社交 App 上相识。丹是一个土生土长的美国人。

一想到刚和丹认识的那段时间，小艾就忍不住感叹："丹就是我小时候读到的童话中白马王子的形象——金发碧眼，温文尔雅，有一点腼腆害羞，无论是长相还是价值观都符合我对理想伴侣的想象。

"我们的爱好也很相近。他跟我一样都喜欢写作。第一次见面，他从外套中把自己随身的笔记本拿出来，随时随地记录。这一点对我来说特别加分，因为我平时也很喜欢写日记。我们还发现彼此都曾转过行。我本科读的是金融，在银行工作了一段时间感觉不是自己想要的生活，之后转行学了法餐，做了一段时间厨师。他也从文学院退学转行到餐饮业。我们还有共同认识的朋友，觉得特别有缘。"

几次约会过后，两人的感情迅速升温。

两个月后，正值感恩节，丹就邀请小艾到自己家里一起过节，把小艾以女朋友的身份正式介绍给了自己的家人。

"丹的爸爸是个大学教授。他的兄弟姐妹们也都有稳定的工作，很早就结婚生子，一家人看起来其乐融融。整个聚会过程中丹一直在照顾我的感受，时不时地就会问我感觉如何，特别贴心。这让我觉得这个人还是挺靠谱的。

"之后过圣诞节、新年，他都把我带到了他家，或者见他的好朋友。在跨年那天晚上，他还告诉我，自己上学的时候遇到了很多不好的人和事，包括高中的时候因为家里穷被其他同学霸凌，大学没钱交学费因此退学在餐厅打工，为了讨好朋友们被迫学会了打架、抽烟。现在遇到一个靠谱的人真的不容易，他非常珍惜我们之间的关系。"

说到这儿，小艾言语中流露出了一种感伤的情绪。"他还把他小时候不幸的经历告诉我。他的母亲在他十岁的时候不幸得了脑癌，病情迅速恶化，成了植物人。父亲任劳任怨地在床边照顾母亲整整十年，无暇顾及孩子们。他上初中的时候没有人给他准备午餐，他经常饿肚子。他跟第一任女朋友在一起也是因为对方能给他带饭，但是那个女友对他特别不好，不仅情绪不好的时候对他又打又骂，还在他们恋爱期间不断出轨。第二任女朋友是个从小被宠大的姑娘，无法理解丹从小经历的创伤性的体验，经常鼓励他积极起来，还总是把自己的想法强加在他的身上，让他倍感压力。"

我问小艾："听完他的故事你感觉如何呢？"

"我觉得他很孤独，特别同情他的遭遇。那一刻，我下决心一定要对他好，不能像他的前女友们一样。我要懂事，不要忽略他的情绪和感受。"

听了小艾的描述，丹表达脆弱的方式让我略感不安。

表达脆弱是一把双刃剑。在一段健康的关系中，表达脆弱可以让感情中的双方迅速建立信任。如果不幸遇到了一个自恋型伴侣，表达脆弱很可能是情感操控的先兆。对方通过扮演受害者以博取伴侣的信任和同情，继而站在道德的制高点上去把自己的想法和感受强加在伴侣身上。

丹把之前两段亲密关系的结束都归因于伴侣，没有提到自己的责任，这会让我对他自我反思的能力有所怀疑。我已准备在小艾的讲述中继续关注这一点。

煤气灯效应：他用一件件小事把我逼疯

我问小艾："听起来你们交往初期一切进展顺利，那是什么让你怀疑对方是个自恋型伴侣呢？"

"第一次跟他发生性关系的时候，他竟然不想用避孕套。他给出的理由是他很久没跟人亲密接触过了，想彻底爽一下。我没答应，还给他科普性教育，他也勉强接受了。没过多久他又开始不想用避孕套了，也可能是因为他知道我在吃长效口服避孕药，可是……"这时小艾皱起眉头，继续说道，"让我感觉不舒服的是他事先根本没有跟我商量可不可以不用避孕套，而是在我们性生活过程中拒绝使用。我觉得他完全无视我的安全和感受。

"他解释说因为之前交往过的女生都不喜欢用避孕套，都是吃避孕药的。我那个时候接受了这个解释。因为他之前说自己是个女权主义者，我觉得他应该是尊重女性的，就没想太多。"小艾突然眼睛一亮，语速变得急促，"这让我突然联想到另外一件事情，就是他前女友为他堕过胎。我主动问他这件事，他也没隐瞒。他不觉得自己做错了什么，认为是前任没有按时吃药才会怀孕的。这让我觉得这个人不太负责任，还特别冷血。

"另外一件让我印象深刻的事情是有一次他邀请我参加他家的圣诞节聚会。我按照约定的时间准时到了他家的门口，发信息告诉他我到了。我等了很久都没有收到任何回复，我就按了门铃。为我开门的人不是他，而是他们家的一个亲戚。我进屋去找他，结果看到他和他的侄子侄女们在打电动游戏。我就又呆呆地站在那里很久，他没有跟我打招呼，只把关注点放在游戏上，让我感觉特别不舒服。等聚会结束后，我跟他提起过这件事情，他只是简单安慰了我一下。我当时很不满，觉得他道歉的态度特别敷衍。"

我问小艾："描述这些经历的过程中，我听到了很多的感受，比如不舒服、不满意、敷衍。你觉得这些感受在向你表达着什么呢？"

小艾想了想，告诉我："我的情感需要没有被看到。之后吵架的时候，我会提起这件事情，他也无法理解我。他给我的理由是：'那个时候正在陪小朋友们玩游戏，如果跟你打招呼，输掉了游戏会让小朋友们感到很失望。'我是一个崇尚理性的人，他这么说虽然让我感到不爽，但是我觉得逻辑上讲得通。

"我们俩闹矛盾经常会陷入这种模式：他总是讲道理，用几个点就把我绕晕了，我反应不过来。比如，他会跟我说：'如果游戏结束小朋友是否会伤心？'我说：'会。'他接着说：'那跟你打招呼会不会有可能让游戏结束？'我说：'会。'他最后说：'那如果是你，你会不会先玩游戏，然后再跟我打招呼呢？'我说：'有可能。'然后，我们的对话就结束了。"

当小艾渴望丹安抚自己情绪的时候，丹会用道理证明自己的做法是合理的。这是在伴侣沟通中常见的矛盾，即一个想要情，另一个想讲理。

面对冲突，最有效的做法是先共情再讲理。如果想共情的伴侣听到对方在讲理，就会感觉到自己的情感需要被压制下去，很难进行有效的沟通。

小艾有一种感觉，她说："我觉得对方只是在让我明白他的做法，而并没有看到我的情感需要。"

小艾想了想，继续补充道："当初我也没想太多，后来觉得越来越不对劲。有一次我跟几个朋友自驾游，他没跟我们一起去。旅行途中我给他发了很多自己拍的风景照，他一直没理我。我问他为什么不理我，他一下子就急了，说：'那我该说什么？好好享受吗？'我一听就很生气，问他为什么会用这样的态度来敷衍我。他跟我说他那几天身体不舒服，还要去我家照顾我的猫，觉得我一点都不体谅他。"

　　"听到他的回复，你感觉如何呢？"

　　"我感觉生气，但是又愧疚。"

　　"那你觉得这些情绪在潜意识里告诉着你什么呢？"

　　"他尽管生病感冒，但还是每天去我家给猫喂东西、铲屎，再去上班，感觉他已经付出这么多了，我还不体谅他。这让我觉得他是有理的那一方，自己是做错事的那个人。但是转念一想，我只是让他回个短信而已，他为什么这么激动呢？虽然我心里很不爽，但是又不知道怎么回他。我当时心里特别委屈，朋友还劝我如果不开心就分手吧，我吃饭的时候都哭了出来，想跟他分手。

　　"等回去之后，我们发现我家大门都没锁。但是当我问起时，他坚持说锁了，还说是我们看错了，太敏感了。这让我觉得很不爽，我和我的朋友们都看得清清楚楚，门是开着的。朋友们也觉得丹在有意地推卸责任。但最后他还是用各种甜言蜜语又把我哄回去了，唉……只要他生气了，就时常否定之前说过的话，比如，前两天说要带我去我喜欢的餐厅吃饭，之后我问他什么时候带我去，他就对承诺矢口否认。我把自己失落的感受告诉他，他说我太情绪化了，跟他前任一样。听完后我心里特别不舒服，但是希望做得比他的前任好，就是有种竞争心理吧，所以就把委屈的情绪强忍了下去。"

丹矢口否认小艾和朋友们看到的大门没锁的事实，是一种典型的情感操控方法，即煤气灯效应。煤气灯效应是通过否认受害者的经历和感受，让受害者怀疑自己的判断力，从而服从控制者，以达到操控的目的。[11] 受害者因此会感到是自己的错，觉得自己太敏感了，要求太高了，进而否定自己。煤气灯效应不同于普通的撒谎。撒谎的主要目的是逃避自身的责任，而煤气灯效应是故意否定现实以打压受害者的自尊。长期生活在煤气灯效应之下会让受害者产生抑郁、焦虑、无助、羞耻等一系列的感受，甚至会引发身体和心理问题。这是一种隐性的亲密关系暴力，虽然看不见摸不着，但是对人的自尊感有破坏性的影响。[12]

我告诉小艾："我听到面对冲突，丹选择站在自己的立场上解释，还否认了你和朋友目睹的事实。煤气灯效应的一种显著表现就是故意否认现实和误导对方。"

"我也感觉到了，但是又不确定，只是觉得他有些情绪问题。"小艾说道，"关系确定之前，他说自己是个注重沟通的人。他说过之前几段关系的失败，归根结底都是沟通的问题，感觉前任们只是考虑自己，太情绪化，不理解他的感受，面对冲突拒绝沟通，有时她们还使用冷暴力，让他觉得很绝望。复盘之后，他觉得人吵架的时候很难沟通到位，所以我们可以交换日记，把彼此当下没有办法说出来的话写下来。我当时就觉得他好贴心呀，这个人好认真，一副想跟你认真交往的样子。"

"那这种交换日记的沟通方法让你感觉如何呢？"

"我反而觉得我需要把很多复杂的情绪写出来告诉他，因为直接说好像他并不明白。看到我的回复后，他总是用逻辑把我的行为一条条写出来，指出问题在哪儿，让我感到他的方法好像没什么问题，却总感觉怪怪的。"

"那这种'怪怪的'感觉背后是什么呢？"

"这让我感觉虽然说了很多，但是没有解决实质性的问题。我还觉得问题都出在我这里，是我太敏感了。"

我感觉小艾陷入了自我怀疑的模式里，于是问她："如果不去看丹说了什么，而是看他到底做了什么，你觉得丹的行为在告诉着你什么？"

"他只在乎他自己，很难真正看到我，也很难沟通……"小艾停顿了一下，若有所思地说，"这使我想到另一个让我想跟他分手的原因，就是他和其他女生暧昧不清。当我跟他对质的时候，他不仅不能理解我的痛苦，还矢口否认。这给了我特别大的打击。"

"那具体发生了什么呢？"

"我们俩关系确定后不久，他开始在日记里对一夫一妻制进行质疑。他觉得自己跟一个女生生活会很开心，跟两个女孩生活也会很开心。他希望在关系的早期告诉我这件事情，万一以后碰到更喜欢的人，希望不会耽误其他的可能性。"

"那你感觉如何呢？"

"当时我就觉得很不对劲，但是因为我已经陷进去了，所以就没多想。我当时还天真地认为这种想法可能来自过去关系中所经历的伤害，导致他对稳定的亲密关系充满不安全感。那个时候我觉得我能改变、开导他。我带着好奇的态度问他为什么有这样的想法，并告诉他这对我来说是绝不可能接受的一件事。他当时告诉我，那只是他的一个想法，如果我不接受就算了，他也不会强迫我接受。但是，他也劝我不要放弃这个想法。他给的理由也让我感觉很不舒服，他告诉我：'我不会因为一个新人而放弃现有的爱我的伴侣，因为我不知道这个新人是否喜欢我呀。放弃现任不是很傻吗？'"

"是什么让你感到不舒服呢？"

"好像不是因为他多喜欢我，或者多么在乎我们俩之间的关系才继续在一起的，而是我特别喜欢他，他好像不太想失去我对他的付出才这么做的。那个时候我还觉得他对我还是挺忠诚的，但现在想想其实他只是希望给自己一个很保险的选择。"

"那之后发生了什么呢？"

"有一天他突然跟我说他的梦中情人回西雅图了，还明目张胆地告诉我他要陪这个女生一段时间。这个女生是他的高中同学，高中毕业后就一直在其他城市读书，现在要回家过暑假。因为这件事情，我十分认真地给他发了一封邮件，第一次正式地表达对我们这段关系的担忧和顾虑，以及对他和这个女生关系的困惑。

"第二天一早我收到他的邮件，里面都是他的长篇大论。他花了一半多篇幅讲这个女生对他的重要性，但是又说他是不会轻易相信这个女生的。虽然现在想起来这封邮件通篇都是胡言乱语，但是那个时候我因为开头的那句'我看到邮件第一时间就回复你了，希望你不要担心'和最后的那句'我不会为了一个没有为我付出过的人而放弃一个我喜欢、为我付出过的人'，就被说服了，选择继续相信他。

"这件事情发生没多久，我们一起参加了一次当地的烟火庆典。一开始我们还聊得不错，后来他就开始忙着发短信。我问他在跟谁发信息，他支支吾吾地说跟一个日本女性朋友聊天。我问他们在聊什么，他就说没什么，这让我感觉他在敷衍我。之前他一般都会很坦诚地告诉我自己跟朋友在聊什么，但是这一次的反应却很不一样。

"后来，他突然起身，说是要去和他的日本女性朋友打个招呼。我告诉他可以邀请她过来一起庆祝，他却仍然坚持要过去找她。事后我跟他发脾气，他竟然说：'你因为这种事情都会生气，简直不可理喻。那如果是我朋友的老婆，你会生气吗？'我说：'我不会。'他说：'对呀。那你现在生什么气呢？'这的确在逻辑上是通的，但是我就想，我认识你朋友的老婆，但是我不认识那个日本女生呀。他就是会用这种偷换概念的方式，明明是他做的不对，但是让你总觉得是你的问题。

"有冲突时，丹总是质疑、否认我的情绪。我明明是想跟他解决问题，他总是会跳出来反问我，让我承认是我的错，但是他从来不会承认自己做错了什么，更不会做出改变。他还会搬出前任们举例子，说之前的交往对象们就是一直不停地拿一件事情吵来吵去。他经常会抱怨前女友疑神疑鬼，觉得他跟其他女生有染，想要控制他的交友圈。后来他忍了好几年才分手，这让他感到后悔，下定决心以后不惯女朋友的这种臭毛病。那时候我想，为了一件小事儿而分手确实不值得，还是算了吧。

"但后来我实在受不了了，就给他发了一封分手邮件。我等了两个星期都没有等到他的回复。我当时还觉得是不是发分手邮件不太厚道，还给他发了短信，但他也一直没理我。最后，我实在按捺不住，觉得应该当面告诉他。结果他特别愤怒，开始对我大吼大叫。这让我感到害怕，顿时僵在那里，不知道如何应对。他看我站在那里不动了，情绪才缓和了一些，但是也没有跟我道歉。我们之后的关系中他也时常暴怒，让我觉得特别没有安全感。

"他最后还是回复了我的分手邮件，里面竟然写道：'既然我们都要分手了，那我们要不要尝试跟其他人在一起呢？'我那个时候已经很混乱了，想最后把自己真实的感受表达给他，希望他能够理解我，我告诉他：'我爱你。'他却说了一句特别惊悚的话：

'如果你爱我，那你愿意为我做什么？'我当时就感觉特别恐怖，铁定了要跟这个人分手的决心。于是，我又一次单方面跟他提出了分手，然后很长一段时间都没有联系他。"

丹在亲密关系中的行为模式展现出很多可疑的信号。丹在性生活中多次拒绝采取保护措施，当小艾发现他跟其他异性边界不清，提出疑问时，他采取自辩、回避、否认、暴怒、情感操控的方式去回应。这些都是无效的应对冲突的模式。从关系初期的关爱到这个阶段的剥削，丹可能在利用小艾的信任，从而进一步满足自己的需求。

丹虽然说自己很注重沟通，还提议以交换日记的方式去交流，但是实际上他还是停留在分析问题的阶段，缺少解决问题的行动力。这让我怀疑交换日记只是另一种无效沟通的形式。在很多自恋型虐待的案例中，受害者告诉我自己会用各种各样的方式，希望对方能够"明白"自己的情绪感受，比如写大段的信息，发长邮件，甚至要把对话录下来，不断复盘交流。

遗憾的是，无论受害者多么努力，自恋伴侣都会用自己的逻辑去打压受害者的情感需要，并把问题的矛头指向受害者，拒绝自我反思，更难做出改变。这会加深受害者的愧疚、无助和自责的感觉。这种只能用文字沟通的方法也侧面说明了关系中双方难以有效沟通。

有时敏感内向的人，更可能是自恋者

"是什么让你跟他恢复联系了呢？"我问她。

和丹分手之后，小艾就辞了职，选择回国休整一段时间。

再次回到西雅图后，她开始一个人的崭新生活。其间丹也给她发过信息，但是小艾都克制住自己想要复合的冲动，没有回复他。

直到有一天大清早，她家的警报响了。她似乎听到外面有人要非法入侵的声响，独居的她当时非常害怕。

就在那一刻，小艾想到了丹。

"那个时候才早上五点，我给丹打了个电话，没人接。我又给他发了个信息。六点多的时候，我们家警报又响了，原来是他过来看我了。当时我还挺感动的。我知道他喜欢睡懒觉，一大早过来看我对他来说不容易。就这样，我又跟他恢复了联系。

"当时正是美国疫情最严重的那段时间，我没工作，一个人在家感觉很孤独、焦虑，不知道未来如何，特别需要有个人陪在我的身边。他用同样的方法把我拉了回去——拿出笔和纸梳理我们俩之间的矛盾点，再一次让我觉得他很认真、很用心，不久之后我们就复合了。那个时候我内心里其实有很多问号，只不过还没有意识到他本质是个什么样的人。

"我也不是没有顾虑。我问咨询师的意见，他告诉我：'其实这样也好，疫情在家隔离时你还有个人陪伴着你，也许不是个坏事儿。'不过，我也没再把他当成一个男朋友，更像是个性伴侣。那个时候我就下定决心，等疫情好转后我就跟他分手。结果，疫情比我想的要严重得多。后来，我就想等我父母来了我就分手，毕竟我把他'渣'的一面告诉了他们。我父母来看我之前，正赶上他爸过生日，丹邀请我最后一次去他家聚会。他在聚会上时不时地感叹'Nothing lasts forever'（没有什么是永恒的），我那个时候特别伤感，直到我父母来看我也没有分手成功。

"我也跟我父母说了我跟他复合的事情。我妈对我有婚恋焦虑，害怕我跟他分手后会因为年龄太大找不到更好的了。她告诉我：'无论之前发生过什么，只要现在他愿意对你好，就可以重新开始。'我爸却不太喜欢他。虽然语言交流有障碍，但是他觉得丹不够光明磊落，不敢跟他对视，还说他有点自视高人一等的感觉。我爸平时会根据一个人的言行对其做出评判。"

我问小艾："这个阶段你跟丹的相处过程中，你的感受如何呢？"

"其实那个时候我已经感觉很不好了，情感上已经很疏离这个人了，但是我还没有意识到他真正'可怕'的那一面。之后真正让我彻底决定分手的原因，是我无法原谅他的出轨……"小艾顿了顿，开始跟我讲述令她至今印象深刻的一次目睹对方出轨的经历。

"今年二三月份的时候，我计划周末邀请同事来家里聚会，丹说不方便参加。后来，聚会被取消，我下午发短信问他周末什么安排，一直到了晚上他都没回复我。我一开始也没多想。他那个时候没有工作，没日没夜地打游戏，可能在睡觉。我也不想去打扰他。晚上我又给他发了一条短信，他还是没有回，就给他打了个电话，没有人接。那个时候我就着急了，直觉告诉我：有问题。

"我就开车去他们家了。到了他们家，敲门，没人开门。我就透过窗户向屋里看，竟然看到卧室的床上有一双女人的腿！"这时小艾的情绪变得激动起来，右手不断捋着自己的头发，整个人感觉陷入了紧张的状态，"说到这儿，我现在脑子都一片空白。那双腿上还有文身，那个文身这辈子都难以从我脑海中抹去……我到现在还不敢相信这件事，这对我来说真的是一个特别大的伤害。当时我处于极度震惊的状态，就好像你的好朋友在你面前被一枪打死的感觉，非常震惊，缓不过来。

"我就回车里坐了一会儿，没过多久我就看见房间里的灯暗了。我想今晚他应该都不会给我开门，明天还要上班，我就回家了。那天晚上我整晚失眠。当天晚上他也给我打电话了，我没接，因为实在不知道该说什么。后来我告诉他我什么都看到了。他若无其事地问我：'你看到什么了呀？'我告诉了他后，他矢口否认，'我的床上怎么会有一双女人的腿呢？是你看错了吧！'"

小艾肯定自己看到的皆为事实。

小艾深呼吸了几下，情绪渐渐变得平稳，她继续说："没过多久，他到我家来找我。我请他进来，什么都没说。过了一会儿，我听到他在哭。我跟他认识两年多，从来没见到他哭过。我过去看他，然后他抱着我，对我说'Everything is falling apart（一切都在分崩离析）'。我听到他这么一说瞬间就软了下来。他告诉我他在努力地找工作，但是很不顺利。他想写小说出书，但是写作遇到了瓶颈。他想设计游戏，但是总觉得无从下手……反正就是有很多'远大'的梦想，但是没有实现就感觉很受挫。我问他：'为什么你不告诉我？'他回答我：'毕竟我是你男朋友，有一些男人的尊严要维护。'"

"你听到丹的解释后，有什么样的感觉？"

"我现在感觉他太狡猾了，完全就是在利用我的信任和善良，不断做出伤害我的事情。当时他一哭，我就又心软了。过了一段时间，当我们复盘这件事情的时候，他完全不承认自己出轨了。按他的话说，他'只是在帮助一个身处绝境的、曾经交往过的对象一个忙'，还说'那个女孩都已经在绳索的另一头，马上就要掉入万丈深渊了。而且因为之前交往过，所以一见面就忍不住脱掉自己的裤子'。

"当时我就气炸了，我说不可能。然后他说：'你知道的，当你前男友来找你，就会有那种感觉。'然后我就说：'我就不信！'一气之下我拿起了一个碗，摔在地板上。这是我从小到大第一次做这种事情。他说我有家暴倾向。有的时候我也在想，是不是我内心深处和丹一样，也是个'有毒'的人，愤怒到一定程度要用暴力去解决问题？"

我问小艾："你平时会在其他关系中做出类似的暴力性的反应吗？"

"从来没有过。那是我人生当中第一次用暴力解决问题，都把我自己吓了一跳。"

我告诉小艾："评判一个人是否有家暴倾向需要把这个人的暴力行为放在关系中去探讨，了解暴力行为发生的前因后果。从目前获取的信息来看，我觉得这不是自发性的暴力行为，而是遭到背叛、情感操控后的应激性反应。这两点有本质上的不同。你做摔碗这一行为并不是出于要操控对方而做出暴力行为，而是因为对方不断对你进行煤气灯效应操控，所以你的情绪和感受过于压抑，不得不使用过激的方式表达出来。再考虑到你在其他关系中并未出现过类似的暴力行为，我觉得这是一种'反应性虐待'，也就是因为受害者经历了虐待产生的应激性反应。摔碗是遭遇背叛、精神控制的结果，而不是原因。"

出现应激行为的受害者可能会被贴上抑郁症、焦虑症、双向情感障碍、边缘型人格障碍的标签，有些甚至已经接受了一段时间的药物和心理治疗，只不过效果甚微。如果来访者不被告知在亲密关系中自恋伴侣所实施的暴力行为，再多的药物和心理干预手段都无法真正疗愈身心的问题。

在自恋型虐待的咨询中，咨询师在情感与立场上必须保持中立，但也必须深入了解来访者，接纳和认可他们的感受和表达，以便做出有效的专业性判断和干预措施。咨询师有必要把来访者当成一个独立自主的人来看，而非一个有缺陷的"病人"。来访者的情绪和感受并不是需要被消除的"病症"，而是在传达来访者所处环境的信息。

如果咨询师无法判断自恋型虐待的模式，很可能会把情绪混乱、语无伦次的受害者当成麻烦的制造者，反而会把看似冷静、能言善辩的自恋伴侣当成受害者，进而对真正的受害者造成二次伤害，例如要求受害者合理表达情绪，学习沟通技巧，或者接受药物治疗。

小艾松了一口气，继续跟我说："谢谢你告诉我，我还以为自己有问题。我也觉得平时我挺随和的，怎么到了那个时候就控制不住自己了。他说我有家暴倾向，让我更加怀疑自己，没有勇气跟他说分手了。

"经历了出轨这件事，他选择搬到我家的地下室住，美其名曰'I want to be closer with you'（我想离你更近一些）。我们家里有监控，他说到时候住在一起'你就可以随时监视我，我用行动证明我在乎你，无时无刻都不想离开你'。可是，他搬过来之后就变得特别理所当然。他有一种想要霸占我们家房子的架势。圣诞节的时候他自作主张，邀请他们家二十几口子人来我家吃饭。他当时的那副姿态俨然把自己当成了家中的男主人。

"压死骆驼的最后一根稻草是有一次他把手机放在桌子上回屋

睡觉了，我无意间看到了他手机的提示。我们在一起三年了，我从来没有查过他的手机，但是直觉告诉我应该看一看。我没有他手机的密码，只是看到屏幕提示，里面竟然有 Tinder（手机交友软件）的推送信息，用的还是他玩游戏的名字。他之前说自己从来不用 Tinder，还特别鄙视用 Tinder 的人。看到这一幕我整个人又是快崩溃了的感觉。我觉得我们经历了这么多——出轨、复合、同居，到头来他一直没闲着刷 Tinder。

"第二天早上我问他为什么用 Tinder 的时候，他一直在打游戏，连看都不看我一眼，一边扬扬得意地说：'我可以给你八个不用 Tinder 的原因。'说完这八个原因后，他打开手机，我发现 Tinder 并不在他 App 搜索记录里。他说：'你看到的可能是广告短信吧。'我想说：'如果你没注册 Tinder，平台怎么会给你发短信呢？而且还使用了你游戏的名字，不是你注册的是什么？你当我傻子吗？我自己亲身经历的事情，你怎么能够否认呢？'其实我们确定关系后就发生过类似的事情，我无意中发现他还在频繁登录我们共同使用过的交友软件。他那个时候跟我辩解可能是广告信息，或者是浏览器自动登录。"

根据小艾的分享，丹在亲密关系中的表现基本符合自恋型人格的六类行为模式，包括：

（1）高冲突性：面对小艾的情感需要，丹总是在使用对抗性的方式去回应，包括回避、打压、否定、攻击、暴怒、扮演受害者、煤气灯效应。这说明他内在很脆弱，无法意识到自己的问题，缺少对伴侣的共情理解。

（2）固化：丹会把自己对多元关系的期待作为标准，而忽略了小艾对于一对一关系的要求，并且不断试探小艾的边界。

（3）对抗性强：当小艾对丹的某些行为提出疑问，丹不仅无法承担自己的责任，还使用了情感操控的手段，特别是煤气灯效应，让小艾陷入自我怀疑，从而认同丹的选择，出轨的行为是一个典型的例子。面对小艾的质疑，他不仅不承认自己的所作所为，反而用煤气灯效应继续否认现实，逃避责任，令小艾渐渐产生情绪上的问题，这是情感虐待的表现。

（4）扮演受害者：无论是前期分享自己之前"不幸"的遭遇，还是被怀疑出轨后表达自己很失败，诸事不顺，丹都在扮演受害者的角色，以便利用小艾的信任和同理心，合理化自己不负责任的行为。

（5）特权感和剥削性：最突出的例子就是和异性的边界这件事情，比如，他觉得自己有权去见自己的"梦中情人"，而可以不考虑小艾的感受，这就是在突破小艾的底线。再加上他不断侵犯小艾身体和心理的边界，显示了他的特权感，觉得自己有权把需要强加在小艾的身上。再比如，面对出轨这件事情，丹不仅不正面回应，还质疑小艾的情绪和判断力，这是对小艾的进一步打压。

（6）失控：当小艾提出分手，丹变得情绪暴怒，对她大吼大叫，这是情绪失控的体现。

综合这些行为模式，我基本上可以确定小艾遇到了一个自恋型伴侣。我告诉小艾："对方很可能是一个自恋型伴侣。这意味着他很难改变。这段关系如果继续下去，你很可能还会受到同样的虐待和打压，甚至产生身心问题。"

"听到这个答案我一点也不惊讶，早已做好了心理准备，"小艾很冷静地告诉我，"但是让我一直困惑的点是他从没有去控制我交友、活动的自由，也没有直接打击过我。当我焦虑容貌的时候，他会安慰我。当我焦虑就业的时候，他会鼓励我，说我一定可以找到理想的工作。他和我了解到的那些特别以自我为中心，动不动就自视甚高，还经常打压别人的自恋狂特别不一样。"

"因为你遇到的是一个脆弱型自恋伴侣。这类伴侣的虐待性并不会很明显地表现出来，但是他会扮演受害者，利用你的信任和同理心来逃避责任，进一步地去剥削和控制你。这种自恋伴侣其实更可怕，因为操控性行为不明显，但是当你意识到对方好像有问题的时候，早已经深陷其中，无法自拔。"

脆弱型自恋伴侣的特点是在关系的初期看起来温文尔雅，风度翩翩，关心社会和他人；也会分享自己过去不幸的经历，以博取伴侣的信任。关系一旦深入，他们就会变得自我、回避、不耐烦、攻击性强。虽然嘴上说要解决问题，但是他们会把问题的核心推卸给他人或者社会（愤世嫉俗、怀才不遇、清高自傲），而拒绝承担自己相应的责任。脆弱型自恋伴侣最大的特点就是善于扮演受害者，善于使用隐性操控的手段，通过让受害者感到内疚、自责，甚至妥协，来达到自己的操控目的。

第三节 忽略型自恋伴侣

李萍最初找到我是想疗愈童年创伤。

李萍出生在山东农村一个重男轻女的家庭。按她的话来说，小时候的自己"极度缺乏爱，每天脸上都挂着被拧后的瘀青，没人关心我，童年陪伴我最多的是家里的那条狗。如果没有它我连说话的对象都没有"。

我们的咨询一开始进展得并不顺利。

当咨询开始，屏幕上另一端的李萍看起来很憔悴。她语无伦次地叙述着自己的故事，我很难拼凑出完整的情节。她说到关键的地方会陷入情绪崩溃的状态，不断地问我："为什么亲生母亲会对我这么狠？"

我隐隐感觉她可能喝了酒，处于半醉半醒的状态。

虽然我在咨询声明里指出，咨询过程中需要来访者处于清醒的状态，否则咨询师有权中止咨询，但我感觉李萍酒醉的背后似乎在表达童年的经历对她的影响之大，以至于她不得不借助酒精来处理强烈的情绪。咨询中有时不可言说的事可能比可言说的传递出更丰富的信息，直觉告诉我她内心中有想要求助的动力。所以我并没有当下单方面结束我们的咨询，而是把关注点放在李萍的情绪表达上来。我扮演一个倾听者的角色，为她创造一个安全的空间，陪伴她处理积压在内心的情绪。

咨询结束后的第二天，我收到了李萍的信息："昨天真的很抱歉，自己喝了点酒，在你面前很失态。这个点酒醒了，清醒了很多。我意识到自己极度缺乏爱，想去得到爱，内心也难过极了。我觉得自己不配拥有任何人的爱，不值得爱与被爱，我真的不配拥有。"

我回复她："没关系，我能感觉到醉酒是一种处理情绪的方式。虽然这种方式可能无效，但是我在乎的不是喝酒，而是喝酒背后所传达的情绪和需要。如果你需要帮助，我随时都在。"

专门进行成瘾研究的医师加博尔·马泰博士（Dr. Gabor Maté）认为，成瘾行为很多时候是缓解童年创伤所致情绪问题的处理方式。它虽然能够让成瘾者在短期内暂时忘记痛苦，但是成瘾者真正需要的是疗愈小时候所受到的伤害，才能从根本上解决成瘾的问题。[13]

遗憾的是，由于整个社会对于成瘾现象了解不多，很多时候成瘾者会被快速地贴上标签，比如软弱、懒惰、不正经、有道德瑕疵等。这不仅不会帮助成瘾者摆脱成瘾的行为，反而会加深成瘾者的羞耻感，让其更难意识到自己无效行为模式背后的症结所在，从而陷入恶性循环中。[14]

李萍随后给我发了一句"谢谢"就消失了。

我一度以为我们的咨询关系就此告一段落，没想到有一天我突然收到她的一条信息，她问我："我可以出一次轨吗？"

为了挽回丈夫，我决定出轨

看到李萍的信息，我有些摸不着头脑，于是我回复她："是什么原因让你想这么做呢？"

她告诉我："我想报复我老公。我活得太压抑了，可是我过不了内心深处自己那一关。只要你说我可以，我就会去实施，我想在别人那里获得短暂的温暖。"

我隐隐地感觉到李萍的情绪不是很稳定。她可能不只面临原生家庭这一个挑战，她生活中的其他关系也可能在影响着她的情绪。

因为我们并没有处在一个正式的咨询关系中，所以我无法做出专业性的判断和干预。我只能声明自己的立场并给她一些简单的建议，我回复她："很遗憾，我无法为你做出这个选择。因为我不了解你的情况，所以也很难帮你分析。如果需要，可以跟信任的朋友或者专业人士聊一聊，你不必一个人承担这一切。"

"那我自己暂缓一下，我再深思熟虑一下，我再给自己点时间。谢谢你。"

又过了几天，她继续发信息给我："我就是想背叛他，想和别人睡。我是怎么了？我自己可以感觉我想背叛他这个动机的背后是有原因的，只不过我现在分析不出来。"

跟上一次把一个想法丢给我相比，这一次李萍把具体的问题发给了我，我能感受到她想要沟通的意愿。我跟李萍说："我愿意跟你就背后的原因进行探讨，你是否愿意跟我就这件事情做一个咨询呢？"

过了很长一段时间，她才回复道："我只能用文字跟你联系。因为我老公在，我怕他听到。每次我听心理学老师讲课，老公都说我有病，让我不要学坏，还威胁我说要起诉这些人。我害怕他知道你是谁后给你带来不便，所以就只能跟你发信息。"

我告诉她："没关系，按你感到舒服的方式来。如果需要，我们可以随时中止对话。"

于是，李萍就开始告诉我她现在的婚姻状况。

李萍和张鹏结婚多年，育有一儿一女。张鹏是个事业有成的人。他靠自己的努力，从农村考到了省会济南，毕业后通过自己的努力，一步步创造了现在殷实的家庭条件。随着两个孩子陆续出生，李萍辞去工作成为全职主妇，全心全意扑在照顾孩子和料理家务上。

这看似美满的家庭背后，却充满着累累的伤痕。

当聊到想出轨背后的原因时，她告诉我："我老公说就是出轨也没有人要我，我要让他为这句话付出代价。"

"似乎你在反抗着什么。"

"我感觉我自己脱离不了他。因为生意的问题，我和他在法律上已经离了婚。这套房子在我的名下，但是他并没离家。我现在还在疑惑到底自己是不是单身。法律上我是自由的，但是我们还在一起。我好困惑……"

我对李萍和张鹏的关系充满疑问。正当我要问下一个问题的时候，她突然告诉我："我老公过来找我了，我不能聊了。"我也就没有继续回复她的信息。

有一天当我再次接受李萍的文字咨询时，她突然告诉我："我出轨了。"

当我问她出轨背后的原因时，她告诉我："我就是要向我老公证明自己，我不但出轨了，而且对方很优秀。"

当问到她现在的感觉如何，她告诉我："我真的不是那种不知廉耻，可以随意找一个男人睡觉的女人。跟这个男人睡觉之前，我是深思熟虑过的。"

李萍这么说让我感觉到她内在有强烈的冲突感。她越在否定着什么，反倒越是在乎什么。虽然她嘴上说自己想背叛丈夫，但是我从她的文字之间感受到了自我批判和羞耻感。

在咨询的过程中我们谈论的不是道德，而是行为背后的需要。

需要强调的是，这么做不是为出轨辩护，也无意削弱出轨对他人所造成的伤害。探讨出轨背后的原因是想了解当事人的行为动机，比如：自恋型伴侣可能会把出轨当成一种剥削关系的方式；情感回避型伴侣可能会把出轨当成逃避问题的方法；讨好型伴侣可能把出轨当成自我认可的方式；等等。正如婚姻治疗师埃丝特·佩瑞尔（Esther Perel）所说："不谴责（出轨）并不意味着纵容，理解它与为它辩护有天壤之别。但是，当我们把谈话简化为简单的评判时，我们就无法对话了。"[15]

我告诉李萍："我相信你的选择是经历过一番心理挣扎、深思熟虑的结果。谢谢你的信任。我无意评判你的选择，更想跟你探讨出轨背后的需要是什么。"

"我没得到过的尊重、温暖在出轨对象身上都感受到了。我意识到原来还有这样的男性，他可以尊重你，处处站在你的角度去照顾你，在尽可能的情况下不让你受到伤害。他学历很高，特别有教养。他也有家室。我很清楚我和他之间的关系。在这段见不得人的关系里，我真的得到了前所未有的关爱。

"说出来不怕你笑话，当他拉着我的手，抱着我的时候，我心里想的却是如果此刻抱着我的是我老公该多好。我觉得对不起我老公，我不知道该怎么去面对他，感觉他好可怜。"

"好像这段'见不得人'的关系弥补了你和你老公关系中的某些缺失。"

"是的。因为自己一直想要的得不到，在跟老公的关系中我时常感到落寞。我特别渴望我老公懂我，呵护我，疼爱我。这个男人他不是我老公，而我在想如果是我老公抱着我该多好。为什么我那么保守的一个女人，竟然可以跟别人睡觉？！我在责怪自己。"

"我听到了你对亲密关系很多的需要，包括尊重、温暖、疼爱、保护。这些需要是合理的。只不过可能目前的这段关系看似给了你满足感，但是同时也给你带来了羞耻和罪责感。"

在我的经验里，相较于出轨的男性，出轨的女性往往面临更多的社会压力和道德谴责，即经历"荡妇羞辱"（slut shaming）。荡妇羞辱是用言行去攻击一个女性，因为她的性经历、性行为或者性欲不符合社会对于女性的期待，例如：衣着性感、要求避孕、被强奸或性骚扰。[16]

出轨对于李萍来说是一件违反道德伦理的事情，当她通过出轨满足身心需要时，她会对自己的需要感到羞耻，陷入自我攻击的情感消耗中。社会对家庭主妇的权益保障有待完善，像李萍这样在经济上不同程度依附伴侣的家庭主妇，本身选择权有限，离开一段关系就意味着失去经济支持，甚至遭遇周围人的指责和歧视。

除非我们看到当事人所面临的选择困境，否则很难做出相应的干预措施。李萍能够把关注点从外界的道德评判回归到自身的需要，这本身就是一种自我觉察的体现。只有在接纳自己需要的前提下，才能去探讨如何更有效地满足自己的需要。

我对李萍视角的转变进行了肯定，我告诉她："我感觉现在你逐渐跳脱出了背叛老公的羞耻感，越来越回归自己的需要了。"

"是的，我现在感觉不那么自责了。我感觉还是想得到爱，可是我越渴望得到爱就越发现自己根本得不到爱。我现在忽然感觉你有点像救命稻草，想要紧紧抓住。我是不是心理出现疾病了？可是我知道只有自己才能救自己，我该怎么办呢？"

"如果你愿意，我愿意深入地聊一聊你这几段亲密关系，并且帮你具体梳理一下你在亲密关系中的需要，你也可以考虑找其他信任的专业机构或者专业人士寻求帮助。"

"谢谢你，雨薇，我准备一下。希望我能够找一个我老公不在的时间跟你咨询。"

接连出轨家暴，他却被认为是完美丈夫

再次收到李萍的消息，她告诉我她准备好了。

"我老公虽然不在家，但是两个孩子因为放假在家，可能会在旁边吵闹。"

我告诉她没关系，可以随时打过来。

她拨通了我的电话，开始跟我讲述她的经历。这次李萍的声音听起来很清晰，表达得也有条有理。

李萍告诉我，她高中毕业后就被父母赶出了家门。父母觉得她是个"赔钱货"，吃家里的喝家里的，让她赶快挣钱，以资助两个哥哥有"更好的发展"。两个哥哥被父母用钱塞进了大学，家里只给她两百块钱，让她去济南打工。她一个人在省会城市生活，衣食住行都要花钱，无依无靠。还没等到发工资，她就已经有上顿没下顿了。

不久，通过朋友的介绍，二十岁的李萍遇到了大她十五岁的张鹏。第一次见面，李萍就觉得张鹏长得又高又帅，深深地被他吸引。那个时候的张鹏已经在职场上崭露头角了，他能看出李萍的窘迫，第一次见面就给了她两千块钱。那个时候李萍特别感动，她感觉这个男人值得依靠。

两人确认了男女朋友关系后不久就住在了一起。

这时，李萍才发现原来张鹏一直在出轨。

"第一次知道他出轨是他主动告诉我的，他还提出要跟我分手。我虽然接受不了，但是从来没有想过要离开他。我不断努力付出，试图挽回这段感情。第二次知道他出轨是我自己发现的，我不知道该怎么办，也离不开他，所以我就一口气儿把桌子上的半瓶白酒全喝了。其间他说要分手，我舍不得，感觉我付出了那么多，我不甘心，不愿意放弃。"

"你付出了什么让自己不甘心，不愿意放弃呢？"

"我可以毫不隐瞒地告诉你，我中间为他堕胎了好几次。无论我再怎么要求，他从来不避孕，也从不考虑我的感受，想要就要……"说到这儿，李萍开始抽泣。

估计是感受到了妈妈悲伤的情绪，我听到李萍的女儿突然凑了过来，不断地问她："妈妈，你喜欢小兔子吗？""小兔子是什么颜色的啊？""你给我画一个吧？"李萍告诉她："丫头，你去客厅找哥哥，让哥哥给你画。"

小女孩还是迟迟不肯离去，我告诉李萍："如果你需要先照顾一下孩子，我们可以随时暂停或者改时间。"

"谢谢你的理解。我女儿特别黏我，离不开人。不过我为了这一天已经准备了很久了，今天当着你的面，我一定要说出来。等我平息一下情绪……"

几分钟后，她继续说道："我以为只要我睁一只眼、闭一只眼，日子就能过。没想到出轨还不是最糟糕的事情，不久之后，我就经历了家暴。"

说到这儿她顿了顿，声音变得颤抖起来。一旁的女儿又凑了过来，让妈妈给她画小兔子。

李萍的情绪似乎感染到了女儿。女儿因为年龄小可能不会完全明白妈妈具体在说什么，但是小朋友的情感觉察能力很强。她能感受到母亲脆弱的情绪，从而触发了自己内心不安焦虑的情绪。想让妈妈给她画小兔子这一要求背后，其实是她在尝试用自己力所能及的方式，去安抚妈妈波动的情绪。

我跟李萍说："虽然女儿可能不理解你在说什么，但是她能感受到你的情绪。如果可能的话，最好让她回避一下，以免给她造成心理上的影响。"

"好的，那你稍等我一下，我把女儿带到客厅，让哥哥陪她玩一会儿。"

我听到李萍把女儿带到客厅的途中，孩子不断地用稚嫩的声音在问："妈妈，你怎么了？"李萍尽量压着自己略带颤抖的声音回答她说："乖，妈妈没事儿，妈妈在打电话。给妈妈五分钟的时间，我一会儿就回来。"

"我从来没跟人说过我经历了家暴，"李萍的声音平静得出奇，好像在讲述别人的故事，"因为我自己都觉得丢人。我现在回忆起当时的画面，还觉得身体在发抖。他一巴掌扇过来，我直接耳膜穿孔了。我那个时候还不知道什么是耳膜穿孔，就是觉得耳朵不舒服。我去医院检查，遇到一个特别好的女医生。她经验丰富，估计见了很多这样的例子。还没等我告诉她实情，她就已经变得特别气愤，问我要不要报警。只要我愿意报警，她还会为我做证。那个时候我才二十岁出头，什么都不懂，就不了了之了。没过多久，有一次我俩吵架，他一拳打过来，我鼻子直接就流血了。"

"我最害怕别人说我为什么不离开。我也知道他这么做是不对的，但我内心就是放不下。我总感觉自己付出了这么多凭什么要走。我感觉混沌，好像被迷住了。我总觉得哪儿出了问题，隐隐感觉不对，但就是分析不出来。

"二十岁出头的我还天真地以为只要我对他足够好，他就能回心转意。或者，等结了婚，有了孩子，他的心就能稳定下来，这些问题就都能顺其自然地被解决。于是，我提出结婚的请求。一开始他不同意，还说我'以死相逼'。后来，他也想明白了，觉得我对他也不错。两个人就这样结婚了。"

打我骂我，好过不闻不问

"结婚后他的确不再对我动手了，但就此也不理我了。我被彻底打入了'冷宫'。他整宿整宿地不回家，也不回我的信息。因为从小缺爱，所以我特别没有安全感。每次我告诉他想让他陪陪我，他都没反应。他不陪我，我就继续问他，然后矛盾就被激化。

"有一天晚上他正要出去应酬，那个时候老大还在吃奶，我希望他早点回来陪陪我，但是他拒绝了，我一气之下就把门反锁了。他大半夜回到家，发现用钥匙怎么也打不开门。无论他给我打电话，还是在门外狂吼，我就是不开门。他就用脚生生把门给踹开了……

"他进屋之后就命令我收拾东西马上滚。他叫了一辆出租车把我送回我爸妈家。到了家还是我妈付的车费。我儿子想尿尿，我找我妈要一个盆。她一脸嫌弃地说：'出租车费都给你付了，还要我再赔上一个盆，你真是个赔钱货。'我感到又羞又气，在身上仅有的五百块钱里，拿出了三百甩给她，她竟然也收下了。

"我一个女人带着一个还在吃奶的孩子，感觉天地容不下我们母子俩。后来，我老公又把我接了回去。临走之前，我妈说：'你怎么这么不要脸，他一劝你你就走。'我心想：'你这么嫌弃我，我怎么活？难道要带着孩子一起死吗？'"说到这儿，李萍情绪变得十分激动，情绪中混杂着愤怒和绝望。"虽然我回了家，但是感觉又回到了痛苦的循环中。我老公依然没有改变，他还是不断出轨，很少回家，把我和孩子当成空气一样。"

李萍说到这儿，深深地叹了口气。

她沉默了许久，我便开口说："谢谢你把内心最真实的想法分享给我。你能够打破羞耻感，把过去的真实经历分享出来，积极地寻求帮助，真的很勇敢。有没有什么问题是你特别想探索的呢？"

李萍想了想，开口说："我不明白的是，为什么我老公是个'双面人'？"

我问她为什么会这么想，她告诉我："他的人设太好了——长得帅、挣钱多、能说会道，一直在塑造'好丈夫''好爸爸'的形象。我周围的朋友们都说你怎么找了这么完美的老公。只有在家里，他才会把丑陋、自私、邪恶的一面展现出来。"无论是关系前期的堕胎、出轨、家暴，还是现阶段的忽略、无视，张鹏总是把自己的需要放在第一位，有时甚至会使用虐待的方式，很难共情理解李萍。

"听起来好像对方很在乎外在的认可和关注，压抑了内在脆弱不安的一面。"

"你这么一说，我发现还真是，感觉他挺自卑的。我老公跟我一样，也来自农村，但是他是一个极度聪明的人。你也知道农村的那种教育情况，但是他却在全国奥林匹克竞赛中得了第二名。他生意做得很大，也挣了很多的钱，但他还是对自己不满意，想要挣更多的钱，要出人头地，让所有人都崇拜他。他总是对我说：'你处处都不如我''你凭什么离开我''我能离开你，但你不能把我甩了'。"

"在日常生活中，他会经常使用比较、打压这种方式去处理你们之间的冲突吗？"

经我这么一问，李萍的话匣子再一次被打开。

"他不让我工作。他说男的就应该主外，女的就应该主内。男的有多少权力就能享受多少资源。'你一定要多努力把孩子培养成才。孩子是你的，培养好了，管你叫妈。'后来我意识到自己不能再在经济上依赖他，想做点小生意。我家副业是做皮草的，有朋友想从我这儿买皮草，我老公不给我货。因为他说我这样自己赚钱，慢慢积攒客户，就会离开他。

"这么多年料理家务，照顾两个孩子，他每个月只给我五千块钱。他非常有钱，但是他从不给我多的钱，因为怕我拿了钱后离开他。我自己一个月下来把钱都花在补贴家用和教育孩子上，所剩无几。我做饭很好，想开一个小吃店，但是没有启动资金，父母也靠不上。如果我出去工作，就要雇保姆照顾两个孩子，但是我没钱。我感觉自己被死死卡在了这里。

"平时生活中，我做什么都是错的。他不让我健身，不让我交朋友，不让我和朋友旅行。我精神要崩溃了。今天早上，我要出去跑步的时候，他不让我出去。我实在受不了了，冲他喊：'我不是你养的宠物，我是个有思想、有情感、有欲望的人。你对待我就像宠物一样，饿了给我点狗粮，喜欢了就陪我玩，不喜欢就把我放到一边，不管不顾。我极其孤单、没安全感、缺爱……我真的快要崩溃了……'结果他当着儿子的面冷冷地说了一句'你妈疯了'，然后就把我撂在一旁。

"说到孩子这一点，我真的好心痛。我老公不仅什么都不管，还当着孩子的面拿我当出气筒。因为小时候经历过父母的虐待，我千方百计地想要保护好自己的孩子。我跟他说你千万别当着孩子的面生气动手，这对孩子的伤害特别大。如果你实在忍不住，咱们关上门，你打我骂我都行。可是，他完全不管。他上一秒发怒，下一秒小女儿就被吓得哇哇大哭。我大儿子虽然稳重优秀，但是我看他的朋友圈发的东西，能感觉到他心里挺忧郁的。有一次我和我老公吵架，他管我穿什么鞋。他说：'你要是穿了，我就把这双鞋扔出去。'我儿子听到了就说：'妈，我支持你，跟他离婚吧。'儿子都明白。

"他给我买了很多名牌包，我说我不想要，他硬塞给我，还非让我背。我不愿意戴手链，他非要给我买，还强迫我一定要戴。他说我不知好歹，说换作别的女人不知道要了多少了，我就是不想要。我知道他对我的好是有条件的，接受他外面有女人，让我闭嘴，要听话。我感觉特别矛盾，一方面我觉得他给我买东西无非是想要控制我，另一方面他送我东西的当下我觉得特别愧疚，感觉他对我还是那么好。"

从李萍的心理状况看，她已经陷入了"创伤性联结"（trauma bonding）的心理模式中，也就是常说的"斯德哥尔摩综合征"（Stockholm syndrome）。[17] 在一段虐待型的关系中，受害者会爱上施暴者，不是因为施暴者对受害者有多好，而是足够坏，让受害者产生习得性无助（learned helplessness）的感觉，就是无论如何反抗都无法逃离暴力的循环。[18] 施暴者会使用"萝卜加大棒"的组合，不时给受害者一点好处，让受害者产生被爱的幻觉。我会在第二章第二节更详细地探讨有关创伤性联结和习得性无助的内容。

如果咨询师已经意识到来访者陷入创伤性联结的心理模式中，他需要做的是协助来访者打破对施暴者虐待行为的合理化，认清现实。

我告诉李萍："我听到张鹏在身体上、经济上、生活上和精神上各个层面对你进行控制和虐待。你提到，在身体上，他把你打到耳膜穿孔。在经济上，他不允许你出去工作。在生活中，他干涉你交友、出行、打扮的自由。在精神上，他对你和孩子们进行冷暴力。面对你们的需要表现出冷淡、轻视、疏远和漠不关心的态度。你提到他整天不回家，不回你的信息，忽略你的情感需求。同时，他无视孩子们的情绪感受，在他们面前对你发脾气。这些都是冷暴力。"[19]

"以上提到的这几点都属于家庭暴力的范畴，你可以使用法律的手段保护自己。"考虑到李萍因为经历家暴而产生自责、羞耻的感觉，我紧接着说，"但是这并不意味着让你立马报警，离开这段关系。这么说只想告诉你，经历这一切不是你的错，你是有这个选择权的。无论你做什么样的选择，我都尊重你。"

我担心提到"家暴"这两个字，会激发起她之前创伤性的体验，导致她陷入情感崩溃的状态或者直接拒绝沟通。

电话的那一端沉默了几秒钟。就在我忐忑不安地等待着回复时，她开了口。"我才知道我经历的是冷暴力……"她的声音颤抖着，"原来不是因为他工作忙，或者我做得不好，是他在故意这么做，对吗？"

"根据你的分享，我目前觉得对方很大概率是有意在这么做。因为他内心可能极度自卑和没有安全感，所以可能需要对你进行全方位的控制，冷暴力就是其中的一种方式。"

"你这么一说，我突然明白了为什么无论我怎么表达自己的需要，他永远以沉默来应付我。我跟他说跟外面的女的断了，他压根就不接我的话。情感上我很需要照顾、看见、陪伴、成长，他都不会给我。我还记得有一次我的手被划了一道很深的口子，鲜血直流。我拍了张照片发给他，说我手疼。他不回复我。你这么说我才意识到，对方完全不在乎我的死活，我有的时候感觉他是没有感情的。"

李萍讲述过张鹏通过树立"好丈夫""好爸爸"的形象过度寻求外在的认可，不顾她的感受，在生活和精神各个方面对她进行控制和虐待，共情能力差。种种的行为模式已经比较符合自恋型伴侣的特质。于是，我把什么是自恋型伴侣，以及自恋型伴侣的行为模式简述给了李萍。

"煤气灯效应我也经历过！我跟他说我要学开车，他说我笨死了，肯定考不过去，还举身边优秀者的例子证明我不行。我没听他的，自己一个人去学车、考驾照。我考到头都大了，但是最后还是考过了。当我拿着驾驶证，证明他错了的时候，他却当着我的面说他没有不鼓励我考驾照，还说我有幻听。"

"但是我想不通的一点是……"李萍突然犹疑地说，"你提到很多自恋型伴侣好像一直都对自己的伴侣进行贬低和打压。虽然我结婚之前也经历过这些，但是结婚后好像他对我的打压就减少了。他在家的时间并不多，发消息也不回。说句不好听的话，我倒希望他打我骂我两句，也不要对我们娘仨不闻不问。"

我告诉她："自恋型伴侣有很多种，你的伴侣是忽略型自恋者（neglectful narcissist）。他们不仅有自恋型伴侣的共同点，比如脆弱、暴力、虚荣，同时也有自己的独特性，那就是情感忽略和冷暴力。之前经历过忽略型自恋伴侣的来访者曾跟我说，觉得自己'在慢慢地死去'，感觉自己在'和陌生人一起生活'，'表面上看起来不孤单，却极度孤独，无人诉说，没人相信我'。"

"真的是这样子……"听到这里，李萍不禁失声痛哭起来，"那个时候很穷，骑着自行车都很开心很幸福，现在虽住着豪宅，但是幸福感特别低。我撑不下去了。我这么努力拯救自己，看书、学习、给自己鼓励，不断让自己往前走。可这段关系就如一个旋涡，我拼尽全力地往外爬，然后它慢慢又把我吞噬。我真的撑不下去了……"

张鹏基本符合自恋型人格的行为模式，包括：

（1）高冲突性：张鹏不仅无法共情理解李萍和孩子们的需要，还拒绝处理关系的冲突，使矛盾激化。

（2）固化：张鹏会把自己对妻子和家庭的期待强加在李萍和孩子们的身上，无视他们的感受。

（3）对抗性强：张鹏为了让李萍"听话"，采用了一系列情感操控的方式，例如身体暴力、经济控制、煤气灯效应、冷暴力。

（4）脆弱性：张鹏需要通过树立完美的人设，从而获得他人的崇拜和认可。这说明他内在的自我价值感不稳定。

（5）特权感和剥削性：张鹏不惜牺牲李萍和孩子们的身体、心理健康，从而满足自己的私欲，比如出轨。

（6）失控：张鹏会采用暴力性的方式去解决关系中的问题，这是一种对自己情绪和行为缺少掌控力的体现。

忽略型自恋伴侣具备自恋型伴侣的基本特征，其特殊之处在于采用回避的态度应对关系中的问题。冷暴力是忽略型自恋伴侣的常用方式。

需要强调的是，不是所有的忽略型自恋伴侣都有显性的暴力倾向。我之前接手的案例中，有的忽略型自恋伴侣结婚生了孩子后，会以照顾自己父母为由，继续跟父母住在一起，拒绝妻子同住的请求；有的忽略型自恋伴侣会沉迷哲学，张口闭口都是高深的理论，但是面对女朋友想要沟通的渴望，他却变得无动于衷；有的忽略型自恋伴侣热心公益，把所有的时间和精力用在帮助他人上，可是当他的妻子生病卧床，他只会简单地说一句安慰的话，仅此而已。忽略型自恋伴侣大部分情况下会以自我为中心，回避伴侣的需要。

第四节 恶性自恋型伴侣

娅娅找到我，说自己遇到了一个"恐怖情人"。

娅娅留着干练的短发，戴着边框眼镜，皮肤是健康的小麦色，笑起来略有拘谨，有着超出自己真实年龄的成熟。

寒暄之后我了解到，娅娅来自郑州周边的一个小县城，现在在北京的某个互联网公司做设计。

她和伴侣阿亮在一个健身房里相识。娅娅去健身，阿亮正好成为她的健身教练。

阿亮是个东北汉子，高大魁梧，一下子就吸引了娅娅的注意。

"当初被他吸引很重要的一个原因是，他看起来能够给我足够的安全感。"深入了解娅娅的情况后，我发现她虽然外表看起来成熟稳重，但内心是一个特别没有安全感的人。父母在娅娅很小的时候就外出务工，她是被奶奶带大的。虽然奶奶对娅娅很好，但是她总觉得父母抛弃了她。"否则为什么他们会带着哥哥去城市打工，而不带我呢？"娅娅眼神茫然，自言自语。

总是限制我的社交，他却说是因为爱

"我比阿亮大六岁。刚在一起的时候我还问过他，是否介意我比他大这么多，但是他告诉我他完全不介意。他还跟我说自己喜欢大姐姐一样的女朋友，更温柔体贴，不像很多他那个年龄段的小女孩一样'作'。他还夸我身材好、温柔体贴、会疼人。"

他们刚认识的时候白天一有空就给彼此发信息，晚上通宵视频聊天。阿亮总是问娅娅在干什么，跟谁在一起。他还动不动就把自己健身的照片或视频发给娅娅，然后让娅娅拍照片或者发定位给他。阿亮还告诉娅娅，他感觉自己从来没有对哪个女生这么痴迷过，总是想把自己健身的照片或视频发给她。

"那个时候我觉得自己一下子陷入了爱情中，以为自己遇到了真爱。"

可是没过多久，阿亮就开始嫌弃娅娅身材偏胖，不会收拾家，特别黏人，还埋怨因为娅娅比自己年龄大，都不好意思把她介绍给自己的朋友，怕他哥们儿笑话。

"那你感觉如何呢？"

"他起初夸我的优点一下子都成了对我不满的理由，我一开始是觉得有点怪怪的。不过，我在某些方面还是挺神经大条的，觉得你不喜欢我就不喜欢我呗，反正我自己接受自己就好。我觉得我的身材、年龄、家务方面都挺好，"娅娅耸耸肩，一脸轻松地说道，"所以对他的那些评价也没完全放在心上。那个时候我觉得这可能是热恋期过后，两个人开始进入磨合期的一个体现。而且他的年龄比较小，可能心智上还不太成熟，所以我尽量让着他。"

又过了一段时间，阿亮对娅娅的贬低态度不仅没有转变，反而有所升级，他开始控制她生活的方方面面。

"我们俩见面的时候，他总是会看我的手机，还趁我不注意的时候私自删除、拉黑我的好友，特别是异性朋友。无论我再怎么努力尝试介绍我的异性朋友给他认识，每次跟朋友见完面他总是在数落我的异性朋友。"

娅娅皱着眉头，无奈地跟我说："他觉得我的异性朋友要么就很装，要么就情商低，还怀疑对方对我有意思。他还觉得我的朋友们看不起他，好像对方无意间的一句话，或者一个眼神都是在讽刺挖苦他。反正他谁都看不上，命令我离这些人远点，否则他就会埋怨发脾气，甚至扬言要动手教训他们。这让我感觉很为难。

"我曾经私下跟见过他的几位朋友聊过这件事情。他们对阿亮的想法感到很惊讶，还以为阿亮看起来很享受跟大家聚会的时光，完全没看出来阿亮有任何不舒服或者被冒犯的感觉。我的某个异性朋友知道阿亮对我交友方面的干涉后，曾经善意地提醒过我，说跟控制欲强的人相处起来会很辛苦。

"那个时候我觉得他可能是太爱我了，才会有这种嫉妒心。我渐渐疏远了自己的朋友，甚至把几个男性好友都删除了。"娅娅的语气中流露出一丝哀伤的情绪，"我现在都想不通，为什么之前那么爱我的人，之后会判若两人，伤我这么深……"

娅娅无论怎么做似乎都没有办法满足阿亮的期待，阿亮开始对她变得冷淡，不再给她发健身视频，信息回复得很慢，有时干脆不回。两个人在一起的时候，阿亮也总是盯着手机回复信息，把娅娅冷落在一旁。

"我理解他因为职业的特殊性，需要跟女客户打交道，"娅娅皱着眉头告诉我，"但是他总是看我的手机，却从来不允许我看他的手机。有的时候我无意间瞟到他在给一些女生发暧昧短信，他总是说我想太多，不支持他的工作。

"直到有一天，我在他洗澡的时候，打开了他的微信聊天记录，才发现原来他一直在跟前女友联系……"

经常怀疑伴侣的人，往往自己先出轨

娅娅总是听阿亮说他的前女友小静的事情。他说小静家里特别有钱，她在英国留学，经常打钱给他，但是她的脾气很暴躁，动不动就闹分手、玩消失，甚至把阿亮直接拉黑。最后，阿亮实在受不了小静的性格和处理问题的方式，两个人就分手了。

"我真的完全没想到他俩还保持着联系。聊天记录显示他们时不时还在打情骂俏，还互相叫对方老公、老婆什么的，他也从来没有提到过跟我的关系。小静还一直在给阿亮打钱，动不动就几千、几万元地转给他。

"这也让我明白了为什么他平时从来不在朋友圈发我们俩的合照。有一次我逼问他为什么不发，他突然变得特别愤怒，开始砸东西，还说我控制他，让他感到窒息。"娅娅冷笑了一下，"后来我才知道是他在背着我不断地精神出轨。"

终于有一天，娅娅决定跟阿亮摊牌。她把她拍的阿亮和前女友对话的照片亮了出来，问阿亮到底怎么回事。

看到对话记录，阿亮瞬间暴怒，冲着娅娅大吼："你以为我不知道你在偷看我的手机？你跟你那些人渣朋友一样，总是想方设法陷害我，侵犯我的隐私，给我找难堪！"

娅娅被对方突如其来暴怒的情绪给吓蒙了。"我的第一反应竟然是觉得自己不应该偷看他的手机，我因此感到很羞愧。但是很快我就回过神来，觉得自己没做错什么，就跟他对峙，问他为什么还没有跟前女友断掉。"

面对娅娅的质问，阿亮告诉她，小静一个人在国外留学遇到了一些麻烦，无人诉说，回头找自己。阿亮念旧情，不忍心看她一个人孤零零在异国他乡受委屈，所以出于同情，就没忍住把她的微信加了回来。

娅娅问阿亮，小静为什么说话语气那么暧昧，还打钱给他。阿亮解释自己只是在逢场作戏，根本没动真心。至于钱的问题，按阿亮的话说就是，"别人要给你钱，不要白不要"。

"他摆出一副拯救者的姿态，好像真的要把那个姑娘从水深火热中救出来一样。"娅娅不屑地笑了两声，"那个时候他说自己最鄙视那种脚踏两条船的男人，觉得他们不负责任，没担当。我那时天真地认为，他不可能是他自己最鄙视的那种人吧？所以我就原谅了他。但万万没有想到，他真的就是他鄙视的那种人。"

无论是怀疑娅娅跟异性朋友出轨，还是对那些出轨的人表现出鄙视的态度，阿亮似乎在他人身上看到了自己在做的事情，并表现出应激性的情绪反应。这其实是一种无效的防御机制，在心理学上叫"投射"（projection）。

投射是将自己的心理行为状态转移到他人身上的现象。[20] 简单来说，就是你心里在想什么，看别人就是什么样子。"贼喊抓贼"就是一个典型的投射的例子，偷东西的人为了逃脱，转移目标，把别人说成是贼。良性的投射很常见，可能就是个误会，但是病态的投射会伴随对他人的攻击打压，让对方怀疑自己的认知，造成心理伤害，比如：自己谎话连篇，却说伴侣是个骗子。

自恋型伴侣会经常使用病态投射。这是因为自恋型伴侣的自我太过于脆弱，对自己的缺点、错误毫无察觉，但是毫无察觉并不意味着就不存在，这些负面情绪会压抑在潜意识里，投射在别人身上，利用他人作为自己的"替罪羊"，逃避自身的责任。[21]

事情发生后没多久，有一天晚上阿亮在娅娅家过夜，娅娅趁阿亮离开的时候，在他手机里发现他用小号加了小静，小静还在朋友圈秀他俩的聊天记录。不仅如此，娅娅还发现阿亮跟好几个女学员有露骨的交流。

"我第一时间找阿亮对质。他一开始还试图辩解，说自己用小号加小静是因为自己玩游戏时看到了两人还在交往时的聊天记录。他发现那个时候的自己经常发脾气，小静为了哄他发了很多肉麻的消息，这让他想到自己跟娅娅交往的过程中也经常闹别扭，有些怀疑自己，想问问小静自己到底是不是个脾气很差的人，所以才用小号加她微信。小静没回阿亮，所以他就把她拉黑，忘记删除了。他还说小静在朋友圈里秀聊天记录是她的个人行为，自己没办法让她删除。"

我问娅娅："你听到这个解释后感觉如何呢？"

"我完全不相信他的诡辩，继续逼问他是不是还跟小静有联系，还有那些女客户是怎么回事儿。面对我的质问，他回答不上来，就开始暴怒。之后我们就撕扯起来，具体发生什么我都有点记不得了……"娅娅停了一会儿，看起来她在努力地回想细节，"我只记得他骂我骂得很难听，就是你能想到最脏的词……然后，他开始动手掐我的身体，最后是我的脖子……我自然完全不是他的对手，胳膊和脖子都留下了瘀痕……可是他并没有动手打我，这种互相推搡算是家暴吗？可是，他说过自己不打女人……之后，他又试图跟我发生关系，企图使用这种方式跟我和好。我一开始不愿意，但是后来他强迫我……"

当说到两人撕扯的过程，娅娅明显呈现出创伤后应激障碍（Post Traumatic Stress Disorder, PTSD）的症状，包括暴力事件闪回、精神恍惚、间歇性失忆、抑郁焦虑、不安羞耻的感觉。[22]

我告诉娅娅："重要的并不是对方说了什么，而是做了什么。掐脖子、在胳膊和脖子上留下瘀痕、强迫性性行为都算是亲密关系暴力。即使发生了冲突，你也不应该被这样对待。这不是你的错。"

"谢谢你认可我……虽然我知道他做得不对，但有时候我还会冒出'是你自己在找事情''是你不够温柔''是你不会沟通'诸如此类责备自己的想法。我就是不明白为什么对方要这么对我，为什么每次和他吵架，他都会冷落我而去和前任联系，甚至登录交友软件，所以只能埋怨自己。

　　"今天早上我刚刚发现他前一段时间跟我闹分手，不到半个月，他就和健身房刚认识的一个女生发生了关系。我们分手期间他还在健身群炫耀自己前女友们罩杯多少、臀围多少，还把我们的健身照片发到群里让其他人'观赏'。他还把和其他女生的暧昧聊天截图放在群里，我都查到了……我感觉对他来说女生就像猎物一样，他在炫耀自己的'战绩'。

　　"我质问他时，他又拿分手期间的单身生活跟我没关系为理由搪塞。他还说都是以前的事情了，而且他不承认跟对方发生了关系。我确实证据不充分，光凭时间点验证不了。可是我在分手期间跟异性的正常接触都会被他骂、贬低。他还说我双标，明明是他双标。

　　"我没办法跟朋友倾诉。我和姐妹们吐槽他和不少异性暧昧不清，还有他那些令人讨厌的缺点，他知道后就开始说我人品差，嘴贱，我是他交往过的对象中人品最差的。这导致我现在根本不敢和其他人倾诉，甚至和你的聊天记录我都需要及时删除。"

没有安全感的人，通过施虐获得存在感

我问娅娅："既然你在很多方面看清对方是个什么样的人，那是什么让你无法离开他呢？"

"一方面是因为不安全感，好像离开他我的世界就毁灭了一样；还有一点是关于性的方面……"这时娅娅把头转到一旁，回避了我的眼神，沉默了几秒钟，然后深呼吸了一下，跟我四目对视，故作平静地说道，"雨薇，我也不瞒你了，我很少遇到能够满足我性癖好的伴侣。"

原来，娅娅成年后在性生活中，沉迷于从伴侣的粗暴行为中获得快感，阿亮也享受其中。

性虐恋在自恋型虐待关系中比较常见。这是因为自恋型伴侣内在病态的不安全感，使他渴望向外获得掌控感。所以，在性关系中，他们会扮演施虐者的角色，通过虐待和奴役他人获得快感，而且更容易违背知情同意的原则。[23]

"可是……"娅娅的表情一下子沉了下来，"有好几次我都觉得自己要死在他手上……

"有一次发生关系的时候，他掐住了我的脖子，越来越用力，很快我就喘不过气来。我一脸痛苦，告诉他我不舒服。面对我的哀求，他的表情毫无改变。那一刻，我突然感觉我根本不了解这个人。我害怕极了，开始反抗，使出浑身解数企图掰开他死死掐住我脖子

的手。他不仅没有松手，反倒跟我说，我逃不出他的手掌心……

"最后他还是松了手，那个时候我已经有点意识恍惚了，有那么一瞬间我觉得这次死定了，但是又有一种解脱了的感觉……"

听到这儿，我不禁倒吸一口凉气。即便听来访者描述过各种各样的自恋型伴侣，但是病态自恋程度这么高，虐待倾向性这么强的，极为罕见。阿亮对娅娅所使用的种种暴力性、操控性、欺骗性的行为，让我有充分理由怀疑他是个自恋型伴侣，而且是自恋型伴侣中行为最危险的一类——恶性自恋者（malignant narcissist）。恶性自恋者不仅拥有自恋型人格的特质，还展现出反社会、攻击性和虐待性的行为。[24]

娅娅继续说："无论我说多少次，他在发生关系的时候都不怎么采取保护措施。无论我跟他说多少次紧急避孕药很伤身体，但是他从不在乎，基本上每次我都要吃紧急避孕药。

"有一次，我们又没做保护措施。结束后，我正要吃紧急避孕药，不知道他发了什么疯，他不允许我吃，还把避孕药一把夺了过去。他说想让我为他堕胎，证明我是爱他的。我说不要，他一气之下就把所有避孕药都丢到马桶里冲走了。他还扬言如果我敢吃，他今天晚上就跟我同归于尽，然后我就没有再反抗……

"那天晚上，我害怕极了，一晚上都没睡，睁着眼流泪到天亮。第二天一早，他还没起，我就偷偷溜出去买避孕药。虽然过了最佳避孕时间，但是万幸没怀孕……"

娅娅说到这儿，我基本上可以确定她遇到的就是恶性自恋型伴侣。除了自恋型伴侣所具有的一般的心理特征和行为模式外，恶性自恋型伴侣的特征还包括控制欲强、迫害妄想、恐吓威胁和虐待行为。[25] 恶性自恋型伴侣最显著的行为模式是强制性控制（coercive control），也就是使用暴力、威胁、恐吓或心理技巧，操纵他人做出违背自身意志的行为，[26] 例如：煤气灯效应，监控伴侣的着装、社交、活动轨迹，需要伴侣时刻通报自己的位置，强迫性性行为导致伴侣怀孕。

　　我告诉娅娅："娅娅，你遇到的伴侣属于恶性自恋型伴侣。他不仅具备一般自恋型伴侣的特质，比如语言打压、渴望认可、共情力差、撒谎成性、不断出轨，他还表现出比较危险的特征，这就包括：一开始对你高强度的情感投入，其实是一种控制欲的表现；把你从亲友圈孤立出来，控制你的言行；感觉别人看不起他，有很强的嫉妒心和报复心；在关系中对你进行身心的剥削，还实施极其残忍的虐待行为，而且丝毫没有愧疚感。

　　"你现在处在一个危险的关系中，请你确保自身的安全。最好能够跟信任的亲友保持联系，在你需要的时候他们能够第一时间保护你，或者直接报警。"

　　"我知道他非常病态，对我特别不好，但是我依然离不开他。我周围的朋友们因为不理解我的选择都跟我闹掰了，连我哥知道这件事情后都在埋怨我为什么不离开。雨薇，我现在特别需要帮助……"

娅娅的经历不是个案。在我遇到的案例中，很多经历自恋型虐待的来访者都会发现自己因为无法跟自恋型伴侣分开而渐渐失去自己的支持系统，包括家人、朋友、社群、缺乏对自恋型虐待了解的咨询师。

　　一方面可能是自恋型伴侣有意试图通过贬低受害者周围的亲友，让受害者远离自己的社交圈，从而更好地操控受害者；另一方面，亲友因为不理解自恋型虐待背后的复杂性，所以会责备受害者为什么不离开。这不仅不能帮助受害者更好地走出来，还会让受害者感到羞耻，陷入更深的自我责备的循环中。有一位来访者曾告诉我："我最好的朋友跟我说，如果我不跟那个虐待狂离婚，她就再也不想见到我了。我失去了最后一个支持，感觉被整个世界抛弃了。"

　　我告诉娅娅："这不是你的错，也不完全怪你哥。没有相关知识的亲朋好友很难理解你在一段自恋型虐待关系中的处境。虽然我知道你现在肯定感到很痛苦也很困惑，十分想找最亲近的人诉说，但我还是建议你谨慎分享给周围的人，对方可能会因为不理解，给你造成二次伤害。"

　　"好的，那我先保护好自己，尝试远离他，之后再跟你联系……"

　　阿亮基本符合自恋型人格的行为模式，包括：

　　（1）高冲突性：阿亮经常使用暴力性方式应对关系中的冲突，不仅不会缓解冲突，还会升级、激化矛盾。

（2）固化：阿亮怀疑别人瞧不起自己，把娅娅的异性朋友当成竞争对手，思想两极化严重。

（3）对抗性强：阿亮无法承担起自己在关系中的责任，使用一系列显性和隐性的操控手段，比如煤气灯效应、病态投射、性暴力、欺骗等方式，给娅娅造成身体和心灵上的严重伤害。

（4）脆弱性：阿亮内心十分自卑，不仅没有承担责任、应对压力的能力，还需要通过展示自己性伴侣的数量、身材来证明自己的魅力。

（5）特权感和剥削性：阿亮为了逃避责任，使用各种欺骗诡辩的方式，试图掩盖自己出轨的事实，毫不在乎娅娅的感受。

（6）失控：阿亮会使用暴怒、砸东西、肢体暴力、言语暴力、性暴力等方式掩盖自己不负责任的行为。

心理学家认为，恶性自恋型伴侣的核心和"黑暗三人格"（Dark Triad）有很多相似之处。黑暗三人格包括自恋、心理变态、马基雅维利主义，这三种人格特质构成了人性中的黑暗三角。

马基雅维利主义的特点是认为成功的关键在于操纵和利用他人，为达目的不讲道德，不讲原则，同时认为人都是自私自利的，不相信人性的真诚和美好；自恋指的就是自负、特有优越感、总觉得自己高人一等、应该享受普通人享受不到的特权；心理变态可以说是黑暗三角中最可怕的一角，它的特点是，高度冲动，追求刺激，同时缺乏共情心，也就是我们所说的"天生杀人狂"——无法感受到别人的感受，就算看到别人满脸痛苦，心里也没有感觉。[27]

如果你不幸遇到了这样的伴侣，一定要在确保自身安全的前提下，寻求外界的帮助和支持，以尽早结束这段关系，远离这类恐怖情人。

第五节 良性自恋型伴侣

王琪找到我的时候，语气听起来非常急迫。她告诉我从今年五月开始，她把自己弄丢了，生活也没了重心。她整夜整夜地失眠，情绪波动很大，自己的心理咨询师好像不太能理解她的处境，在过去三个月并没有让她找到一点光。

她最近都在听我的播客节目，特别是有关自恋型伴侣和创伤疗愈的内容，似乎找到了一些方向，今天终于鼓起勇气想试着跟我沟通一下，她希望越早开始越好。

于是，我和王琪隔天就约了第一次线上咨询。

王琪生活在成都，长相清秀，留着短发，看起来是一副刚毕业大学生的模样，完全没想到她已经三十多岁，在业内是位小有名气的网络作家，结婚都快十年了。

在社交软件上寻找真爱的人

当我问王琪是什么让她感觉到弄丢了自己的时候，她告诉我她老公遇到了"真爱"，要离她而去。

"我和陈飞是大学同学，来自同一个城市。刚工作没多久，有一次同学聚会，我俩又见面了，重新建立了联系。接触下来，我对他印象挺好的：外表瘦瘦高高的，话不多，有不错的工作，孝敬父母，也有结婚生子的打算，很符合我的期待。我俩谈了半年的恋爱就结婚了，算是闪婚。

"谈恋爱的时候没意识到，但是结婚之后才发现两个人理念差异较大。无论是在生活上还是工作中，我都比他努力。结婚没多久，我的工资就比他多了一倍。我鼓励他把时间多花在工作和学习上，少打游戏。他听了之后很愤怒，有几次还摔东西了。

"他说我总是在提要求，让他压力很大，很没面子。我还挺纳闷的，我觉得我不就是跟他说希望他能早点睡，少打点游戏，工作上多上心一些，两个人多一些相处的时间，其他的也没什么了。那个时候我觉得他应该能明白我的良苦用心，只是抱怨一下罢了，所以没当真，也没有做出什么改变。几年后他被公司提拔，进入了管理层，收入也提高不少，我也就没再说什么。

"半年前，我无意间发现他在给一个女大学生转钱，我问他这是做什么。他说这是朋友的女朋友，她父亲生病了，急需医药费，他就救急转钱给她。那个时候我就隐隐觉得不对劲，不过并没有什么实质性的出轨证据，我也就没深究。谁知道半个月前，他突然告诉我，他找到了真爱。"

王琪红了眼眶，开始轻轻地啜泣。

"那个时候我完全崩溃了，想不到他会这么做。"说到这里，她已经泣不成声，闭上眼，缓了一会儿，继续伤心地说，"我问他对方到底是个什么样的人，他告诉我他们是通过某个社交软件认识的，对方生活在上海，二十多岁，能够满足他所有的幻想——肤白貌美身材好，温柔可爱顺着他来，发生性关系不用避孕措施。后来，他基本上每隔一周就出门，飞到上海去找那个女生，两人还一起旅行。

"听完之后，我的心像插了无数把刀一样地疼，我不知道自己到底做错了什么，使他对我说出这些细节来伤害我。虽然我内心已经痛到极点，但是我表现得出奇地冷静。我问他到底想怎样处理我们的关系。他不敢直视我的眼睛，只是低着头，一直在说对不起。我问他为什么要这么对待我，他说我没有女人味，太要强，让他没有存在感。我们之间的感情是亲情，男女之爱已经不存在了。如果还在一起，他还要继续面对我提出来的那些要求，这让他感到窒息，他只能使用冷暴力伤害我。他很明确地告诉我，他从那个女生身上获得了自己想要的感觉，所以才会明知道后果但还是忍不住这么做。他还没想好是否要跟我分开。如果分开了，他会把赚的钱都给我，不想让我有任何后顾之忧。我觉得他就是被一时的冲动迷惑了心性，其实他根本不知道自己到底要什么。雨薇，你说他所谓的'真爱'的确像他说的那样真实吗？"

我告诉王琪："听到发生的这一切，我真的感到很抱歉。我感觉到你有很多压抑的情绪表达了出来。你希望了解到他内心真实的想法，这一点我特别理解，但是我的关注点在你的身上。我想知道，当对方告诉你自己找到了真爱，你的感受是什么？"

"我脑子里有点乱。我没想到自己曾经为这个家的付出令他感到窒息，同时他的回避和想要快刀斩乱麻的方式让我感觉残忍。我前一秒还觉得幸福，后一秒突然有人通知我说'不，这不是我想要的'。这让我感到很害怕。此刻我又开始反思可能是我曾经的方式、方法不对，不应该把自己对他的期待那么频繁地表达出来，自己不应该在生活和工作中这么努力，没有照顾好他的自尊心和感受，导致这段关系走下坡路。我感觉自己的手在抖，整个人呈现出很恐惧很不安的混乱，难受，失望。"

说到激动处，王琪的声音越发颤抖。我问她："你的这种感受非常重要，王琪。你觉得手抖、害怕、混乱、难受和失望是在告诉你什么呢？"

"我感觉他突然完全变成了一个陌生人，突然间变得特别无情，好像之前十年的感情都烟消云散了，现在想把我踹开。我们现在虽然生活在同一屋檐下，但是分开睡，也不说话，只通过发信息沟通。

他只会说对不起，这让我更加愧疚。我也会跟他说对不起，告诉他过去的十年里，我的控制欲太强，对他期待和要求太高了，让他感到很受伤。我会跟他道歉，也特别感谢他能够包容我这么多年。我特别希望他能再次给我们的关系一个机会。

"但是他不仅没接我的话，还反问我，现在每天晚上他人在屋子里，心却不在，难道我不会难受吗？为什么还要强求呢？我当然难受，但是不知道为什么就是放不下。他会为了出去和那个女生见面编造各种理由，甚至不和我说，直接出去，这种伤害极其残忍。他说，分开后最初的一两年我可能会很痛苦，但是总有一天我会好的。他会为我准备好足够多的钱，这也算是他能够为我做的重要的事，让我冷静思考一下。他之所以现在这样，是真的想做一些自己想做的事，不想留下任何遗憾，哪怕这样很不道德。

"我告诉他如果怕我受伤害，就给我足够的时间，把伤害减到最低。既然他知道这样对我很残忍，那就不要当着我的面跟那个女孩联系。我不是没有想过，明知道他喜欢别人，还选择继续爱他，会让我感到很痛苦，但是现在就放弃他也让我感到很痛苦。既然都是痛苦，那就给些时间。我害怕的是，现在放手，以后会活在懊恼中，我也不想留下遗憾，所以希望他不要再劝我。如果我真的累了，我自己会走。"

我能感觉到王琪被突如其来的婚姻危机重重地打击到，陷入了情感混乱的旋涡中。她在表述过程中有很多冲突矛盾的地方，这是因为她还处于震惊的状态，无法理解和接受伴侣的背叛。她在叙述过程中立场不断地切换，当站在一个被背叛者的立场上时，她觉得自己很委屈，很受伤，当因为害怕失去伴侣和这段关系时，她会站在陈飞的立场上，去责备质疑自己。

虽然王琪在理智上明白陈飞很可能想要结束这段关系，但是在情感上接受需要花一些时间。整个过程可能会经历否认、愤怒、自责、沮丧、抑郁等情绪，最后才能接受。这也是心理学上所讲的情绪哀伤（grief）的过程。[28] 哀伤是接受现实之前的必经阶段。这好比除杂草，只有当杂草被清理干净，才能更好地播种，迎接新生。所以当务之急并不是去评判谁对谁错，而是要让王琪接纳自己的感受。

出轨的一方如果希望帮助伴侣度过哀伤的过程，就必须去尊重伴侣的需求。王琪目前最主要的需求是陈飞给她一些时间去面对和处理哀伤的情绪，而陈飞会把自己对真爱的追求放在第一位，很少提供给王琪情感上的支持，只表示愿意提供物质上的支持。我隐隐觉得陈飞没有共情到王琪的痛苦，但是背后的原因是什么暂时还不确定。

我把听到的模式反馈给王琪："似乎一方想放手，另一方想坚持，两个人的需求好像不匹配。"

"是的，我觉得他是想离开我，但是我又不太确定……"

"是什么让你感到不确定呢？"

"他的想法是：一方面，我过得好不好对他是重要的，如果他彻底离开了我，我精神上垮了，他会很难受；另一方面，他的确很喜欢对方，无法割舍。他明知道自己做过的事、在做的事和要做的事都会伤害我，但是他还是要做。

"后来，他说他帮我想了个办法——我可以选择不离婚，但是也不要去干涉他在做的事，让我装作不知道，我就不会痛苦了。我问他最近开心吗？他说只要不面对我，就觉得开心。他说宇宙那么大，自己那么渺小，为什么不做些让自己开心的事。"

我原本以为这只是一个伴侣出轨导致关系出现危机的案例，但是听到这儿我明显感受到陈飞前后矛盾的表达。他虽然跟王琪说很在乎她的精神状况，但做法却刻意回避她的情绪。他明知道出轨这件事情对王琪打击很大，但是他不但不解决由自己出轨导致王琪情绪崩溃的问题，而且还继续跟出轨对象见面。不仅如此，他还直白地说让王琪压抑自己的情绪，甚至说不面对王琪就觉得开心。我觉得他在有意地贬低自己的伴侣，这让我有些不安。

"我感觉陈飞在回避和打压你，你认为如何呢？"

"听了他的话，我感觉特别混乱。我讨厌自己现在的样子，被别人嫌弃和否定，我对自己很失望，这不是我该有的样子和状态。其实，他一直以来都是这个样子。有一次，我俩因为对他母亲的态度而产生分歧。事情是这样的，他母亲跟他父亲关系不是很好，所以把所有关注点都放在孩子身上。有的时候她在家庭群里说了什么话，就要求得到即刻的回应，否则就会不断地给陈飞打电话，这在很大程度上影响了他的生活和工作，让他觉得特别烦。我跟他说可以在你方便的时候安慰一下她，但是不可能做到总是实时回复信息。他觉得母亲年龄大了不容易，所以凡事都要忍让。他还抱怨说我不在乎他的母亲，不回复她的信息，还说我自私冷漠，光想着自己。我就纳闷了，他母亲希望回复的人是他又不是我，而且我也做不到完全实时回复她的信息啊，谁没有自己的生活呢？"

我跟王琪说："虽然关系遇到挑战可能两个人都有责任，但是这并不是对方回避你的情感诉求和打压你的借口。虽然我很理解你想弄明白他的动机和意图，拯救这段关系，但还是要先照顾好自己的情绪。如果对方说了什么让你感到混乱，这特别正常，因为你现在是处于一个受伤的状态。当你的情绪有起伏的时候，先尝试接纳它，问问自己这背后表达了什么样的需要。你的情绪是不会骗人的。"

王琪努力地点了点头，告诉我："好的，我这就去试一试。我之前的心理咨询师是打着情感挽回的名义，告诉我要怎么做才能把老公抢回来。我那个时候也是病急乱投医，急红了眼想挽回这段关系。我花了好几万，按照他的套路跟陈飞发信息，定期问候，发一些类似于'宝贝，我想你了'的肉麻短信，还时不时地示弱，不断地告诉对方'只要你不离开我，你让我做什么都愿意'。我看到那些信息自己都觉得恶心，最后差点把自己搞抑郁了。"

"你本来是受害者，还要忍着痛，在这段关系中一次又一次地压抑自己的情绪，不断地付出，这真的是在伤口上撒盐。你能够尊重自己的感受，选择更适合自己的帮助，真的很勇敢。"

"跟你聊完之后虽然问题还是没有解决，但是我终于感觉自己被看到了。原来不只是我的错，对方的出轨行为以及刻意回避我的情绪其实责任更大。我接下来这几天要好好观察一下自己和对方。谢谢你。"

我们第一次的咨询就这样结束了。过了几天，王琪就发信息给我，分享她这段时间的感受——

"雨薇，自从上次咨询你告诉我要把关注点从他的身上转移到自己身上来，我就在刻意跟对方保持距离。我发现他几乎每天都跟我说对不起，我已经很反感了。我后来意识到反感的背后是一种失望，就是对方并没有因为知道我的感受而真正做出什么改变。

"你告诉我，不要在乎他是怎么说的，而要在乎他是怎么做的。虽然我很害怕承认，但是我要认清一些问题：认清他到底是什么样的人，认清我到底需要什么，认清这段关系，认清我的困境，认清是什么让我这么痛苦。

"虽然我白天努力安排自己做一些家务和简单的事，但是我心里还是会时不时难受，觉得他们在一天天的相处中感情越来越深，他们彼此找到了"真爱"，想到他们短期内多次的旅行经历等，我的心就会乱。"

我回复王琪："特别能够理解这种'心乱'的感觉，在自己能力所及的范围内照顾好自己的情绪就很不容易了。"

一周之后，再见到王琪，她告诉我，她已经决定搬出来住了。

"上次咨询结束后，我一直在提醒自己关注自身，看清对方到底做了什么，面对真相。我看清了很多真相，其中一个真相就是：现在感觉很不安全，陈飞并不像他自己说的那么在乎我的感受。"

当我问王琪是什么让她产生这种感觉，她告诉我："当我开始关注自己的感受时，我渐渐意识到这半个多月来他那些所谓的'如实回答'让我感觉非常气愤、屈辱，那种不被尊重的感觉很不好受，甚至让我胸闷、手发麻。之前的我还活在担心以后一个人过的恐惧中，但是想到被这么轻视甚至不在乎，这样被人不尊重对我是极大的侮辱。

"我同时也感觉很恐惧。我搬出来一个人住还不到一周，已经没有最开始那几天的新鲜劲，开始觉得每天都很难熬，会想很多，比如晚上他是不是整晚在视频聊天之类的，他会不会在认真考虑离婚，我到底能不能让自己一个人好起来，这让我心里很乱。"

我告诉王琪："你能够相信自己的感受，并且积极地行动起来，做得很棒。听起来你现在的确在经历适应期。我们的大脑喜欢熟悉，不喜欢改变，虽然改变可能会帮助我们成长。现在面临新的习惯的养成，大脑会想回到过去的模式里，的确会有情绪起伏，这很正常。"

"嗯，谢谢雨薇，我会努力去建立新的习惯。但是，我发现自己的情况还是很糟糕，我尝试写下来，却又毫无头绪，头脑里很混乱。"

"是什么让你感到混乱呢？"

"当初搬出来的时候，感觉自己是奔着新生活去的，我尽力找事情做，实则是在逃避，我今天一下子意识到这一点后，对自己很失望。他现在是自由的状态，肆无忌惮地伤害我，我想让自己好起来，但总是振作失败，想让别人告诉我该怎么做，但其实除了我自己，谁都帮不了我。这样的想法让我很混乱。亲友们都劝我尽快离婚，每一个人都这么说，但是我做不到，我几乎认可他们说的是更好的选择，但是我就是无法做到。

"今天早上起不来床，不想动，但内心有个声音告诉我需要开始准备离婚协议书了。我会有这个念头是身边的亲友们在推动我，他们告诉我每多拖一天得到的会越少。他们觉得我老公心机很重，我已经被算计了。"

我问王琪："你自己内心真实的声音是什么？"

"我内心的声音很矛盾。明知他对我的伤害很大，但我还是想要这个家。但是，经过大家的提醒，我再回头去看他的一些言行，我觉得自己再不清醒，会让身边真正在乎我的亲友们失望，而我永远也等不到他对我的在乎。"

"王琪，我在工作经验里发现，我们并不是知道要离开就能离开，而是通过一次次认可自己的感受，看清对方真正的意图，处理好哀伤的情绪，在生活的一点一滴中积累起力量，这样才能帮助我们做出选择。我感觉你现在的能量已经很低了，先照顾好自己的感受，不着急做决定，给自己疗愈的时间。去或留是你的选择，不需要给任何人一个交代。如果跟亲友交流太消耗你的能量，那就先暂时保持距离。"

"谢谢你，雨薇，我真的被安慰到了。我希望珍惜这段独处的时间，做让自己开心的事。既然不急着做选择，那就先照顾好自己。我也会跟我的亲朋好友说这是我自己的决定，希望他们不要插手。我意识到他们可能并不是好的倾诉对象，我应该把这些事情跟更专业的人士分享。

"还有一件事情让我十分困惑。他从我搬出来后做了一些小恩小惠的举动。他知道我现在的住址，会给我送礼物，但总感觉是在自说自话。前两天他给我买了一套昂贵的护肤品。看到这个礼物我开始的确有点小感动。因为最近我跟他发信息，提到过自己休息不好，满脸爆痘，所以他可能关心我的皮肤状态，才给我买这个礼物。但是我也会有不舒服的地方，我觉得他只是花了点钱试图去弥补他的愧疚和自责。我最需要的不是这些礼物，而是他能够看到我的情绪和感受。"

"听起来他只是按照自己的方式去关心你，没有真正面对你的情绪。"

"原来如此！我还是觉得后怕，感觉自己在他那边是透明的，他对我了如指掌。说句心里话，昨晚想到这十年的感情说结束就结束，我心里真的很难受，很痛苦，特别害怕，甚至一度想搬回去住。想到这里我现在都感觉很羞愧。我知道不能这么做，所以跟亲友们求助。他们怕我冲动，一直陪我聊天到凌晨，确认我不会回去为止。我回去又能怎么样呢，我搬出来，痛苦的是我，他根本感受不到，或者说他根本不在乎，他反而更自由快乐，这不公平。

"从我搬出来一个人住开始，都是我主动给他发信息，他没有主动问候过我，我几乎每晚都做噩梦梦到他。我们是大学同学，今天上午我还梦到新学期开学，他换了新发型，把我当作空气无视我，联系方式上的头像也换了，我一下子惊醒了。之前还梦到他带其他人回我们的住处，我在脏衣篓里发现了两条换下来的裙子，太可怕了。"

我告诉王琪："梦其实是在表达我们平时压抑的情绪和需要。那你觉得这个梦在告诉你什么呢？"

"他一直在伤害我无视我，而我一直在逃避，抓住一点点细节就感动，无论是给我买贵重的礼物，还是点我喜欢吃的外卖，这些都不能改变他变心的事实。我需要面对和接受这份痛苦，然后改变之前的行为模式，把关注点放在自己身上。谢谢你，我舒服点了。

"我感觉自己现在就像处在一座高山的半山腰，人生很难，我不知道现在选择的'路'是否对，但我决定继续走下去。未来期待跟你交流和见面。雨薇，认识你让我觉得很有安全感。下午我坐在客厅里做了冥想，感觉舒服了一点。"

之后在跟王琪定期的交流中，她的状态处于反复上升的阶段。从前几次我们的交流过程中，她总是在想陈飞跟那个女生之间的关系，质疑对方是否找到了"真爱"，到逐渐开始关注自己的情绪和感受，以及跟我分享独居的感受。她告诉我这个阶段自己情绪崩溃的频率从起初每天都会经历很多次，到现在每天只会有一到两次，甚至有些时候可能几天才会经历一次。当她越来越能接纳自己的情绪，就能越来越少被情绪所控，注意力和精力也有提升，开始能照顾好自己的日常起居，还恢复了自感情危机出现后就中断了的工作。

在我们交流快到两个月的时候，有一天王琪发信息告诉我：

"雨薇，我给他发信息得知他要出门三四天，听到之后我好像并没有多难过了。我也不会去花太多时间想他要干什么。如果他那么糟，我有能量就会离开。如果我还没找到离婚的那个点，那就继续待在这段关系里，同时不跟他有过多的交集。

"我开始在互联网上创作了，不想为难自己，就按照自己的节奏来。他会在一天的不同时间出现，给我的推送评论、点赞。无论是一大早、大中午还是凌晨三点，当我看到他的评论或点赞，脑子里想的只是，这说明不了什么，他的行为并不需要什么力气，我应该保持让自己的生活状态变好，这样就算有一天离开，我也不至于太消沉，要给自己过渡缓冲的时间。

"社交平台上可以找到真爱吗？半年内只是偶尔见几面，每次见面开房、旅游，这是一种看似很不稳定的状态，它可以抵御日后生活中琐碎的起起伏伏吗？人为什么会愿意活在幻想中？我要坚定一个念头，就是他很幼稚，也没有改变。我如果不想再受伤害，那就应该选择明智的做法。"

婚姻发生危机，婆婆总让我理解丈夫

就在王琪以为自己通过努力，终于可以透出水面大口呼吸的时候，她经历了自陈飞出轨后另一个重大的打击。

按她的话来说就是："原本在慢慢好起来，但现在一切又崩塌了……我现在觉得自己像在漆黑的海底。"

事情的起因是王琪跟公婆产生了冲突。

周末看望公婆是她和陈飞结婚后约定的惯例。即便发生了婚姻危机，两个人依然保持着这个习惯。陈飞那个周末又出去跟那个女生约会，留下王琪一个人去看望公婆。公婆知道自己儿子婚内出轨的事情，王琪希望获得公婆的安慰，可没想到她从公婆的口中听到了令自己更心碎的话语。

"婆婆只是在反复强调自己的儿子学生时代多么优秀，对他们多么孝顺，比那些'啃老'的人好太多了，完全没有办法跟我共情。

我听到这些觉得自己很愚蠢，不该因为期待有人可以听听我心里的苦，而跟他们说自己的事。

"我又回到了那条看不到头的路上，那一刻的我觉得很糟，开始怀疑自己，到底是该狠心离开还是再缓缓。我的社交平台显示，前一天陈飞一共九次查看我的动态。我开始混乱。"

我问王琪："是什么让你有这种混乱的感觉呢？"

"对方一直拖着耗着让我觉得自己快到忍受的极限了，我讨厌自己此刻的状态，开始恨自己没有骨气，很想下定决心，偏偏又做不到，这样反复否定自己让我混乱。"

"如果完全不考虑对方，你会怎么做呢？"

"我不知道……"

"那就先照顾好自己的情绪。等你有力量了，再做决定也不迟。"

"不知道这么定义准不准确，但今天可能是最近一个多月来我状态最糟糕的一天，内心完全乱套了，可以说几乎没睡，我从昨晚开始无数次用手机看他是否有来访，以及去网上搜索'在社交平台上找另一半的人是什么心态'这样的话题。最近我梦到的都是不堪的场景，心里感觉像被重物压得透不过气来。我甚至觉得都没法照顾好自己，不想吃东西，睡不着，觉得目前这么痛苦，不如他赶紧通知我去离婚好了。我昨晚都梦到了收到这样的信息。"

"如果是你朋友在经历这样的一种情况，你会怎么建议她呢？"

"这过程太痛苦了，我希望我的朋友们永远都不要有这样的经历。我觉得自己给不了任何建议。如果她需要我的陪伴，我会陪着她，陪她一起吃点东西，陪她说说话；如果她哭出来心里能好受点的话，希望她能哭一哭。"

"那就先吃点东西，哭一哭，把想说的话告诉我或者写下来。特别认同你说的，任何人都不应该被这样对待。"

"雨薇，我害怕的是在我目前状态很差且没有准备好的时候，他突然跟我说他想好要离婚了。我知道这个人很有问题，他可能不再是真正适合我的人，但是我现在太弱。今天早上我差点做了件不明智的事，几乎忍不住回去找那个教情感挽回的心理咨询师。我知道自己不能依赖任何人，但我真的快撑不住的时候就想要发信息给你，谢谢你能理解我此刻的状态。我自身也存在一些问题，这些问题导致我很弱、能量低，我确实把对方看得太重了，他的来访记录几乎成了我的心情晴雨表。"

我告诉王琪："每一次的打击其实都在帮助你看清对方是个什么样的人。你一直以来都很勇敢地在面对现实，我能做的也只是陪伴你度过最难熬的这段时间，去接受你的情绪，包括去探究情绪到底是在表达着什么。"

"谢谢你，我觉得我要把更多的精力花在自己身上，而不是那个人身上。"

他给我买包买车，却不愿意陪我聊天

又过了一周，王琪告诉我，当她逐渐不怎么在乎陈飞是否查看她的社交动态，也不再主动给他发信息后，陈飞开始有各种非常明显甚至"刻意"的变化。

"陈飞开始主动跟我发信息，每天嘘寒问暖。他甚至会做一些我之前一直希望他做，但是他觉得是我对他进行'控制'的行为，比如跟我讲自己什么时候出门、什么时候回来之类的小事，还会告诉我他当下在干什么。"

"那你感觉如何呢？"

"我感觉很复杂。在他出轨前，我就曾跟他表达过希望两个人平时多花些时间聊聊天。但是他觉得我很烦，说我控制他。他下了班就一直抱着手机，吃饭的时候也在看，全程两个人不怎么说话。吃完饭他就打游戏去了，每天基本上毫无交流。最近，他突然发生了一百八十度大转变。之前我想要的，他现在都在做。这太反常了……"王琪感叹道。

我告诉王琪："好像对方其实一直都知道你想要什么，只不过那个时候他选择不满足你，现在好像他在有意地满足你的需要。"

"我感觉他在有意识地讨好我，但我反应平平，真的不悲不喜。我反复观察过自己的感受，发现自己面对看似有波动的水面，开始异常警觉。后来我思考自己之所以会有所警觉，是因为我虽然感受到了他的变化，但他并没有明确地跟我面对面说接下来的计划以及想要跟我沟通以达成某种共识，他只是单方面'示好'。"

当我问王琪她感觉如何的时候，她告诉我："那是一种并不那么愉悦，甚至让人稍稍不安的感觉，似乎背后有某种'目的和阴谋'。我觉得人不可能变得那么快，上周他还一声不吭地出门一周跟别人去玩，现在却几乎判若两人。或许他只是在暂时'安抚'我而已。

"他告诉我自己遇到真爱的那段时间还对我非常冷漠，不管不顾，当我搬出来之后他开始有意示好，到现在当我越来越适应独居生活，不再跟他袒露过多内心脆弱的情绪和极力挽回这段关系后，他的态度反而出现了大转变，微信文字表达越来越多，即使我回复一两个字，他也会继续自说自话。我甚至觉得会不会有一个更大的坑在等我。我必须仔细观察，而不是被马上'引诱'进坑。如果他们关系越来越好，那不是应该尽快'甩掉'我吗？我实在是有太多摸不着头脑的疑问。"

我感觉到王琪已经渐渐把关注点从揣测对方的出轨对象是否是"真爱"或者对方是否会离开自己，转移到对方的行为让自己感受如何，以及是否能够满足自己对关系的期待和要求。这种视角的转变是一种力量感提升的表现。

随着王琪变得越来越清醒，她的判断力在逐步恢复。我隐隐地觉得她可能意识到了什么，于是就问她："那你的直觉告诉你什么呢，王琪？"

"这么说出来有些让我害怕……"王琪的声音带着些许颤抖，"但是如果非常诚实地面对自己的恐惧的话，我觉得他在利用我。因为我在外人看来是个能赚钱、持家、孝顺公婆的'好媳妇'，我觉得他不想有损自己在亲友面前'好丈夫'的形象。他估计想维持这种'家里有老婆操持，外面有情人玩乐'的模式，自己完全不用承担任何舆论与道德上的责任和代价。

"这段时间我也在思考我们的关系，发现他身上有很多之前我没有意识到的问题。他特别喜欢买名牌，好像这样能够给他'长脸'。他喜欢开跑车，有的时候在路上看到其他人开的车就会指指点点，说那些开普通汽车的人品位差，觉得自己高人一等。他有时还看不起那些开跑车的人，说那些都是富二代，花父母的钱有什么可骄傲的，不像他从来没拿过父母一分钱，那才是真本事。

"我之前一直都没有学开车，他总是打压我，说我肯定学不会，但是我不听。我搬出去之后，两个月就把车本拿了下来。他说要给我买跑车，我说我不要，我就要一辆普通的代步车就好，但是他坚持要给我买跑车，仿佛听不到我说话一样。

"他送给我的礼物也都是一些名牌的衣服和包包，我告诉他这不是我的风格。他也不听，还是坚持买给我，还要让我穿。我才不听他的，就丢在一边。他有的时候还会因为这个跟我赌气。他自己收集名牌球鞋都到上瘾的程度，总是发朋友圈，晒自己的藏品，还总是关注有没有人给他点赞或者评论。

"我觉得他很爱慕虚荣，非常需要别人的关注，嫉妒心还特别强，感觉他其实是个很自卑的人。我们两个人的价值观特别不一样。"

经过几个月的了解，我逐渐意识到王琪所遇到的不只是婚内出轨的问题，她所面对的很可能是一个良性自恋者（benign narcissist）。

之前跟大家分享过，自恋的程度其实是一个光谱，分布在健康的自恋到恶性的自恋之间。良性自恋者拥有所有自恋者的特征，包括虚荣、特权感和缺乏同理心，但是这些特征表现得较为温和，跟其他类型的自恋者相比不那么"有毒"。一开始你会感觉这个人很靠谱，但是深入交流后，就会发现良性自恋者注重外表的光鲜，把自己的需要放在第一位，忽略伴侣的情绪感受。因为缺少共情力，良性自恋者难以跟伴侣进行深入的交流，更难意识到自己的行为对伴侣的伤害，总是像一个孩子一样按照自己的想法来，他们的人际关系缺乏深度和互惠性，特别是亲密关系。[29]

我在工作中观察发现，如果伴侣是一个良性自恋者，在关系中你会经常感到失望、沮丧和被忽略，因为他们很少满足你对关系更深层次的需求，比如，接纳你的脆弱和情绪，面对冲突进行持续性的沟通从而达成共识，承认造成的伤害并且承担责任，等等。这些人可能会跟你旅行拍照，享受烛光晚餐，送你贵重礼物，但是很难去真正关心你需要的是什么。可能你需要的是伴侣花时间陪你聊聊天，但是他却给你买了个包，还希望你能高兴地接受，最好再发个朋友圈。这是他们把自己的全部自我价值放在自己的外表和吸引他人的能力上的结果。

虽然良性自恋者不总是会刻意地打压和控制伴侣，但是他们内心深处非常不安，总是需要认可和关注，难以经营一段深度的关系。他们内心空虚，自我意识薄弱，遇到问题会选择回避和打压对方，而且无法共情伴侣的感受。曾有一位跟良性自恋伴侣交往过的来访者说过："他就在那里，但似乎从来都不在乎我的感受。"

于是，我把我的分析判断告诉了王琪："你能够在痛苦中面对对方真实的一面特别重要。他在出轨之前的虚荣、特权感和对你的打压，以及出轨后所表现的缺乏同理心、不负责任和自私，让我怀疑对方是一个良性自恋者。"

"良性自恋者……是不是说明这个人还有救呢？"王琪问我。

"良性只是说明对方不会使用身体暴力、精神控制或者煤气灯效应等恶劣的方式对待你，但是这些人也很难跟你进入深度的亲密关系中。这种类型的自恋者跟其他类型的自恋者一样很难改变。"

"谢谢你告诉我，雨薇……"王琪叹了一口气，"我突然感觉到莫大的轻松，不会跟自己较劲了。之前我总觉得自己还是能做些努力，但总是碰壁，期待一次次落空。你这么说似乎证实了我的经历，让我意识到原来不是我的错。那你觉得下一步我要离开他吗？"

"抱歉，王琪，这个决定可能我无法帮助你做，这是需要你自己决定的，但是我可以告诉你的是要回归自己的需要。对方是怎么样固然重要，更重要的是他是否能够满足你的核心需要，比如被共情理解、被尊重、深度的沟通。"

"我明白了，雨薇。"她迟疑了一会儿，然后问我，"我可以将接下来的一段不确定的时间当成一个人的旅途吗？"

我告诉她："当然可以，相信虽然会有反复，但是你会创造出你想要的答案。"

参考文献

1. Lynch J, McGregor A, Benson A J. My way or the highway: Narcissism and dysfunctional team conflict processes[J]. Group Processes & Intergroup Relations, 2022, 25（4）: 1157−1171.
2. McGinley E. "Neither rhyme nor reason": migrating to the rigidity of narcissism as a defence against chaos and pain[M]//Enduring Migration through the Life Cycle. London and New York: Routledge, 2018: 89−105.
3. Sleep C E, Crowe M L, Carter N T, et al. Uncovering the structure of antagonism[J]. Personality Disorders: Theory, Research, and Treatment, 2021，12（4）: 300‑311.
4. Crowe M L, Edershile E A, Wright A G C, et al. Development and validation of the Narcissistic Vulnerability Scale: An adjective rating scale[J]. Psychological assessment, 2018, 30（7）: 978.
5. Brunell A B, Buelow M T. Homogenous scales of narcissism: Using the psychological entitlement scale, interpersonal exploitativeness scale, and narcissistic grandiosity scale to study narcissism[J]. Personality and Individual Differences, 2018, 123: 182−190.
6. Day N J S, Townsend M L, Grenyer B F S. Pathological narcissism: An analysis of interpersonal dysfunction within intimate relationships[J]. Personality and mental health, 2022, 16（3）: 204−216.
7. Howard V.（Gas）lighting Their Way to Coercion and Violation in Narcissistic Abuse: An Autoethnographic Exploration[J]. Journal of Autoethnography, 2022, 3（1）: 84−102.
8. Hyde J, Grieve R, Norris K, et al. The dark side of emotional intelligence: the role of gender and the Dark Triad in emotional manipulation at work[J]. Australian journal of psychology, 2020, 72（4）: 307−317.
9. 德瓦苏拉. 为什么爱会伤人: 亲密关系中的自恋型人格障碍 [M]. 吕红丽, 译. 杭州: 浙江大学出版社, 2022.
10. Di Pierro R, Fanti E, Gallucci M, et al. Narcissus going public: Pathological narcissism and reactions to public vs. private exposure in ego−relevant events[J]. Journal of Psychopathology and Behavioral Assessment, 2023, 45（1）: 136−149.
11. Fielding−Singh P, Dmowska A. Obstetric gaslighting and the denial of mothers' realities[J]. Social Science & Medicine, 2022, 301: 114938.
12. Knapp D R. Fanning the flames: Gaslighting as a tactic of psychological abuse and criminal prosecution[J]. Alb. L. Rev, 2019, 83: 313.
13. Maté G. Beyond the medical model: Addiction as a response to trauma and

stress[M]//Evaluating the brain disease model of addiction. London and New York: Routledge, 2022: 431-443.

14. Batchelder A W, Glynn T R, Moskowitz J T, et al. The shame spiral of addiction: Negative self-conscious emotion and substance use[J]. PloS one, 2022, 17（3）: e0265480.

15. Perel E. The state of affairs: Rethinking infidelity[M]. New York: Harper, 2017.

16. Hackman C L, Pember S E, Wilkerson A H, et al. Slut-shaming and victim-blaming: A qualitative investigation of undergraduate students' perceptions of sexual violence[J]. Sex education, 2017, 17（6）: 697-711.

17. Logan M H. Stockholm syndrome: Held hostage by the one you love[J]. Violence and gender, 2018, 5（2）: 67-69.

18. Wilson J K. Cycle of violence[J]. The Encyclopedia of Women and Crime, 2019: 1-5.

19. 鄢芳,李现红,张椰.家庭冷暴力量表的初步编制及评价 [J].中国全科医学, 2019,22（03）:312-318.

20. Braddock L. "What it is like to be me": from paranoia and projection to sympathy and self-knowledge[J]. Philosophical Explorations, 2023, 26（2）: 254-275.

21. Germain M L. How NPD Leaders Perceive Themselves and Others[J]. Narcissism at Work: Personality Disorders of Corporate Leaders, 2018: 71-84.

22. Birkley E L, Eckhardt C I, Dykstra R E. Posttraumatic stress disorder symptoms, intimate partner violence, and relationship functioning: A meta - analytic review[J]. Journal of Traumatic Stress, 2016, 29（5）: 397-405.

23. Foulkes L. Sadism: Review of an elusive construct[J]. Personality and Individual Differences, 2019, 151: 109500.

24. Shafti S S. Malignant Narcissism: Concealed Side of Psychopathy[J]. Biomedical Journal of Scientific & Technical Research, 2019, 22（1）: 16310-16315.

25. Shafti S S. International Journal of Psychiatry and Mental Health[J]. Int J Psychiatr Ment Health, 2020, 2: 8-16.

26. Howard V. Recognising narcissistic abuse and the implications for mental health nursing practice[J]. Issues in mental health nursing, 2019, 40（8）: 644 - 654.

27. Koehn M A, Okan C, Jonason P K. A primer on the Dark Triad traits[J]. Australian Journal of Psychology, 2019, 71（1）: 7-15.

28. K ü bler-Ross E, Kessler D. On grief and grieving: Finding the meaning of grief through the five stages of loss[M]. New York: Simon and Schuster, 2005.

29. Durvasula R S. "Don 't You Know Who I Am?": How to Stay Sane in an Era of Narcissism, Entitlement, and Incivility[M]. New York: Post Hill Press, 2019.

第二章

为什么
你会被自恋伴侣吸引？

上一章通过梳理五位主人公的经历，跟大家介绍了五种不同类型的自恋型伴侣。这一章我们继续通过讲述五位主人公的经历，聚焦她们的伴侣是如何形成自恋型人格障碍的，以及她们被自恋型伴侣吸引背后的原因。

我会使用生物—心理—社会模型（biopsychosocial model），分析为什么男性患有自恋型人格障碍的比例较高且自恋特质难以改变，以及为什么女性会被自恋型伴侣吸引并深陷其中。针对人际关系的暴力、社会的不公所造成的个体的情绪问题，生物—心理—社会模型超越了将问题归结于个体的病理化模型，从生物、心理、社会等多个层面系统性地揭示心理问题背后复杂的成因。[1] 精神病学家尼尔·麦克拉伦（Niall McLaren）指出，生物—心理—社会模型是学术精神病学和临床精神病学的重要分析工具。

虽然生物因素也是一个很重要的视角，但是目前学界缺少对自恋型人格障碍相关的生物学研究。有限的研究表明，某些先天的性格特质或者神经化学物质跟自恋型人格障碍有关联性。[2] 相比生物学因素，研究员指出社会心理因素（例如：社交媒体和互联网文化）可能对个体自恋特质有更多的影响。[3] 在这一章中，我会着重论述社会环境和心理两大因素。

我在上一章使用受害者／施暴者比较二元对立的框架去叙述是为了更好地帮助大家识别不同类型的自恋型伴侣。但这并不意味着受害者没有任何弱点，而自恋型伴侣十恶不赦。

受害者正是因为有脆弱的部分没有处理好，才更容易选择进入一段"有毒"关系，被自恋型伴侣利用和剥削。需要强调的是，直面脆弱并不是意味着谴责受害者，也不是要求他们成为一个完美的人，而是从他们的脆弱中我们能看到很多系统性的问题，需要整个社会投入更多的关注和资源去支持弱势群体和防止亲密关系暴力。这不仅需要个人承担起疗愈的责任，同时也需要社会的支持和关怀。

同理，如果把自恋型伴侣看成坏事做尽的恶人，不仅不利于受害人看清现实的真相，打破对自恋型伴侣的幻想（"他没有那么坏，所以还有改变的可能"），也会忽略自恋作为一种肆意蔓延的"心理流行病"背后的结构性原因。

第一节 为什么男性自恋的比例这么高

什么样的人更可能形成自恋型人格障碍？目前聚焦自恋型人格障碍的研究大多以神经学或者创伤的视角去探讨人格障碍的形成过程，有学者认为，自恋型人格障碍的患者也是创伤的受害者，他们所展现出的虐待性行为是一种无意识的反应，并不是他们的本意。

有四十多年科研和临床经验的心理学家德瓦苏拉博士驳斥了这

一观点，她认为自恋型人格障碍的人或者自恋型人格的人不仅对自己的行为有意识，还会选择性地通过虐待他人来满足自己的需求。他们高度自信、控制欲强、共情力差、不达目的不罢休的特质受整个社会的推崇，而且这类人往往身居要位，名利双收，受人青睐。他们在关系中展现出攻击性和暴力性行为的比例也会更高，只是这部分黑暗面很少被人提及。[4]

此外，研究调查显示，男性的自恋倾向普遍高于女性，被诊断为自恋型人格障碍的人中，男性的比例是女性的 3 倍。[5]在我的咨询工作中，因为遭遇自恋型伴侣而求助的女性来访者比例远远超过男性。这一方面说明男性缺少寻求帮助的意愿，从心理服务平台壹心理 2019 年的统计数据来看，74.3% 的来访者为女性；[6]另一方面也说明男性产生自恋的比例高于女性。

这一节我会跟随五位来访者的叙述，从性别文化、消费社会和原生家庭三个方面，探究她们的男性伴侣自恋特质形成的原因。

探析男性被诊断为自恋型人格障碍比例高的原因，并不是为了合理化他们对伴侣的暴力行为，而是想通过了解自恋者行为模式的源头，更好地帮助我们看清现实，并且做出相应的防范和干预。

性别文化：越追求男性气质，长大后越懦弱

在五位女性来访者的经历中，很多例子都体现出传统性别文化对她们亲密关系的影响。最为突出的就是针对某一性别的性格特征、外貌、行为、角色而形成的普遍看法或成见，比如：男性强大，女性温柔；男主外，女主内；男性更被允许表达愤怒，女性更被允许表达脆弱，也就是性别刻板印象。

她们的叙述展现了随着女性的社会、经济地位的提升和自主意识的觉醒，她们逐渐改变了传统的温柔顾家的角色，渴望在关系中追求平等、尊重和理解。遗憾的是，她们的伴侣受男性刻板印象的影响，表现出"有毒的男性气质"，即强硬、冷漠、情感疏离、对权力的渴求和随之而来的暴力。[7] 在关系中，他们通过回避、打压甚至是暴力的手段，企图控制伴侣，获得关系中的主导权，维护自己男性的尊严。其实，这都是一种内在脆弱的自恋表现。

在我接触过的来访者中，认同传统性别角色的男性都表现出不同程度自恋的倾向，比如：幻想取得成功，夸大自己的成就，期待获得他人的关注和赞扬，很难表达出内心情绪感受，面对伴侣的情感需要更多选择回避、拒绝和说教，无法接受跟自己价值观不同的选择，一旦咨询深入面对脆弱的情绪或者创伤等议题，他们就会中断咨询。

在伴侣咨询中，我遇到过有自恋型人格的一方不断迟到，总是

要求重新安排咨询时间。在咨询过程中面对伴侣的情感表达，自恋者会装扮为受害者，企图通过解释或者示弱，合理化自己对伴侣的情感回避。即使咨询后自恋者回避的行为有所改变，但是依然不足以维持一段良性的稳定的亲密关系。

在蓓儿的经历里，家豪对于伴侣的期待建立在传统的"男主外，女主内"的性别刻板印象的前提下，认为女性的价值在于结婚生子、照顾家庭和顺从丈夫。

家豪生活在非常典型的大男子主义、男尊女卑的家庭中。蓓儿跟家豪妈妈的相处过程中，一直被告知要讨好男人，懂得男人的需求。家豪妈妈甚至给蓓儿"规划"婚后的人生，包括生多少个孩子。

家豪很认同他妈妈的理念。他觉得女性老得快，所以在工作上还是不要太辛苦，他建议蓓儿结婚之后成为家庭主妇，或者需要的时候帮助他打理公司的业务就好。家豪还告诉蓓儿："我妈之前也傻傻的，但她真的学得很快，进步很多。如果你愿意学，在我身边会进步很快。"

"男主外，女主内"的性别刻板印象在李萍的经历中也很明显。

李萍长期生活在张鹏的控制之下。张鹏不允许李萍工作，他给出的理由是，"女的就应该待在家，男的在外打拼。你一定要努力把孩子培养成才，这才是你的价值"。当李萍想要自主做出选择，跳脱出顺从的妻子、无条件付出的母亲的框架，比如穿自己喜欢的衣服、培养新的爱好、结交不同的朋友时，会遭到张鹏的打压和贬低。

关于大众媒体塑造性别形象的研究发现，青少年使用的社交媒体中含有很多与性相关的内容，以及高比例的、大量的将女性描绘为性对象（sexual object）的内容，这些是被称为"性化（sexualization）"的内容。[8]女性杂志、真人秀节目和情景喜剧更倾向于宣传以瘦为美的理念，展现衣着暴露的女性角色，并出现过度性感化的趋势，女性频繁接触这类媒体内容更容易导致自我性化，比如注重外表，用他人的眼光审视自己，将自己视为满足他人的对象，而不考虑自己的需求或欲望，进而降低性自主权（sexual agency），难以表达自己的性需要和坚持采用合理的避孕措施。[9]

女性被过度性化强化了有害的性别刻板印象，也使女性面临骚扰、羞辱和攻击的风险。这些刻板印象不仅对女性有害，对男性也有害。男性潜移默化地接受了扭曲的性别或性观念，认为男子气概和魅力是通过成就和权力来展现，并将控制和攻击作为掌握关系中主导权的方式，从而获得外界的钦慕和赞誉，维护自尊，这进一步助长了男性的自恋。[10]

娅娅告诉我，分手期间，阿亮在健身群里炫耀前女友们的身材，还把娅娅的健身照和他跟其他女生暧昧的聊天截图发在群里。

在娅娅拍到的阿亮的手机屏幕照片中，阿亮在群里发消息说："现在的女人真可怕。健身房一女的，昨天加的好友，今天就要睡我。她不是我的菜，我前对象的身材一个比一个好。"他把女孩们的隐私照发在了群里。当娅娅尝试跟阿亮对质出轨的事情时，阿亮竟告诉她分手期间的单身生活跟娅娅没关系。

陈飞觉得王琪没有"女人味"是因为她太强势，在事业上太有野心。这背后隐含的观点是女人需要温柔、顺从，照顾男性的自尊心。他对"真爱"的描绘集中在对年龄、外表、欲望的描述上，比如肤白貌美身材好，顺从他的性需要，不用避孕措施，等等。

虽然这五位男性自恋型伴侣在关系中看似拥有更多的主导权，是亲密关系中施暴的一方，但是某种程度上他们也是有害的性别刻板印象的受害者。

无论是在对学界研究的梳理中，还是在跟男性来访者合作的实务工作中，我都逐渐意识到男孩经历的社会化的过程，就是被情感阉割的过程。[11]男性在成长过程中受"男性要强大"的性别刻板印象所影响，从小就被教育"大男孩不能哭"，学习压抑自己的情绪。如果他们在伤心的时候想得到一个拥抱，家长很可能会以"男孩子别腻腻歪歪"为由拒绝。虽然这有助于独立，但这是以牺牲亲密感为代价的。

男孩被教导他们不同于女孩，而且比女孩更好，甚至应该远离或讨厌女孩。若他们想要继续和女孩保持平等友善的关系，很快就会被嘲笑为"娘娘腔"，被称为"女孩"。社会鼓励男孩与其他男孩保持竞争的关系，比如参加体育运动，在团体中争夺更高的地位。这些群体经常聚集在一起，对其他群体实施暴力——要么在比赛中"击败"他们，要么使用言语贬损他人。

我发现没有一个男性来访者能满足世俗意义上"强大"男人的标准。我多次目睹了他们落泪的场景。根源都可以追溯到他们的男孩时期。有的是被母亲打骂，有的是被父亲忽略，有的是情感压抑，有的是渴望跟他人亲密。有的人边流泪边责备自己说："我讨厌自己哭。"有的人流着泪笑着说："我理解父亲的不易，但心里还是难受。"有的人干脆放声大哭，说："那个小男孩好像找不到回家的路了。"有的人默默流泪，说："心疼想要变强大的自己。"

情感压抑并不代表情感需要就会因此消失，很多时候他们会用无效的模式去满足压抑的情感需要。我在咨询过程中观察到男性来访者普遍有"上瘾"（addiction）的状况，上瘾的对象可以是性、游戏、工作、烟酒、健身等，所填补的往往是最基本的需要，即对亲密、认可、关注和爱的渴望。那些无法被言说的情感需要虽然被一时之快所缓解，但长此以往不仅会破坏既有的人际关系，也会让他们陷入无限的空虚孤寂的循环中。

我们需要倡导一种关怀内在脆弱的男性气质——既不是搞性别对立，也不是女性化男性身份，而是在意识到结构性不公对男性的压迫和看到男性心理需求的前提下，鼓励男性更好地接纳情绪，建立稳固的价值感，学会共情他人和平等地对待他人。

消费社会：爱我就要为我付出

我们处在一个越来越不安的时代。美国民调公司盖洛普的《2022年全球情绪调查报告》显示，2021年负面情绪指数突破历史纪录达到新高，在对全球122个国家和地区的调查中，有超过40%的成年人表示，他们感到担忧和压力。[12] 面对与日俱增的负面情绪，在现代商品化社会中，人们被鼓励消费以缓解内在的不安全感，而忽略了真实的情感需要。[13]

有研究显示，消费主义诱导人们过度追求外表的"完美"，例如外貌、身材、社会地位。一旦发现自己没有想象当中那样完美，就会引发内在羞耻感，通过消费去弥补这些不完美。[14] 这会鼓励个体把自我价值感建立在外在的关注和认可上，很容易受外界的影响，自我变得脆弱。

人们变得相信昂贵的商品、金钱财富、奢侈的生活是获得成功、尊重、幸福的主要途径，对金钱过度关注的物质观可能会使人们更加关注自己的需要和利益，忽视他人，并且强调独立和自我依赖。这不仅会给个体带来情绪和人际关系问题，也会冲击平等、尊重、合作、共情等价值理念，鼓励人们相互比较和竞争，与他人疏远和脱节。

总而言之，消费主义为自恋的滋生提供了温床，加剧个体的自恋特质，包括以自我为中心、缺乏共情、不愿意帮助他人、强烈的竞争意识和对成功的渴望。[15]

消费主义的逻辑也在潜移默化地影响着现代人的亲密关系。爱情不再是像埃里希·弗洛姆（Erich Fromm）所说的关乎"创造性和成熟性格的人的一种能力"，而成为一笔以互利互惠的观念为基础的交易。这笔交易从教育、收入、外形等社会价值的角度出发，既要评估对方值不值得追求，也要考虑对方会不会看中自己。[16]

在蓓儿和家豪的关系中，他们都在找外界评价高的伴侣。蓓儿说自己当时刚毕业，进入当地学校成为语文老师，处于涉世未深的状态，很容易相信人，特别不自信。她被家豪吸引是因为在家豪身上看到了理想中的自己——自信、阳光、情商高。他善良正派的长相也让蓓儿很心动，而忽略了其自大和傲慢的特质。

对家豪来说，蓓儿也让他很有"面子"，弥补了他内在的不足。蓓儿说家豪的学位是他父母砸重金买的，所以他一直对自己的学历耿耿于怀。家豪带蓓儿去饭局或者见朋友，会着重介绍蓓儿的"优势"——大学就读于省内985、工作稳定有编制、父母工作体面等。

可是，当蓓儿开始表达自己不同的想法，比如拒绝接吻，不答应未婚先孕，不认同家豪一家人期待自己成为家庭主妇并生六个孩子时，他意识到蓓儿不是他理想中的"简单""善良""单纯"的伴侣，无法被"管教"，最后直接提出分手。蓓儿告诉我，在这段关系中自己好像家豪的实习生一样，家豪给了她几个月的"试用期"，不合格就把她抛弃，还美其名曰"我对你已经很有耐心了"。

李萍和张鹏的关系也是停留于对方能否满足自己的需要。李萍当初之所以会爱上张鹏是因为他长得又高又帅，还给她钱，帮助她脱离经济上的窘境。她因此很感动，认为张鹏值得依靠。

在一起之后李萍才发现，张鹏只在乎他自己外在的形象——有钱、帅气、家庭和睦，并不在乎李萍的感受，甚至对她实施家暴。张鹏的补偿方式就是买奢侈品，李萍说，"我老公对我的好是有条件的，就是要乖。他在外面有女人，为了让我闭嘴才会买礼物"，觉得自己"得不到作为人最基本的尊重"。

以物质交换为标准的爱情关系反过来会滋生自恋，导致爱情的终结。韩炳哲在《爱欲之死》里提到，消费社会把一切事物都变成了整齐划一的消费对象，因而陷入同质化的困境。人变得越来越相似，自恋者只是为了在他者身上寻找和确认自己——自恋者的"恋爱关系"只是为了满足自己的需求。[17]

对于自恋的人来说，伴侣从来都不是一个独立完整的人，只是自我的延伸。自恋者以自我为模型寻找伴侣，渴望从对方身上找到相似性，无法忍受和处理关系中跟伴侣的差异性。举个例子，一位有自恋倾向的来访者告诉我，自己的亲密关系只能维持三到六个月。一旦恋爱初期的美好过去，两个人产生矛盾，发现对方"真实"一面的时候，就会特别失望，立即失去了兴趣。当被问到理想中伴侣的样子，他告诉我他特别想跟自己谈恋爱，这样就不用花费那么多功夫去处理对方的情绪和两个人之间的矛盾。用他的话来说，就是"要么就找一个跟我一模一样的，要么我就干脆单着吧，省得麻烦"。

在五位女性来访者的故事中，消费主义逻辑对她们和她们的伴侣有着不同程度的影响。他们都渴望对方满足自己对理想关系的需求，而无法进入对方的世界中。

小艾和丹也希望从伴侣身上获得自我满足。小艾当初爱上丹是因为他符合小艾小时候读到的童话中白马王子的形象，两个人无论是爱好还是工作经历都有很多相似之处。这完全符合她对幻想当中伴侣的期待。

当关系遇到危机，小艾尝试通过沟通挽回丹并对他说"我爱你"，丹却问小艾："如果你爱我，那你愿意为我做什么？"丹对爱的理解是"你能为我做什么"，而无法超越自我的需要，看到小艾的诉求。

娅娅和阿亮是在彼此身上寻找缺失的需要。娅娅爱上阿亮很重要的一个原因是阿亮身材高大健硕，看起来能够给自己足够的安全感，弥补她在原生家庭中的缺失。面对冲突，阿亮不仅对娅娅实施身体和心理上的暴力，还冷落娅娅去联系前任，或者登录社交媒体跟其他女性有暧昧不清的联系。他渴望获得认可和关注，而无法面对自身的自卑感，更无法处理关系中的挑战。

王琪告诉我她当初结婚就是为了逃离原生家庭，希望从伴侣身上得到从来没有得到过的情感支持。让王琪没想到的是，陈飞虽然在外表看起来是个成绩优异、孝敬父母、老实巴交的人，但"他也是一个特别脆弱，没有得到过关爱的小孩"。

当因为性格、观念不合而导致关系危机发生后，陈飞选择出轨作为逃避问题的方法，在社交平台上寻找"真爱"。他补偿妻子的方式是不断给对方买奢侈品和打钱，拒绝面对因为出轨给王琪造成的情感伤害。

之后当陈飞对"真爱对象"慢慢失去兴趣之后，他告诉王琪，男女之间要互相吸引，还要求王琪"把自己可爱的一面展示出来吸引我"。这让王琪觉得很莫名其妙："难道不应该是共同发现彼此可爱的一面吗？为什么要让我刻意展示出来？难道他爱的只是一个可爱的听他话的人吗？我觉得我们在一起生活了十年，他一点都不了解我，也没有这个兴趣。"

五位来访者和其伴侣的爱情观都受消费主义逻辑的影响，呈现出不同程度的自恋倾向。需要强调的是，五位来访者和其伴侣的自恋程度不同。之前也跟大家在第一章分享过，自恋程度是一个光谱，每个人的自恋程度分布在健康自恋和不健康自恋之间。健康的自恋是虽然渴望获得外在的认可和关注，但是有自我反思和共情的能力，可以面对自我，积极寻求帮助；而不健康的自恋者缺少反思和共情的能力，遇到冲突下意识地选择逃避，用回避或者物质弥补关系中产生的裂痕，缺少解决问题的意愿和能力。

虽然来访者也有自恋的部分没有处理好，但是遇到亲密关系的危机，她们选择寻求帮助，反思自身的问题，积极探索解决问题的方法。而她们的伴侣却缺少反思和改变的意愿，回避和拒绝伴侣的需要，甚至有的还有暴力和虐待倾向。这两者自恋的程度有本质的不同。

因为性别刻板印象所描述的男性特质，诸如冷漠、崇尚竞争、钦慕权力等，跟消费主义所崇尚的竞争和物质至上的逻辑有相似之处，所以男性伴侣会更容易内化消费主义的逻辑。由于社会缺少更多元男性的榜样以及对男性脆弱的宽容度低，所以男性更难以寻求帮助，难以觉察和打破消费主义对自我价值与亲密关系的影响。

原生家庭：控制欲强的母亲，容易培养出自恋的孩子

前面更多地是从社会环境的视角，去分析男性自恋倾向高且自恋特质难以改变背后的原因，这一部分我们关注心理因素，聊聊男性自恋伴侣的原生家庭。

有心理学研究显示，评估成人的依恋模式是帮助我们理解病理性自恋很重要的因素。[18] 经典的依恋理论认为，依恋是婴儿为获得安全感和舒适感而试图与养育者建立的一种长期、持续的情感联结。[19] 当个体受到生理或心理威胁时，他们的依恋系统会自动激活，并指导个体去寻求依恋对象（通常是养育者）的支持和保护，从而

降低个体的焦虑感和恐惧感。[20]

　　早期我们和父母的依恋关系，会影响成年阶段处理亲密关系、建立信任以及处理压力的方式。幼儿长大成人后在人际关系中普遍表现出四种依恋模式：安全型（secure）、不安全—焦虑型（preoccupied）、不安全—恐惧型（fearful）和不安全—回避型（dismissing）。[21] 研究人员最新发现，浮夸型自恋和焦虑型依恋模式有关，而脆弱型自恋与恐惧型和焦虑型依恋模式相关联，[22] 这一类人群在亲密关系中，表现出更多的担忧和不安全感，面对冲突或拒绝时情绪反应强烈，担心自己会被抛弃。

　　从五位来访者对其伴侣原生家庭的叙述中，我也观察到很多相似的模式。首先，让我们聚焦浮夸型自恋特质。浮夸型自恋特质包括虚荣、愤怒、特权感、控制欲强、缺少共情力等。虽然五类自恋伴侣的具体特征有所不同，但是浮夸型自恋特质在他们的行为中都被观察到了。在来访者的叙述中，他们的家庭往往是"丧偶式育儿"——缺失的父亲，控制欲强的母亲。

　　家豪的爸爸一直在外面赚钱，基本上顾不上家里的事情。他的妈妈料理家务，以丈夫为中心。在家豪的心目中，自己的母亲是一个"完美"的女人，他也多次表达希望蓓儿跟母亲多学习，以家庭为主。

　　蓓儿告诉我，这对母子之间的联系非常紧密。家豪的妈妈出门在外的时候，把钱都花在给儿子打长途电话上。后来家豪离开家上大学后，有了社交软件，两人每天也保持着频繁的微信交流。有一次蓓儿无意间看到母子俩的微信聊天记录。家豪的妈妈经常给他发可爱的表情包，类似在撒娇，还换了一个可爱的少女头像。"这和她成熟知性的人设非常不符。"蓓儿告诉我。

除了保持紧密的联系，家豪的妈妈每天都会看家里的监控，观察儿子的动向，看他每天几点回家。如果找不到儿子，就给他打电话。如果儿子不接电话，她就连续打十几、二十个，或者打给儿子朋友，生怕儿子出什么事。不管儿子送给她什么东西，她都非常珍惜，拍照修图保存，或者发朋友圈感谢。"这也就能解释为什么家豪在分手的时候说我不珍惜他的付出，因为我永远达不到他母亲的标准。"蓓儿告诉我。

蓓儿一开始觉得家豪一家人其乐融融，跟自己家不一样，很想进入这样的家庭。在相处过程中，家豪的妈妈一直告诉蓓儿要懂得男人的需求，而且总是话中有话，比如，跟蓓儿说谁给她儿子介绍女朋友了，又说某老总想把女儿嫁给家豪，还说她儿子对女朋友要求很高。很多时候家豪说话的口吻跟他妈妈很像，母子俩总是对自己说一样的话。这让蓓儿觉得有些奇怪。

家豪的妈妈表面看起来很关心蓓儿，但实际上让蓓儿感到很不舒服，比如，在外人面前会蹲下来帮蓓儿系鞋带，让蓓儿觉得有点过了。她对蓓儿过往比较优秀的经历不感兴趣，只是一直说老公和儿子有多么优秀。蓓儿觉得"在她眼里我就是一个运气很好、高攀他们家、被她儿子看上的傻白甜吧，只要能好好代替她伺候好她儿子，以及生孩子带孩子就可以了"。

家豪受到的养育方式以及与父母的相处状况是一个典型的"焦虑型依恋模式"的例子，家豪的妈妈把儿子的需要放在第一位，形成心理上的依赖，需要孩子为自己的情绪和感受负责，也就是心理学上所说的"共生"的关系，即，控制—被控制的关系。

在理想的情况下，父母会在幼年满足孩子的身心需要，但是标准不是以父母为主（"父母爱我的前提是我学习好"），而是以孩子的需要，特别是情感需要为主。无论是溺爱（"无论我做什么，父母都觉得是对的"），还是情感忽略（"小时候的我感觉父母希望我从来没有来到过这个世界"），都不利于孩子形成良好的自我价值感，而让孩子只会向外寻求认可。溺爱导致孩子认为自己是世界的中心，形成虚荣心和优越感的自恋特质；情感忽略会让孩子在寻求他人关心时害怕被拒绝，试图在情感上自给自足，减少对他人的情感投入，从而产生防御性自恋的倾向。[23]

在孩子长大成人的过程中，会经历"分离—个体化"的阶段，即开始意识到自己是个独立的人，想要探索和发展自己的生命轨迹。这个过程，需要养育者不断"放手"——鼓励孩子培养自主意识和情感的成熟度，而不是继续希望孩子完全按照自己的想法和期待去选择。这不是爱，而是控制，是不允许孩子成为自己。结果就是，孩子内在的矛盾感很强。即使长大成人后这种矛盾感依然存在，他们想要脱离控制又恐惧离开，情绪内耗严重。

很多有强控制欲母亲的男性自恋者身上展现出这个矛盾点，他们一方面渴望脱离母亲的控制，建立自己的亲密关系，另一方面因为母亲为自己付出了很多，他们感到愧疚，再加上母亲不允许孩子离开自己，他们无法摆脱对母亲的依恋，从而产生恐惧、愧疚、焦虑的情绪。这种矛盾可能会带入自己的亲密关系中，即，想要亲近但是又怕被控制，回避亲密，甚至把对母亲不允许其独立长大的愤怒投射在伴侣身上，产生厌女情结。

当我把爱和控制的区别分享给蓓儿之后，她恍然大悟，告诉我："原来，他们表面上看起来和睦，但实际上他们不懂得爱。越完美的东西越危险，其实充斥着操控与被操控。只有做得对，才值得被爱。

"我怀疑，他妈妈对儿子的关注超过了老公。母亲无限崇拜儿子，无限关注儿子，很少有自己的生活，最多的时间是在家做卫生，还有看监控。她已经离不开儿子了，而且想处处控制儿子，控制他的发展，甚至择偶。

"儿子其实也意识到了自己精神上非常依赖他的妈妈，在面对挫折的时候，会觉得只有妈妈最理解他，最能给他想要的。他实际上是想找一个他妈妈的代替版本，给他所有他妈妈能给他的东西，以他为中心，延续他们母子的关系模式，但他没有发现这是病态的。

"同时，家豪也有自己的要求，他内心很挣扎，他欣赏真正有能力、有主见、事业心很强的女生，但不敢和这类女生成为伴侣，因为不好控制，他心底是自卑的。他妈妈想找的儿媳妇，不需要女生自身有多大的成就，只要一切听话、听指挥就行。当家豪因为伴侣的事情跟她反着来的时候，她就要各种发脾气了。然后家豪会觉得很愧疚不敢反抗，转而把愤怒发泄在伴侣身上，觉得自己很委屈，他就是一个巨婴。"

同样的家庭模式，在王琪的伴侣陈飞的原生家庭中也可以找到。

王琪告诉我，陈飞小时候是个"留守儿童"。父母在他很小的时候就去广东打工了，只是逢年过节的时候回四川看他和他妹妹。后来等陈飞和他妹妹都长大了，经济独立了，他的父母选择退休，回到成都生活。

陈飞的妈妈将所有的心思都扑在两个孩子的身上。她需要两个孩子随时汇报自己的行踪，从今天吃了什么到穿了什么，都要一一汇报给她，她觉得这才是孝顺。她之前还特别骄傲地说："我对自己孩子有什么样的衣服了如指掌。"王琪还观察到，他们一家人一起在家聊天的时候，陈飞妈妈的眼光只会盯着自己的儿子看。即使王琪说话的时候，她都完全不会看自己。

"这会让我觉得很不舒服，感觉在我婆婆面前，陈飞就像个三岁的小孩子。"王琪告诉我，"虽然陈飞和他妹妹学习、工作都很优秀，但是情绪和生活上有一大堆问题，比如，他们生气之后都会控制不住地大喊大叫，或者摔东西，身边也没有什么交心的朋友，总是独来独往。我公婆都选择忽略，仿佛孩子们只要在外人看来值得羡慕就可以了。陈飞的妹妹学习也特别好，是当年全市高考的前几名，但是生活方面跟陈飞一样一塌糊涂。我刚跟陈飞在一起的时候，他妹妹就跟我说，她最大的愿望就是离开这个家，这个家让她感觉很窒息。陈飞妹妹的男朋友还告诉我，她吵架会乱摔东西，气急了还会拿刀子割自己的手臂。"

当出轨的事情发生一段时间后，陈飞逐渐对外面的"真爱"失去兴趣，告诉王琪自己准备回归家庭，开始发信息跟王琪沟通。当聊到出轨的原因时，陈飞一方面跟王琪说"夫妻之间不需要争对错，过去的事情都过去了"，另一方面又指责王琪是个"内心冰冷的女强人"，是因为王琪不会说话，所以他父母家里争吵不断，自己受不了，才"开了小差"。

我问王琪看到陈飞的表达，她感受如何。她告诉我："我就觉得很可笑。我公婆在外人面前总是扮演恩爱的夫妻，但是在家可以一个月都不说话，从来不正面沟通，都是放冷枪，但是对陈飞来说这都是'正常交流'。我公公可以从早上起来就看手机，一直持续到晚上睡觉为止，完全不跟我婆婆说一句话。我婆婆对他的行为特别不满，她说自己每天就是一个人坐在客厅里看电视，从白天看到晚上，跟我和陈飞哭诉，说我公公不理她，没有人理解她。

"但一遇到冲突她就会变得咄咄逼人，说什么都要赢，给自己争口气。公婆一天可以吵无数次，吵到半夜睡不着觉。有一次过年，他们家四个人因为一件小事情又争吵起来。我婆婆哭喊着要寻死觅活，说儿女们都不孝顺。陈飞在家摔东西以及各种发泄，他的妹妹气到拿头撞墙，我公公还阴阳怪气地对着我说了一句：'看到他对我们发火，你满意了吧！'我简直一头雾水，太阴暗了，有这样想法的人简直没有任何办法沟通，还说让我回去反省。我当面就说我没有做错任何事，也没有说错任何话。

"我那个时候还以为是自己沟通方式的问题。我还学习了非暴力沟通，告诉陈飞要孝顺父母，处处讨好他们，以他们的需求为中心，永远不吵架这种话。结果他觉得我被谁洗脑了，说我很负面。但是我觉得我是清醒的，并且积极面对，他们才是逃避。我需要为所有人的情绪负责，就是不能表达自己的情绪。这不是压抑情绪吗？"

娅娅告诉我，她跟阿亮聊过他的家庭，但是阿亮似乎不肯讲太多。

"我只知道他来自东北的一个小县城，那里思想比较保守，挺推崇大男子主义的。阿亮的爸爸做生意，他的妈妈是个家庭主妇。在嫁给他爸爸之前，他妈妈很能干，做过生意，而且赚了些钱。等到阿亮和他弟弟出生之后，他的妈妈就不得不放弃工作，照顾两个孩子。阿亮的爸爸酗酒，一喝多了就会回家打老婆和孩子。他告诉我他恨他爸爸，小时候对爸爸的印象都是妈妈被爸爸打得站不起来，自己和弟弟在一旁害怕极了，哭个不停，然后爸爸就觉得烦人，开始打他们两个。他说那个时候他就想快点长大，然后变得强大起来，能够保护他的妈妈。他小时候甚至有过想把爸爸杀死的念头。

"虽然他父母没离婚，但是两人很早就分居了。上大学的时候阿亮喜欢上了健身，甚至到了那种痴迷的程度，我觉得也跟他童年的经历有关。因为想要保护妈妈，所以要变得强大起来。我觉得阿亮同情、依恋他的母亲到了一种不太健康的程度，他和他弟弟都特别听妈妈的话。二十多岁的大小伙子了，现在回家还会跟母亲睡在一张床上，这让我觉得挺诡异的。"

李萍之前也简单聊过张鹏的父母，她告诉我："我老公这么不负责任完全是因为他的父母。我婆婆是一个自大的人，我公公是个三脚踹不出个屁的人。无论我老公做什么，他妈对他都不满意，还总是打他骂他的。我老公挺自卑的，总是想挣钱、立足、出国，向外人证明自己。他也来自农村，在那种教育环境下，竟然在全国奥林匹克竞赛中得了第二名。他还曾告诉我：'如果父母当初管管我，我的成就可能会比现在更高。'

"虽然他在外看起来是一个特别成熟稳重的人，但是他私下就是一个孩子。那天他说我就是他妈，我差点吐出来。"

以上四位男性自恋型伴侣的经历表明，似乎控制欲强的母亲和儿子后天人格里的自恋倾向有较大关系。虽然可能这些母亲性格方面有问题，甚至会有一些自恋的倾向，但是同样不能忽略的是她们所处的社会环境。

女性常常被限制在家庭等特定领域，而在其他领域中被边缘化或被忽视。一些女性可能会在家庭中表现出过度控制、虐待等"有毒"行为，这实际上是她们在尝试获得更多权力和地位的一种方式。[24] 因为缺乏主体性和自主意识，她们会把自己的不幸归结于孩子。控制欲强的母亲经常说的一句话就是"我不离婚还不是因为你"，这会让孩子产生深深的负罪感。

跟其他几位来访者经历不同的是，小艾的伴侣丹的母亲很早去世，他从小到大所体验的更多的是恐惧型的依恋模式，所以更显著表现出脆弱自恋的模式。

丹的父亲是大学教师，他的母亲是个家庭主妇。他的父母认为多子多福，因此他们家有很多孩子，丹是最小的那个。据他说，他们家的家教很严，孩子们从小就被教育要好好学习，找个好工作，尽早结婚然后多生孩子。丹的兄弟姐妹们都很优秀，不是当律师，就是当工程师，要么就早早结婚生子。他是"不合群"的那个。

小艾告诉我，丹小时候挺可怜的。丹的母亲在他小的时候就得了脑癌，然后就陷入了植物人的状态，整整十年。丹告诉小艾他上学的时候曾因为家里没钱，一天只吃一顿饭。中午的时候，他都需要靠朋友接济。后来他遇到了他的初恋，那个女生很照顾他，给他做吃的。丹告诉小艾，虽然后来发现那个女生有很多恶习，还在情感上虐待他，但是他依然不愿意离开。

回想过去的经历，小艾告诉我："这会让我感到他之所以成为这个样子都是因为小时候缺爱，后来被同学带偏了，加上以前交的女友比较'作'。由于我圣母心泛滥，再加上嫉妒心爆棚，想要跟他的前女友比较，所以，在关系中我忽略了很多自己不舒服的感受和关系中的危险信号。我用了三年时间才发现，他就是一个扶不起来的阿斗。他跟前任分手，都是前任的错。他跟我在一起，都是我的错。他找不到工作，都是社会的错。"

在此想跟大家强调的是，并不是所有经历过创伤的人都会变成病态自恋者。很多来自控制欲强的家庭，或者经历过家庭变故的人并没有因此就成了一个性情暴躁、冷漠自私、喜欢虐待他人的"暴君"。他们反而会因为自己之前经历的不幸，更容易共情理解他人，帮助他人。

下一节会聊到这五位来访者的童年经历，大家可以看到，她们每个人的童年都有不堪回首的部分，也习得了很多无效的相处模式，但是她们依然选择用爱和善良对待身边的人。看似相同的经历会塑造截然不同的人格，这背后的原因很复杂，并不是我们这本书关注的重点。

这部分的内容可能会触碰到很多人的恻隐之心，甚至会产生种种困惑："对方小时候经历过不幸，那我离开这个人是否会让他再次遭遇被抛弃的感觉呢？""我是否能够拯救他，弥补对方童年的缺失呢？"如果你有这种念头，证明你是一个有爱的能力、能够共情他人的人。这本是一个宝贵的品质。

我遇到过很多陷入自恋型虐待关系中的来访者问我："难道没有办法帮助他吗？好多人都抛弃了他，他像个孩子一样，好可怜。"

遗憾的是，病态自恋者很难改变，即使改变也很难维持一段相对健康的亲密关系。

我会告诉来访者："深厚的情感联结是亲密关系重要的组成部分，但一方不应该依赖伴侣提供情感需求。如果他真的想改变可以去找咨询师寻求帮助，而不是情感勒索你。"

其实即使在心理咨询中，自恋型人格的人由于较低水平的同理心和觉察力这两点，也无法达到咨询师对于来访者的基本要求。而且受害者跟自恋型伴侣一起接受心理咨询会面临被进一步虐待的可能，受害者揭露的一切会成为自恋型伴侣在咨询关系之外用来伤害受害者的武器，[25] 典型的例子就是自恋型伴侣对受害者的受伤经历冷嘲热讽。其次，自恋型伴侣会试图影响咨询师，使其对受害者形成负面印象。

希望拯救对方的情结，也是一个人深陷一段自恋型虐待关系中无法走出来的原因所在。自恋型伴侣会利用你没有边界的同理心去在情感上不断剥削你，直到你被消耗殆尽。

在下一节中，我会具体跟大家分享，为什么女性会更容易被自恋型伴侣吸引并且深陷其中。

第二节 为什么乖乖女最容易成为
"有毒"关系的受害者?

为什么我们会被自恋者吸引?为什么已经感觉到不舒服和痛苦,我们仍然无法结束这段关系?

当进入一段"有毒"关系并且迟迟走不出来时,遭遇自恋型虐待的受害者会被视为有内在缺陷的人,被形容为"圣母心""恋爱脑""有自虐倾向""因为缺乏自我而被 PUA"。大家使用"关系依赖""关系成瘾""依赖型人格""讨好型人格"这样的表述去解释背后的原因,最常使用的标签是"关系成瘾"(codependency)。

关系成瘾原本是指一个人基于自身不健康的情感需求,而纵容亲密关系中他人成瘾行为的一种关系模式。[26] 举个例子,因为我情感上依赖伴侣,也需要被伴侣依赖,所以,我不但不试图帮助伴侣戒酒,甚至还过度照顾他,使他继续酒精成瘾。当关系成瘾被用来形容自我价值感低的自恋型虐待受害者,意指受害者在关系中所展现出的过度依赖、边界不清、缺乏良好的自尊的特点。

爱德华·高道夫(Edward W. Gondolf)驳斥了家暴妇女作为消极的"受害者"的角色,并提出"幸存者"(survivor)这一理念。

他认为许多遭受暴力的妇女并没有因为升级的暴力而停止反抗，而是一直在积极努力向外界求助。[27]

受害者深陷与自恋型伴侣的关系，有其他的因素影响，可能包括社会对女性的性别规训，即面对年龄、婚恋和生育压力，女性觉得只有进入一段关系才能感到安全稳定。受害者无法离开，也不是由于受害者对自恋型伴侣形成依赖和关系成瘾，而是她经历了社会环境、人际关系的伤害所产生的创伤性联结。

即使受害者想要离开，但是由于缺少对自恋型虐待的了解，经历长期的身体、精神和经济上的剥削，再加上面临社会对单身或离异女性的歧视，她们大多数人处在弱势的地位，缺少外界的支持，无力反抗。

如果忽略了受害者所处的系统和环境（亲密关系、原生家庭、社交团体、社会环境），无视结构性的压迫（亲密关系暴力、性别歧视、种族歧视、阶级不公），把问题归结于个人，会使得社会层面的因素无法得到重视和解决。[28]

在这一节中，我会提供一个更复杂的视角，从性别文化、消费主义、暴力循环和原生家庭四个角度跟大家分析为什么女性会被自恋者吸引并深陷其中。

性别文化：乖乖女的伴侣，早在结婚前就被父母决定

我观察到像蓓儿口中所讲的"乖乖女"特别容易被自恋型伴侣吸引。她们从小到大被父母保护得很好，一直非常听话，努力满足父母、学校、社会的期待，而且在这条路上走得很顺很稳。"魅力四射、自信迷人"的自恋者很符合长辈为子女挑选伴侣的要求，在潜移默化的影响下，她们也会倾向于按这一标准来选择另一半，然后在爱情中用心经营出幸福的家庭。她们之前的经验是"只要努力，就有回报"。可是当陷入一段自恋型虐待的关系中，沿用"努力就有回报"这个思路，不仅不会改变关系的模式，还有可能让自己深陷被伤害的循环中。

社会对于女性的期待是在人际交往中要温柔体贴。如果表达太多自己的想法和要求就会被贴上"太强势""太自我""男人婆"的标签。加上二十多岁的女性面临婚恋、职业发展的重重压力，总是担心"被落下"，所以很容易忽略关系中的危险信号。

当蓓儿听到家豪和他母亲对她的期待，她说感觉自己就是对方眼里任劳任怨的保姆加上生育机器，不需要自身有多大的成就，这样才能更好控制。

"其实我的内心已经积压了很多不满，感觉非常不舒服。但是为了维护我在外人面前善良温顺的形象，我没有把情绪外化，不敢表达不满。"蓓儿告诉我，"为什么要维护人设？因为怕对方离开

自己。家豪总说我情商低，不懂得付出，人生规划不明确，太幼稚，太单纯。我的感受是更加害怕失去并且抓也抓不住，完全处于低位，任人摆布，还不间断地讨好，不敢提要求和表达感受。为什么我的情绪都是难过、内疚，而没有愤怒呢？"

愤怒是人基本的情绪之一，它是保护我们的重要信号。当遇到危险的时候，愤怒提醒我们要奋起抗争。它同时也是力量的来源，激励我们采取紧急行动，降低自身的危险。

很多女性面临表达愤怒的困境。一方面，由于性别刻板印象强调"女孩要温柔、要友善体贴"，女孩们从小到大不被鼓励感受和表达愤怒，所以长大后在人际关系中感受不到愤怒。即使感受到了，明知道该说"不"，但总不敢表达。另一方面，当女性终于鼓起勇气表达了愤怒，也面临内外双重夹击：心里面觉得自己不女人、不温柔、不正常，害怕受到攻击指责；外人可能会对她的愤怒指指点点，觉得这个人"太情绪化""不跟女人一般见识""是不是来了大姨妈"。

心理学家发现，女性愤怒的最常见原因是无助感、没有被倾听、被不公平对待、他人不负责任的行为，以及无法做出自己想要的改变。当女性压抑自己的愤怒，会内化为身体的紧绷感，感到无力抵抗。可是，这种紧绷感不会因此而消失。压抑愤怒最终会导致情绪爆发，这让她们感到失控，加深无力感。[29] 愤怒本来是一种能够赋予人极大能量的情绪，但是女性却把这种能量转化成为自我攻击，往往感到无能为力。

结果就是，女性试图通过自我批评来重新确立控制，希望通过自我贬低迫使自己满足社会期待。女性比男性更容易因为生气而对自己做出负面评价，从而导致更严厉的自我批评。[30] 此外，女性总是被教导要优先考虑他人的需求，导致女性更少地关心和理解自己，在痛苦的时候不懂得自我安慰。这在某种程度上可以解释女性被诊断情绪问题的概率要高于男性，例如女性患抑郁症的概率是男性的两倍。[31]

在亲密关系中，当蓓儿感受到不舒服时，她无法通过表达愤怒来拒绝和反抗，转过来认为自己付出不够，只能暗示自我加倍表现，更没有想到要结束这段关系。

在李萍的经历里，丈夫多次出轨后，她想自己也出轨一次，作为对丈夫的报复和反抗，但她和张鹏面临不同的心理压力。张鹏感到理所当然，认为男性有多大权力就可以享受多少资源，但是李萍却感到自责，觉得对不起自己的伴侣。正如她所说，"我觉得我对不起我老公和孩子，我不知道该怎么去面对他们，感觉他们好可怜。为什么我那么保守一个女人，竟然可以跟别的男人睡觉。跟这个男人在一起，无论情感还是肉体我都得到了愉悦，这让我觉得自己很脏……"

我在跟李萍合作中意识到，"贤妻良母"是她衡量自我价值感的重要标准。她认为只有让自己的老公满意，照顾好自己的孩子，自己才是一个有价值的人。她会压抑自我的需要，去竭力满足社会对于一个妻子、一个母亲的期待。即使在关系中遭受伴侣的背叛、家庭暴力，李萍依然觉得自己出轨这件事情是"极度自私""不守妇道"的体现。

在李萍的叙述中，成为"贤妻良母"意味着女性被要求将丈夫的满意和孩子的成长置于自身之上，自我克制，甚至牺牲自己的需要。这种牺牲常常被看作母性的本质或母亲的价值。女性不断付出更多的劳动，而且这些付出往往被视为是她们天然的职责和义务，回报给她们的只有"家人的认可""丈夫的夸奖""孩子的成才"。一旦不符合社会对"母性"的期待，女性就会被认为一无是处，就会体验到自我攻击和羞耻感。

女性既可能是这种价值观的受害者，也有可能成为加害者。李萍被施加暴力后的反应是屈从，继续保护和照顾好孩子。对伤害的不满，被责任感掩盖了。抛家弃子的罪恶感，也使她不敢斩断与张鹏的关系。

一个自我牺牲式的母亲看似很伟大，但由于压抑自己内心的需要，很难真正看到孩子真实的需要，更多时候是以"爱""付出"之名，把内在的匮乏和焦虑感转嫁给孩子，通过控制获得安全感。李萍在养育孩子的过程中，会有意无意地把自己的情绪和期待加在两个孩子的身上，比如自己小时候经历了物质贫乏，希望给孩子提供更好的物质条件，却忽略了孩子在一段自恋型虐待家庭关系中所承受的心理伤害。

消费主义：我听过最大的谎言，是努力就能成功

社交媒体是消费主义的温床，它是我们展示理想化自我的地方。名人或网红把自己变成活生生的广告牌，从吃到穿再到用都贴上价签，以促进产品的销售。这种理想化的人设很可能演变成一种"有毒"的展示。在这种展示中，名人或网红的地位和优势可能会被吹嘘，用以提醒其他用户他们没有这些东西，导致他们产生不安全感，进而导致更多消费。[32] 很多人都认为自己没有达到理想标准：不够苗条，不够有男子气概，不够聪明，不够成功，不够性感……这是一种社会性的煤气灯效应，让人怀疑自己，从而迫使自己达到商品化社会中整齐划一的标准。

女性情感和成长类话题近些年来越来越成为社交媒体的热门话题。在我的观察中，大家很容易混淆自我成长和自我表达。虽然自我成长听起来和自我表达很相似，比如二者都强调个体性，但是自我表达实际上要容易得多。你所要做的就是谈论自己，吸引别人注意的目光，有时还需要推销自己。这会激发人内在的自恋潜质，社交媒体无疑助长了这一点。

相比之下，自我成长却是非常困难的，还会引起极度的不适。自我成长包括自律、创伤知情、自我反思、情绪觉察等。这些不是意识到就能解决的问题，是由一个个微小、正向、反复的改变所组成的。自我成长的过程在社交媒体上被不断渲染成"正能量"，过

度强调"爱自己""提升自信""只要努力就能成功",这反而会形成一种"有毒"的积极性(toxic positivity)。无论是否被对方煤气灯效应操控或者被欺骗,只要有积极的心态,足够努力,就能经营好一段关系,这种论调对当事人的处境缺少深入理解和共情。

在我辅导自恋型虐待的来访者中,很多人听了一些情感专家的观点,开始对自己的经历感到困惑,甚至加深了无力感和自我厌恶。

王琪说刚发现陈飞出轨的时候,她陷入抑郁中,老是觉得自己"不好",有一种走投无路的感觉。于是,她就头脑一热联系了一家网上很有名的情感挽回咨询服务公司。王琪说她之所以选择这个公司是因为用户评价很好,案例也很丰富。虽然费用有点贵,一个月两万块钱,但是咨询师会手把手教学。

给王琪安排的咨询师,刚开始时尝试平复王琪的情绪,他跟王琪说:"你不用太在乎伴侣的看法,要认可自己的价值,要爱自己。"用王琪的话来说,"就是那些特别鸡汤的话。后来他告诉我,实在不行,你就跟他离婚。那个时候我的第一反应就是,如果我打算离婚,为什么还要报你这个课程呢?"

后来咨询师线上实时"指导"王琪去"撩"陈飞。"不是我正常说话的感觉,语气嗲嗲的,还要时不时撒娇。"王琪说道,"他告诉我男人之所以对一个女人感兴趣,第一目的就是想跟她上床,所以让我想方设法勾起陈飞的'性趣'。那一刻我感到无奈和恶心,心想:好好说话不行吗?"之后情感挽回咨询师问王琪,她能够为她老公提供什么样的不同于那个出轨对象的价值，王琪一时间答不出来。最后她实在感到痛苦，就暂停了服务。

我告诉王琪，任何咨询的核心目标都应该是以来访者为主，通过探索其内在的需要，鼓励对方做出自主的选择，而不是替对方做选择。我听到整个咨询过程中是以咨询师的意志为主，并没有考虑来访者的处境和需要。这不仅没有让王琪感到被看到或者获得力量，反倒让她压抑自己的情绪，甚至有自我厌恶的情绪产生。这种操作是有悖于咨询的伦理的。这种"评价好"更多的是一种商业宣传，利用消费者的弱点，售卖一个难以实现的幻想。这是商业操作，而不是心理咨询。

在和小艾的交流过程中，她说自己也曾遇到过相似的情况。

"我之前的那位咨询师告诉我如果钱不是问题，就应该去创业。他让我感觉很愧疚，感觉做错了什么，浪费了资源，感觉我应该成就更伟大的事业，但是我是一个风险厌恶度很高的人，不太喜欢冒险，我感觉好像自己被评判了。还有当我跟他讨论我爸出轨的问题时，他却让我多跟我爸交流，尝试理解他的不容易。当我们聊到女性生存处境的时候，当我抱怨好男人不多的时候，他竟然暗示我，我的长相、学历、工作也很一般，我都惊呆了。

"他是这个领域特别有人气的心理咨询师，在某社交媒体上粉丝超多，他写的很多文章和发表的很多观点我都非常认同。我以前看他是有光环的，觉得他是一个榜样，所以我就会把他放在一个更高的位置上，很少去质疑他，有点把他当成权威的感觉。我现在才意识到他总是想帮我做决定，好像给了我一个答案或者帮我解决了问题，他会自我感觉良好。但是，现在我发现只有回归自己才行。"

有些拥有优越条件的人把自己的"高质量亲密关系"作为卖点，好像如果亲密关系不够优质，就说明是女性需要努力改正和争取的，但是一味强调努力是一种变相的压迫，这让女性倾向于停留在关系中不断付出、改进自己，然后愈加深陷其中。

李萍一直以来都对自己的学历有很强的自卑感。她觉得自己没上过大学，文化程度不高，感觉说的话或者做的选择都不够好。在我们交流过程中她总是质疑自己，比如："我没什么文化，说得不好。""我没读过什么书，不知道自己理解的对不对。""我不明白你在说什么，是不是因为我的智商有问题。"。她很仰慕高知女性，时不时会跟我聊相关的话题。

有一次她告诉我，某位情感博主鼓励女性要放开自己，去尝试新的恋情，不带任何功利地体验爱。她问我："我纠结老公出轨这件事情是因为自己太自私吗？我是不是应该更无私一些呢？因为出轨而感到羞耻是因为我太保守，不够有文化吗？"

我十分认可李萍不舒服的感受，并且告诉她："这些道理如果脱离语境讲都对。但考虑到现在性别结构的不平等以及亲密关系暴力如此之普遍，让女性放开自己多尝试，而没有具体自我觉醒和自我保护的意识，就等于裸奔上战场。"

亲密关系中的权力下位者向上共情可能给自己带来更多的剥削。一些意见领袖出于流量和利益的考量，缺少对结构的批判性，更难以共情理解受害者的处境。真正的助人是去启发而不是说教，最终我们要回归自己，而不是把需要投射在某个意见领袖的完美人设上，通过追随或者消费回避自身的困境和结构性的不公，这是消费主义的陷阱。

暴力循环：他说很爱我，但又不断打压我

聊完社会因素，让我们从关系的层面入手去分析为什么受虐者难以离开一段虐恋关系。

临床心理学家雷诺尔·沃克（Lenore E. Walker）在 1979 年提出了"受暴妇女综合征"（Battered Woman Syndrome）这一概念，用来概括长期遭受伴侣暴力虐待的妇女所表现出的行为模式。"暴力循环"（cycle of violence）和"习得性无助"是该理论的核心概念。

暴力循环是指暴力会周期性发生，包括紧张关系形成阶段、恶性暴力阶段和温馨甜蜜阶段的循环且逐步升级的周期。最初的紧张状态阶段，双方开始出现言语争执和敌对状态的同时，虐待者可能会操控周围的人进一步地孤立、隔离受害者。当进入恶性暴力阶段，紧张、压抑状态会爆发，施暴者开始对受害者进行身心攻击，随着

紧张的缓解，施暴者可能对受害者表达歉意。在温馨甜蜜阶段中，施暴者常表现出深深的良心谴责、悔恨并承诺不再使用暴力，受害者常满怀希望，认为施暴者会改变，但是绝大多数情况是，再次重复这一循环。经历多次暴力循环后，受暴妇女就会逐渐接受暴力事实，产生无助的信念，不再寻求帮助，即"习得性无助"。[33]

在临床工作中，"暴力循环"是一个很有效的工具，帮助受害者了解到所经历的亲密关系暴力以及难以离开的原因。心理咨询师塔尼娅·高姆（Tanya Gaum）和芭芭拉·赫林（Barbara Herring）在 2020 年提出"自恋型虐待循环"（cycle of narcissistic abuse）的模型，详细呈现受害者在一段自恋型虐待关系中所经历的几个阶段，包括蜜月期（honeymoon）、冲突累积期（tension building）和虐待升级期（abuse escalation）三个部分。

蜜月期又称为理想化阶段，在这个过程中自恋型伴侣会使用各种恋爱轰炸的套路，施展浑身解数去吸引受害者，让受害者感到自己"被选中"或者遇到了"灵魂伴侣"。

一旦自恋型伴侣获得了受害者的信任和依恋，就会逐渐进入冲突累积的阶段，自恋型伴侣开始批评、指责、忽略受害者，使受害者感到担忧和不适。

当关系逐渐进入虐待升级的阶段，自恋型伴侣会使用贬低、打压、暴怒、冷暴力、三角测量、煤气灯效应等方法去操控伴侣，同时可能选择新的"自恋供给对象"（narcissistic supply），也就是寻觅新的"猎物"。这会让受害者产生失眠、抑郁、焦虑、混乱等身心症状，怀疑自己的情绪感受和判断力，也就是产生"认知失调"的体验。

当自恋型伴侣感到受害者可能要离开自己的时候，会重新采用蜜月期惯用的手段，暂时挽回受害者。如果受害者继续留在关系中，会再次经历同样的虐待循环，而自恋型伴侣和关系并不会产生实质性的改变。

从五位来访者的经历中不难看出，她们起初并不是因为自恋型伴侣的虐待倾向才被吸引的，而是自恋型伴侣的迷惑性很强，给人的第一印象是自信、痴情、有能力和有魅力的，并且在关系的初期使用浪漫的攻势，给受害者创造了美好的恋爱体验。

蓓儿对家豪的印象是阳光、自信、情商高、事业有成；小艾对丹的第一印象特别好，认为他是自己心目中的白马王子，爱好和工作经验也同自己很相近；第一次见面，李萍就觉得张鹏不仅一表人才，还给予她经济上的支持，深深地被他吸引；阿亮高大健硕的身材一下子就吸引了娅娅的注意力；陈飞高智商、高学历、文质彬彬的外形让王琪觉得他是一个靠谱的对象。

自恋型伴侣不仅会展示出自己光鲜亮丽的外表，同时也会使用"恋爱轰炸"的方式去收集受害者的信息，特别是她们的弱点。他们会投其所好，制造出浪漫氛围，强调他们的缘分多么奇妙，让对方觉得自己遇到了那个天注定的人。从神经学上说，这是一种多巴胺奖励机制，和上瘾的原理相似，让人欲罢不能。[34]

蓓儿和家豪刚认识的时候被对方热情的态度所打动。他们认识的第一天，家豪就会发自拍说明自己在干什么，每天早安晚安问候。家豪的奶奶还算了两个人的八字，看看是否"合适"。认识不久，家豪就告诉蓓儿她是自己的梦中情人，符合自己对伴侣的一切要求。

"说来真的很奇怪，就是确实会让我觉得跟他很熟悉，比如：他会强调我们的大学离得很近，遗憾没有早点相遇，如果遇见了肯定会一见钟情；我们两个人都是断掌手纹，都是'狠角色'；我们共同喜欢的一个小众乐队在 2019 年全球巡演，我们俩都同时去了香港站看演出。这让我感觉好像缘分在冥冥中早已注定。

"那个时候我还跟朋友说：'原来一个人喜欢你是会非常明确地让你知道的，也根本憋不住。'后来我才发现，他营造我们很有缘分的假象，只是为了收集我的信息我的需求。等到我足够依赖他之后，在需求中得到满足后，他才好开始控制我，包括贬低和打压。一切都不是基于爱，他们不懂什么是爱，所有的付出只是想一物换一物，换得我的服从、听话。买的衣服要马上穿，项链要天天戴着，送的护肤品要赶快用，这样才算尊重。他们的爱太肤浅。"

小艾在恋爱初期也有跟蓓儿相似的经历。跟丹前期的约会让小艾都觉得特别好，他不仅彬彬有礼，还特别照顾别人。认识两个月之后，正值感恩节，丹就把小艾带回家，以恋爱对象的身份介绍给了他的家人。他们一家人看起来其乐融融，整个聚会过程中丹也一直在照顾小艾的感受，他还表示自己非常珍惜和小艾的关系，因为她跟他的前任都不一样，很善良且体贴人。

"那个时候我就感觉他好可怜，一定不要离开他，不要像他前女友们一样'作'。我一定要懂事，不要无理取闹，"小艾告诉我，"但是没想到，他后来就是一直在利用我的同理心而一再地践踏我的底线。"

阿亮也在跟娅娅认识初期表示完全接受娅娅的一切。他告诉娅娅他完全不介意他们之间的年龄差距，还说自己喜欢大姐姐一样的女朋友，因为她温柔体贴会疼人。刚认识的时候两个人几乎不间断地联系，都跟打了鸡血一样毫无困意无法分离。阿亮告诉娅娅，他感觉自己从来没有对哪个女生这么痴迷过，总是想把自己健身的照片或视频发给她。那个时候娅娅觉得一下子陷入了爱情中，觉得自己遇到了真爱。

"后来才发现，他对所有的暧昧对象都是这个套路，让我感觉到恶心。"娅娅愤怒地说。

陈飞沉默寡言，性格偏内向，看起来很稳重，凡事也都让着王琪，这让王琪感觉他是个踏实靠谱的人。尽管两人在大学时代并无太多交集，但在同学聚会上重建联系之后就闪婚了。因为王琪父母的婚姻在她很小的时候就"名存实亡"，所以她很渴望在亲密关系中体会到家庭的温暖。她看到陈飞一家人似乎很和谐美满，但是十年下来她才发现，"这种表面的美满其实就是一场作秀，背后压抑着很多情绪，让人想逃"。

当从理想化的阶段过渡到虐待的阶段，处在自恋型虐待关系中的受害者会因为伴侣前后反差太大，而产生"认知失调"（cognitive dissonance）的状况。

心理学家利昂·费斯汀格（Leon Festinger）提出"认知失调"这一概念。他发现，内在的一致性是我们人的基本需要，一种行为与信念发生冲突时，个体都会感到心理上的不适，这种失调感会促使我们寻求方法来减少冲突。当我们认定一件事情的时候，即使事实与信念相反，也会积极地去寻找支持这种信念的观点，来维护自己内心的信念。[35]

在一段自恋型虐待关系中，相信自己遇到"真爱"的受害者在面对自恋型伴侣的打压时，会产生认知失调的体验（他说很爱我，但是又不断打压我）。为了减轻痛苦的失控感，受害者选择把问题归结于自己，通过责备自己获得一种虚幻的掌控感，觉得只要自己改正错误或是努力尝试，就能够改变对方，回到过去浪漫的阶段，这使对方的伤害合理化。

在五位来访者的分享中，有很多时候对方做出了"越界"的行为，她们还是选择忽略或者责备自己。这是典型的认知失调的反应。

家豪不顾蓓儿的要求，在他们第一次性行为的过程中没有采取任何保护措施。事后，蓓儿再次强调希望对方采取保护措施，因为她说不想怀孕，但是家豪用各种理由搪塞。

"那个时候我觉得特别羞耻。我不明白为什么一个口口声声说爱我的人，会做出不尊重我的行为，好像是自己做错了什么。"蓓儿告诉我。她不敢和父母说这件事，因为父母对她管教很严，思想很保守，如果他们知道后就会责备蓓儿，这会让她更加自责。后来，她跟朋友们说起这件事情，大家也不太能理解她的感受。大家都觉得她找到了一个特别好的对象，都要谈婚论嫁了，所以这种小事儿不必计较。"这让我觉得是我想太多了，是我太保守了，后来我也就没有多想，默认了这一切。现在想想自己怎么这么傻。"

关系到了最后，蓓儿突然"被分手"，这也让她百思不得其解。她告诉我："分手后他跟我说的那番话，仿佛他才是受害者，他受了很多的委屈，他在拼命磨合，反倒是我拖了后腿。可是明明我也受到伤害了，第一次遇见这样的人。不敢相信刚认识的时候印象之中那样一个'自信、开朗、靠谱、有担当'的男生，会做出这样的行为。"

"我一直会质疑，是不是我自己有什么问题。想起以前相处的片段，觉得很荒谬。父母责备我，说我太单纯，当初不应该不听他们的话，就一下子把所有都给了家豪，让他觉得这一切都来得太容易，就不会珍惜。仿佛这一切都是我自己心甘情愿被骗的。我甚至还觉得如果当初我再努力一些，再细心一点，多关注一下对方的情绪感受，会不会他就不会离开我？"蓓儿在这里通过责备自己去合理化家豪前后不一致的行为。

进入关系之前，丹对小艾无微不至的关怀，让她觉得自己是丹心目中的"唯一"，再到确认关系之后，丹单方面提出自己想要开放式关系的想法，小艾并不同意。当丹的暗恋对象回到西雅图的时候，他提出陪暗恋对象的要求。小艾一时间感到不知所措，她怕当面说不清，所以特意用邮件的形式把自己的底线重申一遍。丹很快回复了小艾，强调暗恋对象对他多重要。

"虽然这封邮件通篇都是胡言乱语，但是因为最后的那一句话和前面的那句'我看到邮件第一时间就回复你了，希望你不要担心'，我就被说服了。"小艾告诉我，"我那个时候脑子真的锈掉了，不知道怎么想的，竟然选择相信他不会做出对不起我的事情。"

当丹不断做出让小艾感到不可思议的行为后，小艾经历了严重的认知失调，这让她感到混乱，尝试向外寻求帮助，希望逐渐脱离这段关系。小艾之前的咨询师告诉她："暂时无法分开也好，疫情在家隔离你还有个人陪伴着你，也许不是个坏事儿。"小艾的妈妈出于对小艾的婚恋焦虑，告诉小艾："无论之前发生过什么，只要现在他愿意对你好，就可以重新开始。"遗憾的是，无论是咨询师还是她的母亲，都没有意识到小艾正在经历认知失调的阶段，一味强调积极的一面，反倒助长了暴力循环，让受害者更难从混乱中走出来。

在李萍的经历里，从小缺爱的她希望从伴侣身上获得安全感，所以她在心理上十分依赖张鹏。婚后两个孩子陆续出生，张鹏要求李萍把重心放在料理家务上，因此李萍在经济上完全依赖张鹏。

"二十岁出头的我还天真地以为只要我对他足够好，他就能回心转意。我中间为他堕胎了好几次，他从来不避孕，也从不考虑我的感受。后来我想等结了婚，有了孩子，他的心稳定下来，这些问题就都能解决。结果真到了那时候，他还是不断出轨，对我更冷淡。

"我最害怕别人说为什么不离开。我也知道他这么做是不对的，但是我内心就是放不下。我总感觉自己付出了这么多凭什么要走？我感觉混沌，好像被迷住了。我总觉得哪儿出了问题了，隐隐感觉不对，但是分析不出来。"

当一个人一直处于认知失调中而无法自拔的时候，很有可能会对施暴者产生情感联结，更难离开这段关系，这就是前面已经提到过的"创伤性联结"。创伤性联结是违背一个人的意愿而产生的一种情感联结。创伤性联结之所以能够形成是因为施暴者会切换使用恋爱轰炸和贬低打压两种手段，使受害者感到困惑直到放弃抵抗，从而合理化施暴者的虐待性行为。它会让受害者对施暴者产生一种亲近和信任感，本质上也是一种习得性无助。[36]

《房思琪的初恋乐园》里的女主角十三岁被老师性侵，求助无门，甚至还被母亲指责、羞辱，在这种极度无助的情况下，她认为

"要爱上老师，否则（我）太痛苦了"。这也是创伤性联结的表现。

面对阿亮的家暴行为和不断出轨，娅娅不断尝试跟他分手，却再次地回到这段关系中。

有一次两人又因为阿亮跟其他女生暧昧的事情爆发了巨大的冲突。娅娅把阿亮赶出了家门。就在当天晚上，娅娅就体验到了巨大的恐惧和不安的感觉，她失心疯似的尝试挽回阿亮，求他原谅自己，让他回来。

娅娅告诉阿亮自己痛苦到无法呼吸，情绪正在惩罚着她。阿亮的回复却出奇地平静，没有谩骂争吵，他告诉娅娅："我告诉你实话，我也不知道为啥，从你赶我走的时候，我就不喜欢你了，前几次都没有这种感觉，可能是因为这次真的走了。"娅娅听了之后，告诉他："好的，那既然这样，我们还是分开吧。缘分可能就注定这样了，希望你能好好的。"

阿亮继续跟她说："答应我，以后不管是谁做了什么事情，不要再把别人赶走了，那种感觉太难受了，很丢人，很狼狈，明明有家，但是我在那一刻感觉自己无家可归。你很好，那天确实是我的错。好好工作，好好休息，别担心我。"

事后娅娅告诉我，她为自己当时情绪愤怒赶走阿亮而各种道歉，没过多久，阿亮就又开始跟娅娅联系，两人继续重复之前的模式。娅娅不解地问我："为什么每次分手开始觉得很轻松，但没过多久就总是有种还想跟他在一起，要去挽回他的心理？我甚至觉得他那一刻好真诚，是不是没那么'有毒'？他上次说得那么绝了，现在又来找我，是不是因为真的很爱我？我该怎么处理这种情绪，避免做这种冲动愚蠢的举动呢？"

在李萍和王琪所经历的创伤性联结中，她们的伴侣都在使用忽冷忽热的方式，一边重复着虐待性的行为（出轨、冷暴力、情感回避、煤气灯效应），另一边用浪漫、爱的方式补偿伴侣，企图营造一种"在乎你""你很重要"的假象，这让当事人感到混乱不安。

张鹏给李萍买很多奢侈品，还把价值连城的车和市值千万的房产写在她的名下。这会让李萍感到愧疚不安，她告诉我："他对我那么好，我觉得特别不配。我是不是不应该想那么多，好好照顾这个家就行了？是不是我真的不够好，但是我已经做到能力范围内最好的自己了，我真的好困惑。"

陈飞出轨几个月后，王琪发现了他的变化。"他刚开始几天对我的照顾几乎可以用无微不至来形容，比如看到我吃药会问我怎么了，看到我走了很久会问累不累，要不要喝饮料。昨天下午我因为吃了冰激凌，肚子不舒服了，他几乎化身为一个贴身随从，对我嘘寒问暖。

"我开始变得反感，仍然很警惕。晚上聚餐结束他送我回我一个人住的新家。进家门后我很低落，于是就给他发了信息，后来就去忙自己的事，故意不看他的回复，直到早上醒来才看了一眼手机。他告诉我不要想太多，别太消极，过去的事情都过去了，好日子都在前头。我觉得对方仍在逃避，这一下就让我更清醒了。我简单回复他之后，发现自己并没有再像昨晚那么低落，反而觉得我在渐渐远离'有毒'关系。"

因为认知失调而产生的创伤性联结，会使人活在幻想中而不是现实里。这主要是因为自恋型伴侣刻意在使用"打一巴掌给一个枣"的方式，让受害者幻想通过自己的努力回到蜜月期，并因此合理化自恋型伴侣的虐待行为。自恋型伴侣因此刻意继续虐待受害者，逃避关系中的责任，满足自己的私欲。

可能有些读者会问："是不是自恋者没有共情力，所以他们不知道自己在虐待伴侣？"

有研究表明，自恋者是有共情力的。[37] 在我的观察中，自恋者在有差别地使用共情力，目的是控制受害者。这就解释了为什么在理想化的阶段，他们通过学习和收集伴侣的信息，刻意地投其所好，努力制造出一种"命中注定"的感觉，一旦他们获得伴侣的信任，就开始虐待对方。共情力对于他们来说只是实现自己利益的工具，而非真正在乎他人的喜怒哀乐。

原生家庭：懂事的孩子，大多过得不幸福

之所以把原生家庭放在分析的最后部分，是因为太多的时候我

们忽略了社会中存在的不公和施暴者本身的虐待倾向，一味地责备受害者性格或者人格上的缺陷。某些从原生家庭中习得的模式可能会更容易让一个人陷入创伤性联结中，但是这依然不是谴责受害者的理由。毕竟，双方并不处在一个信息和权力对等的关系中。自恋型伴侣有意施加了逐步升级的暴力，企图通过让对方内心陷入混乱而使其更容易被控制。这种受害者有罪的言论是需要批判和反思的。

下面我会梳理这五位讲述者的成长背景，帮助大家了解是什么让她们会被自恋型伴侣吸引，以及面对伤害为什么难以离开。

五位来访者成长过程中都在扮演着照顾家长情绪和满足他们期待的角色，也就是心理学上所讲的"亲职化"。"亲职化"一词是1967年由家庭系统理论家萨尔瓦多·米努钦（Salvador Minuchin）提出的。米努钦认为这种现象发生在父母把自己的情感需求建立在孩子之上的家庭中。[38] 心理学家伊万·博佐尔梅尼·纳吉（Ivan Boszormenyi Nagy）扩展并深化了"亲职化"这一概念。他提出，当一个家庭表现出父母和孩子之间不平衡的付出和索取时，孩子可能会出现深层次的心理问题。[39]

蓓儿的父母亲关系一直不好，但是外人看起来却是一副其乐融融的样子。"只有我和我妈知道我爸是一个什么样的人。"蓓儿告诉我，"他关起门来，就变成了另一个人，特别情绪化，对我和我妈态度很恶劣。"

从小蓓儿就学会了看爸爸的脸色行事，稍有不慎可能就会遭到责骂。据蓓儿的回忆，"小时候没有感受到爸爸对我太多的关心和照顾，但是我必须在外人面前表现得特别懂事可爱。他总是对我的身材和穿着指指点点，要求我做到知书达理。可能因为外人一句'女儿最近变胖了'，他就会在背地里批评我。考试成绩没达标，也会批评我。

"当我感觉家豪和他妈妈都是戴着面具生活，我爸爸却告诉我，他觉得家豪一家人都很友善靠谱，劝我'嫁给别人做媳妇儿都是这样的，还有更不开心的'，反而我成为那个最不懂事的人。他总是觉得是我做得不对，自己却从来不认错，还要让我和我妈为他的情绪负责。"

如果说蓓儿从小扮演了父亲情绪承担者的角色，那小艾就属于一直活在父亲的期待中。

"从小爸妈就跟我说：'要从自己身上找原因，要反思。''要懂事、大方、得体、明事理。'这就让我形成了一种条件反射，一有问题，就觉得是自己不够好，要努力满足对方的期待。我从小就是别人家的孩子，把努力当成人生信仰，认为事情没做好就是自己不努力，所以在任何事情上都想努力证明自己。无论我考试考多好，我父母总是觉得我不行，告诉我不要骄傲，从来不表扬我。

"印象最深的是我上大学的那一年，我爸有一次很认真地花了好几个小时跟我说，别人对我的评价都是看在父母的面子上，千万别当真，不要以为自己真的特别好，其实我距离他们心目中好女儿的标准还差得很远。那个时候我信以为真。我还连着好几周失眠，觉得自己让我爸失望了，特别伤心。有好长时间我都觉得自己什么都做不好，取得再多的成绩都觉得自己很差劲。当我听到别人对我的评价，只要稍微不那么积极，就会感到羞耻不安。我觉得我需要特别努力才能稍微感觉自己还可以，特别渴望外界的认可。"

每次回忆起小时候的经历，李萍都忍不住哽咽起来。

"我从小生长在一个被打压、被否定、重男轻女的环境中。我被父母，还有比我大十几岁的哥哥否定，打压。

"有一个情节我印象特别深刻，他们否定我，嘲讽我，我那个时候七八岁，已经记事了。我当时莫名其妙地做了一件非常可怕的事情，很平静地走到屋里面拿起来一个订书机，直接按在我的手上，订书钉直接穿透皮肤。现在回想起来，我都不知道自己当时为什么要做这个举动，我想一定是我的情感压抑到了无法宣泄的程度。那个时候太小，太压抑，不知道怎么办。

"还有一次，我也记不清是为什么，我妈突然变得很暴躁，开始打我骂我。她觉得不解气，把我的衣服扒下来，把我从家里赶出去，让我半夜只穿着一身秋衣秋裤在门外面站了好久。那个时候是冬天，北方的冬天特别冷，风像刀子一样刮在我的身上。无论我怎么哀求，她都不开门。我想象不到一个当妈的怎么能这么狠心，如此对待她自己的女儿。

"后来，我从家出来，身上就带了二百元钱。虽然我现在依赖老公，他每个月给我的几千元钱根本不够家用，但是我再也没有找家里要过钱。后来我选择跟家里断联。断联后我没有任何羞愧感，他们不值得，他们从来不知道反思，认为全是我的错。他们把我消耗得快没了。即使我把命给他们，他们也无法认可我。虽然理性上我知道这不是我的错，但是我还是特别缺爱，感觉自己不配，没办法走出那个情绪的黑洞。"

娅娅也生长在一个重男轻女的家庭里，她告诉我："我从小就一直在跟弟弟争宠，但是总是遭到父母的打骂。

"按现在的话来说，我小时候就是一个'留守儿童'。我父母在我很小的时候就去外地打工，我跟着奶奶长大。弟弟出生后，父母带着他去外地工作，却把我一个人留在家里。奶奶对我很好，但我还是想跟爸爸妈妈一起生活。每次他们离家，我都哭着喊着不让他们走，有的时候还会因为太闹腾挨顿揍。有一次我问爸妈为什么不带我走，他们说因为我是个女孩，女孩以后要嫁人的，照顾好家就好，但是男孩不一样，男孩要努力读书，以后要养家的。

"那个时候我就觉得特别不甘心，所以处处都要争口气。有一次过年吃饭，我爸看到我弟的衣服袖子短了，就跟我妈说要给我弟买新衣服。然后，我就跟我爸说，我的裤子也短了，我也要新衣服。我爸却说短了还能穿。那个时候眼泪一下子就掉了下来，都流到了粥里。我故意不让他们看见，假装自己在喝粥，粥喝起来都咸了。

"还有一次，我们一家人难得在一起去爬山，我爸背着我弟弟走在前面，我和我妈走在后面。我看山路特别陡，跟我弟弟说：'你抓紧点，别掉下去摔坏了。'刚说完，我爸就回过头，走过来就抽了我一嘴巴子，还说我说话晦气。那一刻我都蒙了，我不知道自己说错了什么，感觉特别羞耻。在我以后的关系中，我也总是把自己的想法咽在肚子里，不敢表达出来，委曲求全，特别害怕被抛弃。"

王琪的父母在她和弟弟很小的时候关系就已经破裂，各过各的生活，只在逢年过节的时候才聚在一起。

"小时候有一段时间我和弟弟跟着我妈在外婆家生活。我妈做生意，基本上一天到晚都见不到人影。外婆只管给我和弟弟做饭。我从小就要照顾好自己，又要照顾弟弟。我小舅也在我外婆家生活，他一直在社会上混，欠了一屁股债，还有赌瘾。半夜经常有讨债的人用刀来砍我们家的门，吓得我和弟弟都睡不着觉。那个时候我才上小学，我先保护弟弟，把他哄睡着，之后一个人怕得躲在被窝里哭，也不敢哭出声，怕别人听到。有时候在家里，小舅和一群人就在一旁边打牌边抽烟，喧哗声异常刺耳，烟味会飘到我和弟弟的屋子里来，那个味道我现在都记忆犹新，一想到就会冒冷汗。

"后来我爸担心我和弟弟的安全，就把我们接到他那里一起生活。那个时候我爸在跟不同的阿姨交往。他虽然嘴上说只是跟某个阿姨一起去旅行，但是我一直都知道他们俩的关系不一般。小时候我感觉我和弟弟就是爸妈的累赘，我甚至觉得如果没有我和弟弟的出生，是不是他们俩就可以各自去追求属于自己的幸福了？因为从小太缺爱，所以我发现自己在关系中总是觉得自己不配，希望付出更多去讨好别人。"

如果一个孩子在幼年承担了过多与年龄不相符的责任，他几乎没有空间知道或表达自己的需求，当他鼓起勇气表达自己的需求后，可能遭到养育者的忽略、愤怒和打压，那么这些消极的反馈会让孩子把需求与恐惧和羞耻联系在一起，更难以表达自己。久而久之，他就习惯了压抑自己的需要，只会一味地满足他人的需求。

这导致了儿科医生和精神分析学家唐纳德·温尼科特（Donald Winnicott）在 1960 年所说的"虚假自我"（false self）的发展。这种自我否定的人格让亲职化的孩子无法表达和满足自己的需求，只能从感受他人的需求中获得价值。[40] 因此，无论是与朋友、同事还是恋爱伴侣的相处过程中，亲职化的孩子在成年后很难形成健康、平衡的边界，很容易陷入虐待或剥削的关系中。

心理学家发现亲职化的孩子有可能患有各种心理疾病，包括受虐倾向和成人边缘人格障碍。[41] 我在临床经验中发现，亲职化的孩子在潜意识里习得的是暴力和虐待性的关系不应该被打破，而应该被修复。所以，每当遇到关系的问题，她们会下意识地去更努力地解决问题，而不是维护自己的边界或者离开。

娅娅告诉我，自己喜欢性虐恋的感觉来自小时候被侵犯的经历。

"我有一个远房表哥是村里唯一的大学生，学习特别好，村里所有人都知道他。有一年他大学放暑假回家，来我们家串门。当时大人都不在，他就进屋等着大人回来。我记得那一天很热，我只穿了一条裙子。那个时候我才上小学，不懂事，就趴在床上。他看我趴在床上，就叫我过去。我也没多想，就走了过去。没想到，他就开始对我动手动脚。

"那个时候我的胸部已经开始发育了，他一只手隔着我的裙子摸我的胸部，然后另一只手伸进了我的内裤摸我。我当时瞬间就蒙了，不知道该怎么办。我想动也动不了，想叫也叫不出声。我只记得对方笑眯眯地看着我，那个笑容现在想起来就觉得特别猥琐又恶心。就是此刻，我都感觉到心跳加速，呼吸急促，全身肌肉酸痛。

"我也不知道持续了多久，后来回忆完全断片儿了，也不知怎么地他就停手了。他还告诉我这是我俩的小秘密，不要跟别人说。如果告诉了别人，我就是个叛徒，没有人喜欢跟叛徒一起玩。后来，我实在忍不住，把这件事情告诉了我妈。我妈不仅不相信我说的话，她还骂我'不要脸''不检点''狐狸精'，一个大学生怎么会对我动手动脚。之后我在家庭聚会上还时不时看到这个人，每次见到他我都特别害怕，家里人还因此骂我扭扭捏捏不像样。

"之后很长一段时间，我都对自己的身体感到特别羞耻。我觉得小时候之所以被对方性侵是因为自己穿得太少，不应该在床上趴着，或者埋怨自己当初在他动手动脚的时候没有反抗。后来进入亲密关系中，我对那些一般的性行为没什么感觉，反倒会对那些特别粗暴的行为，或者用侮辱性的词骂我的方式感觉很兴奋。

"我也知道很多时候阿亮的某些行为已经超过了我能接受的范围，可是每当感觉不舒服想反抗的时候，大脑就会一片空白，事后也不敢说出来，害怕会因此被对方抛弃。我只能不断努力讨好对方，满足对方过分的要求。可能这就是我的命，这辈子我就这样了。"

娅娅所遭遇的是未成年人被性侵。当一名未成年人被成人或其他未成年人用来满足自己的性目的时，无论是身体性的接触（插入、亲吻、抚摸等），还是非身体触摸（暴露性器官、展示色情内容等），都是性侵犯。施虐者通常是受害者信任的家庭成员或熟人。当未成年人遭到虐待时，她／他需要得到确认，即，被虐待的经历是被他人相信的，自己不应该受到责备，并且不会受到进一步的伤害。[42]

遗憾的是，在娅娅的经历中，被虐待的经历被信任的家人否认。这给她造成巨大的内疚和耻辱感，让她不敢去相信自己的感受，认为所有不幸的遭遇都是自己的错。结果就是，受害者／幸存者潜意识中很可能就会认为自己是孤独无助的。即使周围有再多的人，但是依然觉得没有人真正在乎她、保护她，所有的求救都是无用的。

这种思维模式仍在娅娅的成年生活中上演。即使她意识到之前的经历可能会让她在关系中倾向于讨好、取悦、依赖伴侣，但是在现实生活中还是很容易被那些自私自利、渴望关注和认可的"有毒"的人吸引。这并不是因为娅娅不够努力，或者不够强大，而是因为当她需要被关爱的时候，没有得到应有的保护，被迫习得的自我责备的循环在控制着她，让她无法离开。

研究显示，童年遭受过性侵害的人成年之后更容易陷入性虐待的关系中。[43] 这方面，女性更为明显。之所以会被虐待性的性行为吸引，是因为遭遇过性侵的女性内在的安全系统被破坏。当看到有关性侵的内容，或者在自恋型虐待关系中经历身体、情绪边界被侵犯的行为时，之前的创伤性体验会被激起。即使理性上知道这是一段不健康的关系，但是可能依然会有生理反应。这可能不是因为娅娅多享受这样的行为，而是被伤害的感觉足够熟悉，进而合理化对方的行为，认为是"爱""欲望""激情"，其实背后是伤害。

即使在性行为中意识到了不舒服的感觉，但面对伴侣不合理的要求时，很多人会一下子僵住，不知如何反抗，无法拒绝对方。这也是创伤后的应激反应。当对方提出不合理的要求或者做出不合理的行为时，在那一刻之前的创伤性体验被激起，娅娅的脑子变得一

第二章 为什么你会被自恋伴侣吸引？ **169**

片空白，身体感觉不听使唤，仿佛回到过去被侵犯的那个无力、僵住的状态中。这个状态叫"解离"，是一种受到伤害后的正常反应。这不是娅娅的错，而是大脑在陷入危险无力反抗时，让情绪感受暂时"离场"，以便把伤害降到最低的处理方式。她只是在竭尽全力地保护自己。

创伤疗愈是一段漫长的过程。这一章主要聚焦的是创伤的形成原因，我会在下一章具体跟大家分享这五位来访者处理疗愈过程中十分重要但经常容易被忽略的情绪哀伤的过程。

参考文献

1. Whelpley C E, Holladay-Sandidge H D, Woznyj H M, et al. The biopsychosocial model and neurodiversity: A person-centered approach[J]. Industrial and Organizational Psychology, 2023, 16（1）: 25-30.
2. Miles G J, Smyrnios K X, Jackson M, et al. Reward-punishment sensitivity bias predicts narcissism subtypes: Implications for the etiology of narcissistic personalities[J]. Personality and Individual Differences, 2019, 141: 143-151.
3. Casale S, Banchi V. Narcissism and problematic social media use: A systematic literature review[J]. Addictive Behaviors Reports, 2020, 11: 100252.
4. 德瓦苏拉. 为什么爱会伤人：亲密关系中的自恋型人格障碍 [M]. 吕红丽, 译. 杭州 : 浙江大学出版社, 2022.
5. Ambardar S. Narcissistic personality disorder[R/OL]. Medscape,（2023-03-27）[2023-04-11]. https://emedicine.medscape.com/article/1519417-clinical?form=fpf.
6. 壹心理. 2019 中国心理咨询行业人群洞察报告. [R/OL]. 壹心理官网,（2020-01-16）[2022-01-25]. https://www.xinli001.com/info/100456611.
7. Harrington C. What is "toxic masculinity" and why does it matter?[J]. Men and masculinities, 2021, 24（2）: 345-352.
8. Lamb S, Koven J. Sexualization of girls: Addressing criticism of the APA report, presenting new evidence[J]. Sage open, 2019, 9（4）: 1-15.
9. Ward L M, Seabrook R C, Grower P, et al. Sexual object or sexual subject? Media use, self-sexualization, and sexual agency among undergraduate women[J]. Psychology of Women Quarterly, 2018, 42（1）: 29-43.
10. Bevens C L, Loughnan S. Insights into men's sexual aggression toward women: Dehumanization and objectification[J]. Sex Roles, 2019, 81（11-12）: 713-730.
11. Real T. Fathering Our Sons; Refathering Ourselves: Some Thoughts on Transforming Masculine Legacies[M]//Cultural Resistance. London and New York: Routledge, 2013: 27-43.
12. Gallup. Global Emotions Report[R/OL].（2022-06-29）[2023-04-17]. https://img.lalr.co/cms/2022/06/29185719/2022-Gallup-Global-Emotions-Report-2022_compressed.pdf.
13. Illouz E. Emotions as commodities: Capitalism, consumption and authenticity[M]. London and New York: Routledge, 2017.
14. Chang S S E, Jain S P, Reimann M. The role of standards and discrepancy perfec-

tionism in maladaptive consumption[J]. Journal of the Association for Consumer Research, 2021, 6（3）: 402-413.

15. Cisek S Z, Sedikides C, Hart C M, et al. Narcissism and consumer behaviour: a review and preliminary findings[J]. Frontiers in psychology, 2014, 5: 232.

16. Fromm E. The art of loving: An enquiry into the nature of love[M]. New York, NY: Harper, 1956.

17. 韩炳哲. 爱欲之死 [M]. 宋娀, 译. 北京: 中信出版社, 2019.

18. Fossati A, Feeney J, Pincus A, et al. The structure of pathological narcissism and its relationships with adult attachment styles: A study of Italian nonclinical and clinical adult participants[J]. Psychoanalytic Psychology, 2015, 32（3）: 403.

19. Bowlby J.Attachment: Attachment and Loss Series, Vol 1 [M]. New York: Basic Books,1982.

20. Mikulincer M, Shaver P R. Attachment in Adulthood: Structure, Dynamics, and Change[M]. New York: Guilford Publications, 2016.

21. Bartholomew K, Horowitz L M. Attachment styles among young adults: a test of a four-category model[J]. Journal of personality and social psychology, 1991, 61（2）: 226.

22. Reis S, Huxley E, Eng Yong Feng B, et al. Pathological Narcissism and Emotional Responses to Rejection: The Impact of Adult Attachment[J]. Frontiers in Psychology, 2021, 12: 679168.

23. Campbell W K, Miller J D. The handbook of narcissism and narcissistic personality disorder[M]. Hoboken, NJ: John Wiley & Sons, 2011.

24. Foster G A. Malignant Narcissism and the Toxic Family[J]. Disruptive Feminisms: Raced, Gendered, and Classed Bodies in Film, 2016: 55-76.

25. Links P S, Stockwell M. The role of couple therapy in the treatment of narcissistic personality disorder[J]. American Journal of Psychotherapy, 2002, 56（4）: 522-538.

26. Lancer D. Codependency addiction: Stages of disease and recovery[J]. Global Journal of Addiction & Rehabilitation Medicine, 2017, 2（2）: 21-22.

27. Gondolf E W, Fisher E R. Battered women as survivors: An alternative to treating learned helplessness[M]. Lanham: Lexington Books/DC Heath and Com, 1988.

28. Overstreet N M, Quinn D M. The intimate partner violence stigmatization model and barriers to help seeking[M]//Social Psychological Perspectives on Stigma. London and New York: Routledge, 2016: 109-122.

29. van Breen J A, Barreto M. Mind the gap! Stereotype exposure discourages women from expressing the anger they feel about gender inequality[J]. Emotion, 2023, 23（1）: 124.

30. Yarnell L M, Stafford R E, Neff K D, et al. Meta-analysis of gender differences in self-

compassion[J]. Self and identity, 2015, 14（5）: 499-520.

31. Kuehner C. Why is depression more common among women than among men?[J]. The Lancet Psychiatry, 2017, 4（2）: 146-158.

32. Hoggett P. Shame and performativity: Thoughts on the psychology of neoliberalism[J]. Psychoanalysis, Culture & Society, 2017, 22（4）: 364-382.

33. Walker L E A. The battered woman syndrome[M]. New York: Springer publishing company, 2016.

34. Febo M, Blum K, Badgaiyan R D, et al. Dopamine homeostasis: brain functional connectivity in reward deficiency syndrome[J]. Front Biosci（Landmark Ed）, 2017, 22（4）: 669-691.

35. Festinger L. Cognitive dissonance[J]. Scientific American, 1962, 207（4）: 93-106.

36. Koch M. Women of Intimate Partner Abuse: Traumatic Bonding Phenomenon[D]. Minnesota: Walden University, 2018.

37. Urbonaviciute G, Hepper E G. When is narcissism associated with low empathy? A meta-analytic review[J]. Journal of Research in Personality, 2020, 89: 104036.

38. Minuchin S, Montalco B, Guerney B, et al. Families of the Slums: An Exploration of Their Structure and Treatment[M]. New York: Basic Books,1967.

39. Boszormenyi-Nagy I K. Between give and take: A clinical guide to contextual therapy[M]. London and New York: Routledge, 2013.

40. Winnicott D W. Ego distortion in terms of True and False Self[M]//The Person Who Is Me. London and New York: Routledge, 2018: 7-22.

41. Vanwoerden S, Kalpakci A, Sharp C. The relations between inadequate parent-child boundaries and borderline personality disorder in adolescence[J]. Psychiatry research, 2017, 257: 462-471.

42. World Health Organization. Child sexual abuse: A silent health emergency: report of the Regional Director[EB/OL].（2004-06-18）[2023-03-26].https://apps.who.int/iris/handle/10665/1878.

43. Assink M, van der Put C E, Meeuwsen M W C M, et al. Risk factors for child sexual abuse victimization: A meta-analytic review[J]. Psychological bulletin, 2019, 145（5）: 459.

第三章

我从"有毒"关系中幸存

很多来访者表示，他们无法应对或者离开自恋型伴侣，陷在自恋型虐待关系中，这让他们感到羞耻，从而进入自我攻击的循环中。我个人认为问题的核心在于缺少对情绪哀伤这一阶段的了解，以及缺少有效的工具、技巧和支持去度过这个阶段。

疗愈创伤最为重要也是最难的一步就是处理情绪哀伤。从心理学的角度来看，情绪哀伤是失去所爱的人或事物而引起的反应，比如：失业、分手、亲人离世时，当事人会经历一系列的情绪反应，包括否认、愤怒、讨价还价、抑郁，最后接受，整合成为自我经验的重要部分，赋予它独特的意义。[1]

大家通常认为接受所爱之人或物的离开，是一个跟自己"讲理"的过程，认为这个过程不要陷入消极的情绪中无法自拔，要用理性战胜情绪。其实用理性去思考反而会变相压抑自己的感受，更难接受失去这一现实。处理情绪哀伤的过程就好像开垦荒原的过程，需要先把杂草清理干净，才能够在土地里播上新的种子，开启新生。

情绪哀伤之所以难以面对是因为在这个越来越强调积极和效率的时代，我们会对情绪，特别是脆弱的情绪产生一种失控的恐惧感。人类最基本的五种情绪（快乐、悲伤、愤怒、恐惧和厌恶）中，在大部分情况下，只有快乐是被允许表达和接纳的。

我在咨询过程中听到很多来访者告诉我"情绪很稳定，稳定得像一潭死水"。这种"稳定"的背后是一种压抑。真正的情绪稳定是保持对情绪的觉知和接纳，更像是一泉流动的活水。当越来越隔绝自己的情绪，我们就对自己毫无所知，失去自己的思考力和判断力，容易被操控。

自恋型虐待的幸存者所经历的情绪哀伤的过程会很艰难。在上一章跟大家介绍过，自恋型伴侣会在关系前期使用浪漫轰炸的手段，让幸存者感觉自己遇到了"灵魂伴侣"，找到了"完美关系"。在这段关系结束后，幸存者可能会感到悲伤和痛苦，他们因此需要放弃对这段关系的美好幻想，接受自己爱上的是自恋型伴侣所创造出的"角色"这一事实。这会使人产生巨大的破灭感，感觉自我的某个部分被否定了。

有位来访者曾跟我说："最难接受的不是婚姻的结束，而是我爱上了一个从未存在过的人。我并不是失去了她，而是失去了我对爱的期待和对未来的希望。"再加上在之后的关系中，自恋型伴侣会使用一系列的虐待性的方式，让幸存者怀疑自己，产生创伤性联结。这会让本就不容易处理的情绪哀伤的过程变得更加混乱复杂。

跟普通关系的分手相比，我观察到自恋型虐待的亲历者体验到的情绪反复更加强烈。由于处在虐待性的环境中，亲历者身心长期处在应激模式之下。一旦面对现实，在关系中被压抑和忽略的情绪就会像潘多拉的魔盒一下子被打开。有位经历过"有毒"关系的来访者曾对我说，当意识到情绪"就像海啸一样，感觉自己被完全吞噬掉，感觉自己在那一刻要被淹死了"。

除了强烈的情绪反复，还有就是对自我和他人的信任的破裂。自恋型虐待会让一个人打破对公平世界的美好认知，意识到人性并不总是那么良善，努力付出并不一定获得回报，不再信任自己的感受，陷入习得性无助的状态里。这种内心破碎的感觉会让人迷失自我，感觉被全世界所抛弃。

只有处理好情绪哀伤才可以逐渐打破创伤性联结，也就是通过一次次面对情绪，直面现实，确认自己的需要，才能重建对自我情绪和判断力的信任。我们能做的是当情绪被激起，不再把自己钉在耻辱柱上，而是把伤痛转化成为生命的重要一部分。它可能是一个化装过的祝福，赋予来访者使命感，给予她们更多的动力去帮助他人，活出生命的意义。

哀伤是人类宝贵的情感之一。它触碰到了我们人性最细腻敏感的部分，不断提醒着我们，爱的脆弱和珍贵。同时，它让人变得睿智，让人生变得深厚。

这一章主要聚焦在疗愈自恋型虐待幸存者的情绪哀伤过程中，常见的四种哀伤情绪，包括希望、恐惧、愧疚和惋惜。希望这一章的内容不仅能够提供给你一个了解和处理哀伤情绪的框架，同时也能让你给自己足够的时间去接纳自己的情绪，认可自己的需要，从创伤中寻求意义。就像《一生的亲密关系：探索自我，勇敢去爱》一书的作者亚历山德拉·H. 所罗门所说："耐心不是完全的被动接受，亦不是逆来顺受。它其实也是一种行动。"[2]

第一节　希望：抛弃拯救对方的幻想

　　看清自恋型虐待关系最难的一点就是接受自恋型伴侣无法被改变这一事实，即使做出改变也很难建立一段基于尊重、平等、诚实和沟通的亲密关系。很多时候，如果幸存者没有看清这一点，很可能会抱有不切实际的幻想，觉得自己再努力一些就会得到想象中美好的结局。

　　我听过很多来访者寄希望于通过学习沟通技巧或者无条件地付出，唤醒对方内在良善的一面，企图帮助对方成长，但是结果总是伤痕累累。有的来访者告诉我："或许真的等到我失望到一定程度，再无能力为他付出的时候，才能够学会放手。"有的来访者当着我的面，设立一个分手的时间，信誓旦旦地告诉我再过一段时间就会分手。有的来访者干脆等着对方说分手，寄希望于对方"放过"自己。结果就是，如果不去积极主动地处理情绪哀伤，那么到了那个时间节点，还是分不开。即使自恋型伴侣主动提出分手，很可能过一段时间还会来回吸（hoover）幸存者，也就是重新使用恋爱轰炸的技巧，让她回到关系中，继续重复虐待的循环。

伴侣疯狂地喜欢自己，就是不爱我

蓓儿的希望来自对美好家庭的想象。虽然在梳理家豪和他母亲的关系中，蓓儿觉察到母子关系的核心是控制，但是她时常会怀疑自己的判断力。

蓓儿告诉我："刚开始跟家豪相处的时候，我发现他的妈妈对家豪非常重视，对他的爱非常细腻。说实话，我是羡慕的。我也想有这样的妈妈，这般被宠爱，太幸福了吧。"当我问她是什么让她对家豪的妈妈有这样的想象时，她告诉我，"因为我的父母恰恰相反。我父亲情绪不稳定，母亲一切都听父亲的，没什么主见。虽然他们平时不怎么管我，但是要求我在外人面前必须看起来懂事可爱。他们可能会因为我最近长胖了，个子不够高，穿衣服不好看，举止不得体，学习成绩不好而批评我。我从来没有感受到家豪妈妈那样的爱，所以当时我特别喜欢他们家。

"现在回想起来也会觉得，是不是我们家才是有问题的，他们家其实是充满爱的家庭？

"我有的时候会怀疑，他真的是自恋型的伴侣吗？会不会因为你是专门研究这一块的，所以就把他恰巧归为这类人，说不定有误会呢？这一切都是我自己有意识选择的一些事件的拼凑，而不是他人格的体现？会不会他换一个女生相处就不会这样了？所以，他真的是自恋型伴侣吗？

"会不会存在一种情况，特别是在相亲这种目的性很强的场合下，如果一个男生对女生一见钟情，再加上一些莫名的熟悉感，以及确实非常奇妙的缘分加持，同时女生也很积极推动关系，表达了好感，两个人确实对上了，这好像是'有毒'关系的恋爱轰炸阶段？这个男生又是急性子，平时工作忙，现在需要一个结婚对象，他的恋爱经验比较丰富，知道怎样能讨女生欢心，在这种情况下，女生没什么阅历的话很容易被迅速追到。并且男生一开始也确实是奔着结婚去的，但由于一开始的一见钟情，两人对对方的期待过高，导致相处过程中从一百分开始扣分，相处后发现真的不合适，最后决定要分开。

"以上在这种不成熟的冲动下产生的恋爱，虽然不太被推崇，但生活中好像也确实存在。这跟自恋型虐待有什么区别呢？因为我发现家豪虽然有病态自恋狂的特质，但是他没有像我之前遇到过的很典型的病态自恋狂那种癫狂状态，一直发微信咒骂我，所以我又觉得他可能就是相处后觉得不合适，和自恋型伴侣不一样。"

听到这里我意识到蓓儿把对完美母亲的想象投射在了家豪母亲

的身上，下意识地忽略了在和家豪母亲交往过程中不舒服的感受。她进而认为家豪只是目的性强，心智不成熟。这种选择性的忽略以及合理化对方虐待性的行为是认知失调的表现。

打破认知失调的关键在于咨询师既要不加评判地接纳来访者的想法和感受，也要把自恋型伴侣虐待性的一面展现出来，邀请来访者自己去理解和判断。这个过程需要被强化，因为我们的大脑喜欢熟悉感而非改变。来访者"记住"自恋型伴侣虐待性的一面就好像学习一门新的语言一样，需要不断重复和练习，否则就会经常陷入"对方很好，都是我的错"的认知模式中。

我告诉蓓儿："我能感觉到你很渴望从母亲那里获得细腻的关怀和宠爱，这对你来说很重要。但是我同时也想分享之前我们梳理过的对方的行为模式，这就包括病态脆弱（分手都是你的错）、浮夸（总是在聊自己有多'优秀'）、特权感（必须按照他的方式来）、不负责任（无保护措施的性行为）、缺乏共情力（对你和前任的分手都十分草率）、控制（化妆、穿衣、生育、职业选择按照他的喜好来）、边界感差（很多女生要他电话、权贵想给他介绍对象），等等。而且关系也经历了浪漫轰炸、贬低打压、抛弃的动态循环。

"对方母亲的'细腻'可能是一种控制，即，不允许儿子离开自己，一切按照她的意思来，没有做到心理上的分离。这也就是为什么家豪总是把他妈妈的要求和期待挂在嘴边，甚至让你按照他妈妈的做法和装扮来。在你的家庭中，母亲对你的忽略和评判会造成自我价值感低，让你更容易吸引自恋的人。因为他们总是在寻找可操控的对象，比如家豪曾说想要'养成系女友'。你的弱点是不能即刻表达和维护自己的边界，所以会容易被有自恋型人格的人吸引。总之，对方的行为模式释放了很多危险信号，而你的弱点会让你更容易被此类人吸引，而且难以离开。不知道你怎么看？"

蓓儿一脸惊讶，告诉我："天哪，我竟然这么快就忘了之前聊过的内容。听你分析下来，我清晰了不少。最近我也在看心理学方面的书籍和文章，也在学着拒绝，学着树立自己的边界，探索自己的需求和欲望。当局者迷，我确实是逃离了，应该庆幸。"

对于自恋型虐待的治疗，德瓦苏拉博士在"临床治疗自恋型虐待之见证和范式转变"（Bearing Witness & Paradigm Shift Clinically Addressing Narcissistic Abuse）的研究中进行了具体阐述，她提到心理科普（psycho-education）是治疗自恋型虐待的关键干预技巧，以及提出"为受害者做见证"（bearing witness of the victim）。

这需要咨询师了解自恋型虐待的专业知识和词汇，向受害者普及自恋型人格的行为模式、自恋型虐待的循环，跟来访者梳理在亲密关系中的经历，以及认可来访者的情绪和感受，帮助来访者更加清晰地了解自己的处境。

小艾正处于跟丹在同一屋檐下分居对峙的状态。不久前还发生了丹闯入小艾的房间不肯走，企图威胁小艾不要跟他分手的行为。即便如此，小艾依然希望通过自己的努力，跟对方好好沟通，能够让对方意识到自己的问题，有一个妥善的结局。

"回到当下，我犹豫困惑的一个点就是我是不是有点小题大做。现在丹住在我家，我无法跟他分手。我跟爸妈和几个朋友沟通求助，昨天我还申请了对他的驱逐令。因为近期发生了他闯入我房间不肯走的这件事情，他们担心我，让我赶紧找律师，并且帮我去搜寻靠谱的律师，还建议我报警。

"另外一位很年长的朋友也很担心我，并鼓励我赶紧让他搬出去。她非常愤慨，觉得这个男的就是一直在利用我。这几位朋友其实都没和丹见过面，除了昨晚陪我一起住的那个朋友跟他有简短的对话，其他朋友从来没和丹交流过，只是听过我对他的描述。我怀疑我是不是有点把他过于妖魔化了，会不会做得太绝了，也质疑我自己在处理这件事情中的主动性，有点被别人推着走的无力感。

"他有很多问题，也做了不少伤害我的事情，但我依然觉得他不是一个十恶不赦的人，还是希望好聚好散，给他稍微多一点时间。"

我问小艾："当你尝试跟对方沟通时，感受如何呢？"

"我尝试了很多沟通技巧，无论怎么说他好像都没办法明白。每次聊到这个问题他不是指责我，就是变得暴怒，特别情绪化。他有好几次胁迫我，甚至把我关在屋子里不让我出来，说我没有权利让他离开，还说我背叛了他。这让我感到很无力，很挫败。"

"那你的无力和挫败感在告诉你什么呢？"

"我觉得……"这时小艾开始啜泣起来，"可能对方根本不愿意听，他根本就不在乎我的感受……"

"你能够面对自己的情绪真的很勇敢。那当你意识到对方不在乎你的感受，也不愿跟你沟通时，是否影响到你期待中'好聚好散'的结局呢？"

"我觉得可能这只是我的执念。"

"那是什么让你有这种执念呢？"

"我从小到大对于亲密关系的了解都来自电影，这让我觉得爱能够弥补一切。虽然现实生活中无论是我的原生家庭，还是我周围的朋友的婚姻生活都是一地鸡毛，但是我一直觉得自己是不同的，可以通过自己的努力找到真爱。我深信吸引力法则，就是你想要什么，只要你足够想，你就能得到。我感觉之前自己活在虚拟的世界里，总是活在纯粹的世界里，仿佛在那个世界里只要你足够努力，就能获得一个妥善的结局。"

我告诉小艾："跟自恋型伴侣分手大部分都很难有'妥善'的结局，这也是让人困在当下境地的原因所在。病态自恋者往往会抓着你不放，直到你对他来说再也没有利用价值。这段关系的结局取决于你在哪里结束它。"

小艾听完后若有所思地点点头，告诉我："虽然我现在不能完全接受，但是我觉得我不能再欺骗自己了，要面对现实了。"

跟蓓儿和小艾相比，李萍面临更大的挑战。她无论是在经济上还是在心理上都完全依赖着张鹏，很难有反抗的力量。张鹏在这段关系中利用李萍对他的依赖，对她实施虐待行为，李萍因此不断陷入混乱的情绪中。

"在我内心我一直想找一个比自己大很多的男人。我没有父爱，得不到母爱，全是毒打、谩骂。所以，当张鹏在我最窘迫的时候给了我两千块钱的那一刻，我就觉得我要嫁给他，无论贫穷富贵，我都跟定了这个人。他比我大十岁，正好满足了我对父爱的渴求。我觉得我太缺爱了，无法一个人生活，太需要一个人成为我的依靠。"

我问李萍："你觉得张鹏能够给你带来依靠，那你对于依靠的定义是什么呢？"

李萍告诉我："我渴望有一个人能够给我安全感，能够爱我，尊重我，看到我，陪伴我。"

"我听到了很矛盾的点，请帮助我更好地了解这个部分。你说到的依靠更多的是情感的部分，但是据我的了解，张鹏提供给你更多的是物质上的支持，似乎跟你想象的不太一样。"

"是的……"她点了点头，接着说，"我一直有个希望，就是只要足够包容他，照顾他，对他好，他终有一天会回头。所以，即使经历堕胎、家暴、冷暴力，我依然没有选择离开。那个时候，我觉得跟他结了婚就好了，再后来我觉得生了孩子就好了。最后我才意识到，他不会改变。我之前从来没有听说过什么自恋型人格障碍，也不愿意承认他对我做的一切都是家庭暴力，我总是觉得他会改变。沉没成本越来越多，我都没脸回头。说实话，直到现在我都难以接受他不会改变这一事实。"

"是什么会让你抱有希望呢？"

"每当我尝试放下对他的期待的时候，他总是会给我画大饼。前两天他喝多了，还给我发信息说，'你是我这辈子唯一深爱的女人，我要给你最好的生活''只要你不离开我，我就给你一辈子幸福'，然后我回复他：'你怎么这么会说话，我都感觉你喝多了。'他告诉我：'不是喝醉说的，是真心话。我也一直在这样做。尽我所能，让你成为最幸福的女人。'看他说得那么真诚，我还是会信以为真。

"今天又发生了一件事情，让我特别失望。早上我说要吃烤鸭，他说中午去给我买。但是等到中午他都没起床，然后我就催他。结果他一起来就骂我是个没用的家伙，馋得要死，只想着吃。我说：'这是你答应我的。'他说：'你答应的事情就都能做到吗？'之后我就特别生气，一个人开车出去买烤鸭了。后来他开了另一辆车追了上来，还在大马路中间别我的车，差点撞上来。他再次失言失信，我对他失望透顶。

"是的，我感觉自己和他的距离越来越远。他爱的不是我，他的爱是自私的，他爱的是他自己。"

认错越快，改变越慢

在王琪的经历中，当陈飞对关系的表面修修补补后，王琪又对他抱有幻想，从而陷入混乱之中。

当王琪搬出去后，她开始独自生活，更加关注自己，陈飞对她的态度也有所改变。按照王琪的话说，就是陈飞"发现我不慌了的时候，他却成为慌的那个"。虽然两人没有面对面直接的交流，但是陈飞开始频繁地给王琪发信息、买东西、打钱。一开始王琪很清醒，觉得对方只是在做一些试图挽回她的举措，并没有实质性的改变。可是，过了一段时间后王琪就开始怀疑自己，认为陈飞也许会痛改前非，考虑再给他一次机会。

这种时而清醒时而糊涂然后再清醒是疗愈的必经阶段，一方面这说明当事人经历了煤气灯效应，另一方面也说明通过不断认可自己的情绪和感受从而更好地认清自恋型伴侣的本质，是打破创伤性联结的必经之路。

王琪感叹道："雨薇，昨晚跟你视频过程中，我发现自己更有力量了。我突然意识到在一段关系中自己总是在承担责任，感觉在拉着对方走。比方说，我学过非暴力沟通，希望能够通过沟通改变他在关系中的态度。现在觉得如果对方不承担他那部分责任的话，我再努力也没用。"

我回复她说："是的，女性很容易就会陷入'努力付出才能获得爱'的模式和循环中，而往往忽略了对方的责任。你现在能够有意识地放手、树立边界，创建一个平等的关系，这特别重要。"

"我需要认清这个伴侣其实是有逃避责任的一个思维模式，这是我不能接受的，也无法满足我的需求，我会继续观察。我决定拉上身边值得信赖的好友以及社交媒体上比较熟的小伙伴，建立一个迷你的十几人的群，在平时大家互相鼓励帮助，更好地自我成长。"

几天后，王琪突然发给我一个收款截屏，之后发信息解释了一下这笔钱的由来。

"雨薇，今天是情人节，他转给了我五万两千元，还买了一套护理敏感肌肤的护肤品，发信息说他最近发现我脸上长了很多痘痘，所以买来的。他好像为了打消我想太多的念头说了很多原因和初衷动机，我现在对他的行为很困惑。"

我问王琪："是什么让你感觉到困惑呢？"

"我现在还没有想太清楚……现阶段我可能只想保护好我自己，不再受到他的伤害。我现在决定不对他做任何回应。"

没过多久，王琪告诉我，她又感到混乱了。

"雨薇，我昨天一晚上都没睡。距上次情人节表白没过多久，陈飞又给我发信息，跟我说等过些日子，他就带我出国旅行，旅行地点任由我选择。我之前一直跟他说我想出国旅行，但他是一个特别宅的人，从来不会带我去，总觉得旅行又累又费钱。他发信息说要带我去我想去的地方，做我想做的事情，我现在感觉他是不是变了。哦，我还差点忘记，他还说他觉得自己需要看心理医生。这一切发生得太快太突然了，我不知道怎么理解……"

"用力过猛，为时已晚"是自恋型伴侣挽回对方回到暴力循环中的重要方式。因为幸存者在关系中太渴望被看到，所以当自恋型伴侣提出想要达成其愿望的意愿或行动，幸存者就会很容易感到混乱，再次陷入自恋型伴侣的操控中。但是，一个人的改变是漫长的，自恋型伴侣这种突然的"改变"往往停留在表面，并不是对伴侣真正的理解和共情，目的只是希望对方继续留在这段虐恋关系中。

我问王琪她现在感觉如何，她告诉我："我感觉很混乱，我想知道他这么做到底是为了什么。同时，我内心也有种隐隐不安的感觉，仿佛知道真相后会伤害到自己。"

我继续问王琪是什么让她产生这种感觉。她告诉我："我的直觉告诉我，我并不信任他，他可能会再次伤害我。"

"那你需要对方做什么才能够开始信任他呢？"

"我不知道，反正现在不行。我需要再花一些时间才能搞清楚，在此之前我还是需要跟他保持一段距离。我准备回复他，把回复的内容分享给你，也麻烦你把你看完后的感受发给我。"

之后，我收到了王琪回复陈飞的信息：

"谢谢你花时间挑选礼物，感觉你很在乎我，关注我。我很担心自己最近的皮肤状况，可能是因为内分泌和睡眠出现了大问题，所以需要调整，正在吃中药。希望自己的状态渐渐恢复，然后好用上你送的护肤品。你细心的观察让我很开心，觉得有人在意我的感受。有人惦记简直太好了。"

然后，她发信息给我："这是我思考后想表达的内容，算是初稿，最后只会减不会增，我的出发点是在表达谢意的同时表达我自己的感受。"

"你向对方表达感谢这一点我能够感受到。除了感谢，你觉得还有什么想表达？"

"我还想问他什么时候回来？但这是我不愿意主动提的，我觉得这么说显得自己很空虚，而且我想继续一个人住一阵子，弄清楚我的想法。"

"你觉得想知道他什么时候回来的目的是什么呢？"

"让我心里有个底。但被你这么一问，我突然完全不在意这个问题的答案，那是他的事。"

就在王琪以为跟陈飞的关系有所转机的时候，发生了一件事，她把最新收到的信息发给了我。因为陈飞和王琪婚后约定每周末看望他的父母，快到周末，陈飞问王琪的意见，他觉得他们应该一起回去："一家人，没有什么天大的事，再加上他们是长辈，你就别计较了，以后我也决定要注意自己的口吻，我想做一个更好的人。其次，就算这个礼拜不回去，下礼拜也还要面对。最后，思想观念不同很难纠正。我妈很固执，那就随她固执。他们年纪越来越大，你爸妈也是。"

后来，她又把自己的回复发给了我：

"你能询问我的意见，这点我很意外。我感觉到我的感受被顾及了。关于明天是否回去，我尊重你的决定。关于你提及的几点原因，我有些不同的想法，想跟你探讨。

"跟长辈不计较是很棒的决定，我相信你也会努力去做。跟他们相处，我时常会很焦虑，他们的固有观念和多年来养成的对人对事过分解读的思维习惯，对我很不公平。之前我偶尔用家里的车练车，你和爸妈看到后说我这个人车技不行之类的，各种打击和评头论足，我很不舒服。还有爸妈总是在我们面前争吵，却不把注意力放在解决事情上，还让我评理。我之前无论自己多难熬，还是会去尝试安慰他们，帮助他们解决问题。现在我不想承担这个角色了。上次回家他们又因为一点小事就吵了起来，你爸就开始对我阴阳怪气，说我不说话就是不孝，甚至各种道德和情绪绑架，一副咄咄逼人的样子，说从今以后不再指望孩子们，也不花孩子们的一分钱，事实上他们一直在'享受'我们付出的精力、时间和财力。

"我会努力做到不跟他们极力去辩解什么，维护好自己的边界，关注好自己的情绪。也希望你能够理解和支持我。当我有不舒服的地方，希望你能单独听我说出我的想法。

"跟父母保持好的关系，不是靠我们一方的努力就能实现的，还需要长辈们多一点尊重少一点压人的威严。而且对于'好'的定义，每个人都有不同的理解。在某些方面跟父母保持距离，并不意味着不孝顺。在我看来一心想跟父母保持好的关系可能是一种牺牲自己也是牺牲伴侣的体现。你觉得呢？"

我把我的感受回复给王琪："我觉得你上次的短信更多的是表达对他送的礼物的感谢，这次不同的是你把自己的观点表达了出来，我觉得这是一个很勇敢的尝试。"

"谢谢雨薇，你一直在告诉我要认可自己的感受，我发现我有好多想法想告诉他，并且希望能够看到他的回复，认清他真实的一面，而不是活在想象中。"

过了一段时间，王琪收到了陈飞的短信，在信息里他是这样回复的：

"你们都是我的亲人，我认为我处理家庭关系还是挺公正客观的。你想太多了，没有原则性大问题的情况下，不需要继续深入思考，随他去吧，要不然会太累。

"有时候就算我们是对的，讲话太锋利也会伤害到人。世界上所有亲人间都会有拌嘴和不愉快，如果每个人都只想证明自己，虽然这么做没错，但是这个世界就会变得冷冰冰的。每个人都应该尝试大度些。

"虽然我内心有些抗拒，但是为了事情不恶化，我决定回家去看一下，不管情况怎样。如果你想回就回去，不想回就不回，我理解你。很多事情其实没有那么困难，是我们把它复杂化了。太较真儿，伤的是自己。"

我问王琪收到信息感受如何时，她皱着眉头告诉我："我心里隐隐觉得不对劲又说不上来。对方一直在强调我要大度，也就是让我做出牺牲努力；另外他只是在说希望家庭和谐，但没有相应的计划去实现，他的回复让我感到失望。他太自恋太自以为是了，觉得自己客观，甚至现在都觉得自己没做错什么，我跟他说话有一种'他说他的，并没有听我在说'的感觉，感觉他在教我做事情。他可能只是在等一句我同意明天回去而已。

"之前我想交医保，他总说没必要，反正不缺钱。今天上午我去给自己办理了医保，我觉得这对自己来说是个保障。放下对父母的投射，不求公婆的认可，降低对老公的期待，把我自己放在最重要的位置上思考所有的关系和问题。我之前觉得自己好像在嫉妒所谓的第三者，很明显那种情绪不是我应该有的健康心态。"

听完王琪的分享，我告诉她："这是特别好的觉察。我非常认同人应该回归自我，关注自己的需要。当伴侣出轨、信任被破坏，本身就会让你对自我产生怀疑，而且他将你跟对方比较，这更加深了自我怀疑的程度。"

"嗯，你的提醒和抓的重点对我非常重要，我要保持清醒，继续觉察，同时把更多的精力放在自己身上，照顾好自己。我不能因为对方的摇摆而不稳定，而要站稳自己的脚跟。

"'当你找回了自己，那么不论结果是什么，都要相信自己做得很好了。'我渐渐明白了这句话的含义。"

自恋的伴侣从不会真诚认错

在我的实务经验中，来访者因为和自恋型伴侣无法面对面顺畅沟通，往往会使用长邮件、长信息、写信交流的方式。来访者总是抱有强烈的渴望，希望自恋型伴侣能够理解自己，这从侧面反映了跟自恋型伴侣沟通之艰。这种沟通方式在王琪的经历中有显现，娅娅也经历了同样的模式。

娅娅多次尝试和阿亮分手。无论分手闹得多难堪，结果不是阿亮找娅娅复合，就是娅娅求阿亮再给她一次机会。两人会重复这种虐恋模式，难以分开。

在一次语音咨询中，当我问娅娅是什么让她感到难以分开，她提到其中非常重要的一个原因就是她总是希望能够唤醒阿亮的"真心"，希望能够帮助他意识到他自身的问题，帮助他疗愈自己小时候的创伤。

"毕竟，他那次告诉我，我把他赶走的那种感觉令他感到难受、丢人、狼狈，有家回不去。我就觉得他有了真心的表达，是不是我太'作'了而不是他的问题？如果我好好照顾他，是不是我们就可以好好相处？我想再试试跟他沟通一下，给他发个消息，把我的想法告诉他。"娅娅告诉我。

"理解你的心情，你发消息是想达成什么样的目的呢？"

"他之前答应过我自驾横穿东三省，带我回家见他的家里人，见他的发小，吃当地的好吃的。我总是忘不了他给我的承诺。一想到他离开，我感觉特别没有安全感。"

"那具体他给到了你什么样的安全感呢？"

"我也不知道这种安全感是他给到我的，还是我自己的一种想象。按说他在这段关系中一直在做伤害我的事情。现在我不光是精神状态不好，身体现在经常排卵期出血、同房出血，医生建议我复查 HPV（人乳头瘤病毒）和进行宫颈癌筛查，我也怕他会不会染病传给我，但是我一旦透露这种担忧，他就开始拿分手出走威胁我，我什么也不敢做。我现在脑子很乱，但是一想到那些承诺无法兑现，我就感觉内心失去了重要的安全感。所以，我还是想跟他讲清楚。"

"那你是如何定义这种安全感的呢？"

这时我听到娅娅在那边开始啜泣，她告诉我："就是一种失去感，感觉我自己不完整了。"

"那你现在感受到了什么样的情绪呢？"

"我感受到了伤心、难过，还有……失落。"

"你能够表达出来自己的情绪，做得非常好。那你觉得这些情绪在告诉你什么呢？"

"他已经做了他的选择，他离开了我。我对他来说不是那个不可替代的人，而对我来说他特别重要。"

"这是非常好的觉察，娅娅。那带着这份觉察我们再回顾一下，你想联系他、给他发信息想达成什么样的目的呢？"

"嗯……第一是，我想问清楚我在他心目中是不是不可替代的，以及在当下他是否有一点点想挽留我的意思。如果他有挽留我的意思，我会觉得自己还是有机会修复这段关系的。这样我的生活就能回到过去的正轨。

"第二是，我真的很想要帮助他，哪怕我不是陪他走向人生终点的那个人，但是我还想做一些事情，证明我努力过。因为他在关系一开始就说自己想要一段长期稳定的关系，希望伴侣能够宠着他。这给了我一种使命感。"

"如果我们不看他说了什么，只看他做了什么。你觉得他的行为在告诉你他真正需要什么呢？"

"我觉得他虽然嘴上说自己想要稳定的关系，但其实他还是想要刺激的生活。我经常看到他撩拨前任和女学员。虽然没有出轨实证，但是我总觉得不太对劲儿。他所说的宠爱也不过是无条件地顺从他。"

"当你面对对方真实的一面的时候，有什么感觉呢？"

"我无法接受他的要求，我无法满足他。我甚至觉得他未来百分百会出轨。我知道什么是对的，什么是错的，我无法接受他无理的要求……"说到这儿，娅娅突然大哭了起来，她痛苦地跟我说，"可是，我没有办法控制我自己，我脑子里想的都是他。因为跟亲朋好友说过他是渣男，现在这样，感觉是自作自受，没有人能帮我。有时自杀的想法会让我感觉解脱，清醒过来又会觉得这样很危险，必须寻求帮助，可是现在身体、精神、工作、生活都乱成一团了，到底该怎么安排，我很着急，很无助。我控制不住想去找他，想去改变他，想让他继续欺骗我……"

"我非常尊重你的选择，娅娅。这种理性上知道他无法满足你对亲密关系的需要，但是情感上却无法接受，想回到过去的模式中是一种创伤后的应激反应，这不是你的错。你需要时间放下对对方的幻想和期待。如果一下子完全让你跟这个人断联，情绪反噬的效果可能让你更难应对。如果我们给自己设置一个界线，可以联系他，但是不要一下子又回到关系中，你觉得如何？"

在我回复娅娅的过程中，我听到她在上气不接下气地哭。于是，我补充了一句："如果你需要时间哭出来，那就安心地哭，我在这里陪着你。"

娅娅没有哭多久，很快深呼吸了两下，然后告诉我："我想给他发个信息，我想听听你专业性的意见和建议。我这就发给你看看。"

娅娅给阿亮发的信息是这样写的：

　　"在一起没多久，我从一开始对你不太认真，到第一次小心翼翼又用心地对你说喜欢你，都是因为你的好才发生变化。你知道吗，这么好的你并不需要一个脾气好（只会听话）的女朋友，而是一个你喜欢的，并且可以一起让生活变得更好更开心的人。

　　"和你在一起的每天都很开心，但当你开始折磨我，不尊重我，无视我的底线，我是切切实实感受到了好多无奈和痛苦。我想跟你说，不应该用暴力或者折磨对待身边的人，但你反复告诉我，我不检点，我是个烂人。我实在太难受了，所以选择了分手。

　　"但你要知道，我从来没有因为这些伤害否定我自己和你。当你说我的脸发黄时，我意识到我得振作和保护自己；当你每次愤怒却摆着冷静的脸说着离谱的话时，我知道你很烦躁，你需要发泄，我想给你一个抱抱，想帮帮你。

　　"如果你不能明白我说的话也不要紧，记得好好吃饭。"

　　读完这段话之后我心头一紧，娅娅在这个信息里把自己的脆弱表达出来，仿佛一个毫无防备的小羊羔不顾一切地要往狮子的嘴里跳，企图通过牺牲自己唤醒狮子的同情心，这注定是一场自我献祭的悲剧。

　　"娅娅，如果从策略上说，可能会有三个结果。第一个结果是最理想的，就是对方看到了你真诚的表达后，良心被唤起。他决定浪子回头，两个人重新回到关系中，解决关系中的问题。第二个结果是，对方回复了你，但是并不是真的想改变，而是继续享受你的付出。第三个结果可能是最难以接受的，就是对方可能会打压辱骂你，或者找到了新的自恋补给对象，干脆不理你，甚至拉黑你。

"你这么做可能无法挽回他，但能给自己一个交代，知道自己已经尽力了。"

说到这儿，我听到娅娅又失声痛哭了起来，她近乎哀求地跟我说："难道就没有一点办法改变他吗？"

"很遗憾，自恋型伴侣缺少自我觉察的意愿和能力，因此他们很难改变。"

"那么，我怎么能够有所保留地把信息分享给他呢？"

"如果可以的话，减少暴露自己的脆弱，因为你这么做：一是会给自己更多的期待，如果结果不符合自己的心意，会让自己更受伤。二是暴露太多的脆弱可能会给对方更多攻击你的机会，这就好比把刀子递给了他，让他随性而为。可以精简你的信息，把想说的话说出来就好。"

"嗯嗯，我明白了，雨薇。那如果对方回复了我，我怎么分辨他到底是真的想跟我在一起，还是只是想要哄骗我，让我继续跟他纠缠下去呢？"

"很简单的一个方法，就是看对方是怎么面对自己的问题的。如果对方并没有对自己所做的事情感到歉意，要么把问题都归结在你身上，要么轻描淡写地带过，那我觉得他没有真正地理解你。还有就是拉开距离，看对方做了什么，不要看对方说了什么。他很有可能会继续给你一些承诺，但是没有实际行动的话，那很可能他其实只是想让你留在他身边，没有任何的改变。"

"谢谢你雨薇，我明白了。咨询结束后我就修改一下信息，发给你，你帮我看一下。如果可以，我马上就发给他。"

没过多久，娅娅就把编辑好的信息发给了我。

"这几天我静下心想了想这段时间里我们的关系，我有做得不对的地方，同样你也伤害过我。但你要知道我从来没有因为这些伤害否定过我自己和你，也不希望你再用暴力和折磨对待身边的人。如果你不能明白我说的话也不要紧，要记得好好吃饭。"

我告诉娅娅，这个版本读完之后感觉没有暴露自己太多的脆弱，建立合理的期待，确认自己的目标，照顾好自己的情绪感受就好。

第二天，我就收到了娅娅的信息。

"雨薇，我昨天在发完短信后，跟他通了电话，提到了自己离开的原因和几次争吵的委屈。很有意思的是，他全部甩锅给我，比如，'就是因为你先推了我，所以我才压着你''因为你做错了事，所以我才这么做的'。

"到后来，我结束了话题，告诉了他我的心情，然后睡觉了。今天下午又通了一次视频，他开始跟我说一些甜言蜜语，但我越听越硌硬，觉得他的话好虚伪，只觉得又难过又恶心。

"但我已经不会难过到崩溃了，要感谢你不断地帮我梳理我面对的情况，认清现实。"

看到娅娅在混乱的情绪中能够开始信任自己的感受，尝试摆脱对方的情感操控，真的是一件难得的事情，我为她感到开心。

我这样回复她：

"很开心听到你最新的回复，娅娅。你能够在这个过程中保持清醒，重视自己的感受，以及维护好自己的距离和边界，做得很好。

"我也非常认可你的感受，我感觉对方并没有真正意识到自己的问题，很可能回到关系中也没有实际的改变。

"我觉得可以继续探索你背后的情绪，难过和恶心背后可能一直在提醒着你，告诉你重要的信息。

"也希望咱们随时保持交流，祝好！"

第二节 恐惧：要是离开，我害怕下一个更糟

让幸存者陷在一段虐恋关系中无法看清的另一个重要因素是恐惧。在跟五位来访者合作的过程中，我发现她们的恐惧感一方面来自社会压力，另一方面来自原生家庭。

亲密关系中的受害者，大多有一个冷暴力的家庭

有一次咨询的过程中，蓓儿告诉我，这段时间她离开了家豪感觉很释然，但有的时候还是会胡思乱想，特别是遇到亲戚朋友对于自己婚恋状态的盘问。这时候特别容易让她怀疑自己离开家豪是否是个对的决定。

"其实忙起来，或者出门就会比在家里好很多，但不排除碰到一些让我不是很快乐的人，比如一位叔叔对我说'剩下来的都是精华'，然后我就特别想跟他说：'祝你们全家都剩下来。'他还跟我说：'我觉得多生孩子是有利于女生健康的，身材走形主要还是不自律。'然后我就特别想怼他：'你生一个试试呀，叔叔。'但是我还是没办法做到立刻反击，表面依旧笑嘻嘻，心里已经翻了无数个白眼了，好生气！

"我住在广东这边，父母是潮汕人。家里整体氛围比较重男轻女，我觉得好不公平，好像女生到了我这个年龄就一定要结婚生子。小的时候学习好又听话，大家都觉得我是年轻一辈的榜样。等到我大学毕业工作后，没有谈对象和结婚，好像我一下子就成了特别失败的人，亲戚们还说干得好不如嫁得好，让我别那么挑。我就想说难道我这么努力就是为了找个人嫁了吗？说实话，每次遇到这种情况，我都觉得很烦，甚至有的时候会想，如果我跟家豪还在一起是不是就不会有这么多糟心的事情了。

"可能是因为听了我叔叔的话，我爸爸感觉丢了面子，他一天脸都很臭。其实我觉得我妈妈蛮可怜的，他们俩根本没有有效地沟通，互相也不想理解对方。我感觉他们俩都想抓住我作为精神依靠，而不是他们互相依靠。我也可以理解为什么我在亲密关系中会是那样的状态了，也更坚定要赶快独立和为自己负责。真的不想跟原生家庭黏太紧。

"后来，我实在看不下去了，我给我爸提了一些建议，表达了我的一些想法。我建议他可以去做自己喜欢做的事情，能够让他开心的事情，而不是关注点都在我身上，我开心他就开心，我难过他日子就过不下去了。他说：'世界上每对父母都是这样。'但我说我朋友的父亲就会自己找快乐。他就很生气，觉得朋友的父亲那是不负责任的表现，他觉得自己一直在付出却没有得到理解。

"我说成年人要和原生家庭有一定程度的距离，捆绑太紧任何关系都很窒息。他就说要跟我断绝父女关系……我妈妈也对他说：'你要把自己的生活过好一点。'但我爸好像真的完全不能理解我们的意思。"

我跟蓓儿说："听起来好像你很希望父亲能够有自己的生活，留给你一些空间。"

蓓儿沉默了一会儿，回复道："就是……感觉对方一跟我提出要求，我就觉得莫名的烦躁。我感觉好像怎么也说不明白，他总是不理解我，我感受不到任何的爱……我现在时常有一种恐慌感，甚至似乎看到了一个小小的我蜷缩在角落里瑟瑟发抖，有那种心提到嗓子眼的感觉。"

"那这种心提到嗓子眼的感觉在告诉你什么呢？"

"每次有这种强烈的不安全感和恐慌感我都想立刻逃回爸爸身边。我感觉我又生他的气，但是又依恋他。我不知道为什么有时总会有这样弱弱小小的我出现，想要去爱他，渴望获得他的关注，却又不敢踏出那一步，因为以前已经受到太多的不理解和伤害。我感觉我和家豪的关系似乎也在重复这个模式。"

"这么一说，我突然发现虽然我不认同我爸，但是我发现我其实有我爸的影子，我也忽略了我爸的感受，用容易刺痛他的话攻击他，特别是在意见不一致的时候。我也很害怕以后跟自己的伴侣亲人发生矛盾的时候这样处理，我想改变，不想以爱为名伤害最爱的人。"蓓儿说。

"那如果现在的你回到过去，可以跟小时候的自己说一句话，你会说什么呢？"

这个时候蓓儿的眼睛一下子红了，泪水夺眶而出。她一边擦眼泪，一边说："我想跟她说你足够好，不用太在意别人的眼光。爸爸妈妈吵架不是你的错，你不必为他们的关系负责。"

我问蓓儿，是什么让她这么受触动，流下了眼泪。她告诉我："我突然意识到，虽然我嘴上不承认，但是情感上似乎还是渴望获得父亲的认可。即使理性上我知道我无法改变父亲，但是当我脆弱的部分冒上来的时候，我还是希望他能够来安慰我，虽然最后总是以失败告终。"

"你能够觉察到自己的脆弱就是第一步，这也是改变的开始，下一步我们可以聚焦如何更好地养育自己。"

蓓儿在亲密关系和原生家庭经历创伤后表现出来的模式，跟复杂型创伤后应激障碍（Complex Post-Traumatic Stress Disorder, CPTSD）的诊断标准有相似之处。复杂型创伤后应激障碍是一个比较新的概念。在 2019 年 5 月的世界卫生大会上，最新《国际疾病分类标准第十一版》（ICD-11）[3] 收录了这项疾患，并给予了诊断说明：

复杂型创伤后应激障碍是在接触一个或者一系列本质上极具威胁性或极为恐怖的事件后，可能发展出的疾患，尤其是长期或重复发生、难以逃脱或无法逃脱的事件（如折磨、奴役、大屠杀、持续的家庭暴力、重复发生的童年性虐待或肢体虐待等）。复杂型创伤后应激障碍必须符合创伤后应激障碍的全部诊断标准，并且具备以下特点：

1. 严重且持续性的情绪调节问题；

2. 相信自己是渺小的、挫败的或无价值的，并且伴随因创伤事件产生的羞耻、罪恶感或失败感；

3. 难以与他人亲近和维持人际关系。

复杂型创伤后应激障碍（CPTSD）不仅包括了我们经常听到

的创伤后应激障碍（PTSD）的常见症状如回忆闪现、噩梦反复出现、感到不安和恐惧，还包括自我组织障碍（Disturbances in Self-Organization, DSO）的症状，如情绪失调、负面自我评价和难以保持稳定健康的人际关系，这些症状会导致个体在日常生活、人际关系、学习、工作和其他方面受到严重影响。

可能你会产生疑问，如果自己和周围的人似乎有类似的行为表现，但是好像没有经历过那么"严重"的伤害，那又是什么原因？会不会是这些症状被过度解读了？

我在实务工作中发现，大家会陷入一个误区，认为持续性的家庭暴力可能更多的是"热暴力"，即言语和身体上的攻击，但是大部分人忽略了"冷暴力"——情感忽略、情感勒索或者侵犯边界的行为，这也会造成心理创伤。

很多临床实务工作者认为，经历过自恋型虐待的受害者／幸存者都会表现出 CPTSD 的症状。[4]

处理 CPTSD 不能靠单一的疗法，而是需要整合多元的治疗取向与治疗方法，根据来访者的不同类型和具体情况，在适当的时候采取适当的做法。[5]

在跟蓓儿的交流过程中，我就使用了"内在小孩"这一疗愈技巧。[6]

蓓儿所说的"小小的自己"其实就是内在小孩。内在小孩其实就是受伤的自我，也是我们从原生家庭里所习得的无效的思维和行为模式。即使我们已经长大成人，如果我们没有意识到过去的影响和培养有效的人际交往模式，就会把恐惧不安带到现在的亲密关系中。这是因为我们小时候处在一个以自我为中心的状态，无法感受超越自我的其他因素的影响。所以，我们会把身边发生的所有事情都和自己相联系。

给大家举个例子，如果小时候你经常看到父亲下班后情绪不好，你过去跟他亲近，结果他对你大吼大叫，让你滚到一边儿去，不要烦他。小时候的你无法理解父亲是因为工作压力大才会脾气不好，你反倒会觉得父亲心情不好和自己有关，是自己不够好，不配被爱。当父母拒绝表达对孩子的爱时，孩子不会因此停止爱父母，而会因此停止爱自己。成年后，当你的伴侣因为工作上的事情很烦，回到家里后板着脸，这可能会让你小时候的不安全感一触即发，觉得伴侣可能对你不耐烦，觉得你不够好，让你感到对方会抛弃你。

疗愈内在小孩很重要的一种方式就是后天的自我养育（self-reparenting），也就是做自己的父母，在认知、情绪、生理各个方面关爱和接纳自己，建立一种"我们是可爱的也值得被爱"的感受。

在自我养育的过程中，我们跟自己内在小孩对话，不断安慰自己，学会给自己无条件的爱和关怀。

做到放过自己，内耗就少了一半

在娅娅的疗愈过程中，跟自己内在小孩对话也起到了关键性的效果。

娅娅在跟阿亮的关系中表现出明显的分离焦虑，一些很小的情绪可能都会触发她恐慌的情绪。她处理情绪的方式还是回到跟阿亮的关系中。有一天，我接到娅娅的信息，她告诉我她控制不住自己，选择跟阿亮复合了。

"我刚跟他分手的时候觉得如释重负，做出了那个对的决定。直到周四其实我的情绪都还在可控范围内，到了周五，有个之前在社交平台认识的人加我，我当时以为他是阿亮，实在好奇没忍住就联系了他，后来得知那个人并不是他。

"也就是这一个导火索吧，我周五晚上下班后就绷不住了，疯狂打电话跟他说想要见面，但是他一直很冷淡，拒绝接电话，还各种骂我。

"直到周六，也就是昨天，在我非常卑微的乞求下，他坐地铁来我这里了。见到他的那一瞬间，我好像把之前的事情全忘记了，我们又做起了情侣做的事情。他一直说现在自己的状态不能谈恋爱，再见我对我更不好，我却像是疯了似的，乞求他每周五、六和我见面，可以不回到情侣的关系。我是不是真的没救了，我对自己感到好失望和绝望啊……"

我告诉娅娅："当你离开这个人的时候，情绪的反复和内在的不安全感会像洪水般袭过来，你会体验到强烈的后坐力（backlash），这是特别正常的感受，并不是你有病或者你的错。这就好像之前一辆高速行驶的列车，突然停下来之后的惯性反应。当机立断离开一段关系不容易，很容易让你回到之前的模式里面。"

"我现在一闲下来情绪就变得很乱，身边没有家人和朋友，自己一个人根本不知道该怎么办，很容易做出冲动的事情。我现在已经加回他的联系方式，和他约定好每周五、周六见面。我现在很矛盾，是这样继续下去，抑或是跟他好好谈一谈然后彻底分了，还是等找你做完咨询后再去做决定呢？"

"我个人感觉现在即使你跟他好好谈谈彻底分手，可能操作起来也不容易。特别是你的冲动和他的纵容，可能会让你再一次地陷入上瘾的循环中，十分急迫地想得到这个人，但是一旦回到关系中，就会极度失望。如果把期待放在让对方'放过'你，可能会让自己失望。更重要的是回归自己，放下期待，处理创伤。其实现在问题的核心不是让对方放过你，而是如何放过自己。"

"谢谢你的开导，那我就先不做任何处理了，我一直把关注力放在他身上，期待他能主动找我，现在的自己很卑微。"

"我相信道理你都明白，但是情绪的波动的确不容易处理。简单地把手放在胸口，去安慰自己，去感受情绪的流动就是一个很好的训练。当你感到情绪无法控制，想去联系他时，可以放松、深呼吸。因为当没有安全感的时候，我们的交感神经系统会被激活，如果做一些身体的放松练习，会激活副交感神经系统，帮助你放松，不去通过联系他来缓解恐惧的情绪，而是通过放松帮助自己面对情绪。"

"好的，我试一下这种方法。我觉得我真的需要好好面对自己了，等我准备好了之后再跟你约个时间。"

等我再次见到娅娅的时候，她憔悴了很多，她眼神呆滞，面无表情，脸色蜡黄，好像变了个人。

寒暄过后，我们直接进入主题。当聊到是什么让她面对分离会有一种难以抑制的恐惧感的时候，娅娅告诉我："一想到离开这个人，就痛到无法呼吸，感觉整个世界都坍塌了一样，完全失去了活下去的动力。"

我问娅娅："那这种分离后的感受，有没有让你回忆起小时候的什么经历呢？"

"我印象特别深的是，有一年秋天，父母从外面打工回来，我特别开心。那年他们还给我买了新衣服，我觉得太幸福了，我想永远待在他们身边。当他们要走的时候，我不知道自己怎么了，特别难过，忍不住的那种，一直撕心裂肺地哭。后来我爸嫌我烦，就很严厉地训斥我，说：'看来真是把你给宠坏了，你看你这个贱样子，以后没有人喜欢你。'

"那个时候我就感觉仿佛一把刀刺在我的胸口上，痛到不行。

我就受不了了，夺门而出，跑到了麦子地里，一个人在那里哇哇大哭。我不记得自己哭了多久，反正就记得哭着哭着睡着了，然后醒来之后继续哭。就这样一直到了天黑都没有回家。

"最后来找我的不是我爸，也不是我妈，是我奶奶。我奶奶端着碗饭过来找我，让我吃点东西。那个时候我觉得特别愧疚，对自己特别失望，我看奶奶那么老了，走路慢悠悠地摸黑来找我，我觉得自己特别不懂事儿。但是还有一种强烈的感觉就是我被我爸妈抛弃了，我觉得自己不应该活在这个世界上，我当时就想一头撞死。可又一想我奶奶怎么办，我不能对不起她，我要是死了她肯定特别伤心。我就想等她死了，我在这个世界上也没有什么可留恋的了，到那个时候死也不迟。

"后来，我回了家就挨了一顿揍。我现在都不明白，为什么我爸妈要这么对我，我只是想跟他们在一起，我只希望他们能多陪陪我，我不想离开他们。但是，他们并不能够理解，还对我又打又骂，我不知道为什么。"

就在娅娅描述这段经历的时候，我看到她麻木的脸上开始出现一些表情，但是她讲述这一切的时候，依然表现得出奇地平静，感觉内心压抑了很多的感受，不敢触碰。在那一刻，我感觉她的防御系统还是很强，所以我提议跟她做一个冥想练习，目的是让她放松下来。娅娅同意了。

在冥想练习里，我一开始让她把关注点聚焦在身体的感受上，从脚趾到头顶，让她关注当下的感受，从创伤的应激模式中分离，回到成人的状态里。当我感受到她的语气开始有些缓和，进入冥想状态时，我开始邀请她以成年人的身份进入那年的麦田里。

"娅娅，如果在这个过程中有任何的感受，都可以告诉我。如果你感到恐惧不安，可以随时睁开眼睛，或者示意我停下来。"

"好的。"

"那让我们回到那年小时候的麦田里，你看到了什么，闻到了什么，感受到了什么呢？"

"我看到天很黑，麦子很高，摸上去有一种扎手的感觉。我有点害怕……"

"嗯嗯，做得很好。那是什么让你感到害怕呢？"

"我感觉自己一个人孤零零地站在那里，我害怕。"

"那你有没有看到小时候的你自己呢？"

娅娅沉默了一会儿，告诉我："我看到了。"

"她在哪儿呢？"

"她在我前面，很远的地方。"

"那你可以走过去吗？"

"好……"

"她看起来什么样子呢？她在干什么呢？"

"她梳着辫子，瘦瘦小小的，穿着爸爸妈妈买的新衣裳。她背对着我，我看不见她的脸。她好像……在哭。"

"你现在感觉怎么样，娅娅？"

"我感觉自己心跳加速，手心在冒汗，不知道该怎么办。"她说的过程中声音都在颤抖。

"好的娅娅，那我现在邀请你过去，离她近一些，再近一些。"

娅娅点点头，咬住了嘴唇，攥紧了拳头。我能感受到她的紧张和压力。

"这个时候，当你离她足够近，你叫一下她的名字，看她有什么样的回复。"

"我叫了她，她回头了。"

"那你想对她做什么呢？"

"我想抱抱她……我看她太无助了……"瞬间，一行泪从娅娅的眼中流了下来。

"那你有没有想对她说的话？"

"我想跟她说，别害怕，我在这儿保护你。爸爸妈妈不爱你，还有奶奶，没关系。奶奶走了也没关系，我会好好照顾你。"

说到这儿，娅娅像一个委屈的孩子那样开始哭了起来。我第一次看见娅娅有这么强烈的情感表达，我在一旁静静地陪着她。

等她渐渐平静下来，我问她感觉如何，她告诉我："感觉释放了很多，心中一块大石头放了下来。"

"谢谢你把脆弱的情绪分享出来。这只是疗愈的开始，未来的路还很长，但是你迈出了重要的一步。我听到你对自己受伤害的部分说要好好照顾它，我觉得这是一个特别宝贵的觉察。你可以想想如何在现实生活中好好照顾它，不用着急给我答案，等你想好的时候，如果愿意，可以随时分享给我。"

娅娅点了点头。

第二天，我就收到了娅娅的信息：

"昨天的咨询，你引导我去安抚自己受伤的那个内在小孩后，我现在真的感觉如释重负，感觉到不会再那么害怕了，非常感谢你。然后我今天打算拉黑阿亮了，因为感觉现在一个人的情绪状态以及生活算是慢慢适应了，周五再见面可能又会让我的情绪出现反复。"

我回复她："如果出现情绪反复也很正常，不用责备自己，继续按照自己的目标努力就好。"

"好的，谢谢你的鼓励。"

对话内在小孩对于蓓儿和娅娅来说疗愈效果很显著，但是对于李萍来说可能需要花一些时间。

李萍的恐惧来自原生家庭的经历。她说自己总对疗愈有抵触情绪，因为她觉得疗愈就意味着要离开这段关系。

"一想到离开我老公，我就感觉特别恐惧。我希望给我的孩子一个完整的家，弥补我小时候的缺失，但是如果我跟他离婚，我没有任何经济实力去养活我的孩子们。一想到这儿心就特别痛，感觉特别害怕。还有我老公有暴力倾向，我怕我提出离婚他就会暴怒，威胁要杀了我……"

我跟她说:"疗愈有很多种不同的结果,离开只是其中一种。在我经手的案例中,有将近一半的人选择继续留在'有毒'关系中。她们有自己的考量,没有人有资格评判当事人的选择。虽然离开一段'有毒'关系是最理想的结果,但是现实生活中有太多的考量,不需要给自己太大的压力——一定要离开这个人。逼着自己离开反倒可能会成为疗愈的阻力,让你产生更多羞耻自责的情绪。疗愈意味着认可自己的感受,建立自己的边界,重视自己的选择,不让对方用打压贬低的话去定义你。"

李萍听了之后长舒一口气,说道:"那我就放心了,但我还是感觉到害怕,害怕做出改变,害怕离开我的老公。"

"那是什么让你感到害怕呢?"

"就是一想到跟他保持距离,我就觉得特别不安。"

"这有没有让你联想到什么样的画面或者经历呢?"

"想到我母亲,我特别想让她爱我,我想通过满足她所有的需求,来获得那一点点的爱。为什么这个世界上会有这样的母亲?为什么她一点人性都没有?她根本不配有孩子。我长大后就一直渴望有一个依靠。"

"那有没有印象特别深,让你想回去的场景呢?"

"就是那天晚上她把我关在门外,让我受冻的那一次。"

当我邀请李萍回到小时候她被母亲拒之门外的那个寒冷的晚上,尝试跟内在小孩对话时,李萍告诉我:"我不敢走过去,我甚至不敢去看那个时候的自己，太痛苦了。我感觉我一下子就成为小时候的自己，完全回不到大人的状态。"

之后，我们又尝试了几个不同的场景，她似乎都很难去面对。

李萍面露窘色，告诉我："是不是我太脆弱了？我真的不敢面对……"

我跟李萍说："没有关系。除了谈话治疗，还有其他不同的疗愈方法可能会帮助你面对过去，比如：EMDR（眼动脱敏和再加工）、催眠等，你都可以考虑。重要的不是让自己好起来，而是找到合适的方法让自己好起来。很多小伙伴可能因为创伤的经历太难以面对，以至于需要花很多的时间才能进入冥想的状态。你已经能够尝试回到过去面对自己，做得很好，给自己足够的时间。"

我鼓励李萍探索其他疗愈方式的同时，也鼓励她每当想到过去的经历时，尝试做一些简单的放松练习，慢慢接近自己。当她又陷入自我责备的时候，尝试叫停内在的自我攻击，转而认可和安慰自己。

过了一段时间后，李萍告诉我健身、深呼吸和自我认可对她帮助很大。

"我之前都不敢去感受自己，现在我能够和小时候的自己对话了。我感觉她现在就在我心里。虽然还是不能面对过去，但是我觉得这是一个突破。"

"你做得很棒。改变是由一个个正向、微小和持续的努力组成的，找到自己的节奏就好。"

有些来访者告诉我自己无法进入冥想的画面中去，甚至会看到一些恐怖的画面，怀疑自己的创伤是否太过于"严重"。其实这是比较常见的反应。这可能是情绪或者身体在告诉自己目前有一些阻抗力，可能时机和方式需要做出一些调整。重要的不是按照别人的要求和标准要求自己，而是遵从自己的身心反应，寻找到最适合自己的疗愈方式和节奏。

为什么伴侣会出轨样样不如我的人

小艾还没有和丹断绝关系，令她难以放手的因素之一是她对自我价值的否定。因为丹在关系中出轨，这对她的自信是致命一击。她不明白为什么丹会出轨一个比自己"差很多"的女生，因此总是怀疑是自己的问题，害怕自己是一个没有价值的人。

就在小艾遭受丹背叛后的一段时间里，有一天她突然发信息告诉我，她发现她爸出轨了。

这对于小艾来说无疑是个不小的打击。一方面她还在疗愈上一段关系中伴侣对她的背叛，父亲的出轨很可能会触发她创伤性的体验，打破内在的稳定感；另一方面她要面对父亲出轨对整个家庭造成的冲击。之前母亲是她的支持系统，帮助她应对分手过程中的痛苦。现在小艾不仅将失去重要的情感支持，可能还需要花时间和精力去照顾母亲的情绪，这无疑给她的疗愈过程带来很大的挑战。

挑战往往也是成长的开始。有的时候不是我们选择去挑战自己，而是生命安排给我们一些突如其来的功课，让我们不得不去成长。这可能也是个契机。

等到我们正式咨询的那天，小艾看起来脸色苍白，眼睛发肿，精神状态很差，说话声音也非常无力。看得出这突如其来的家庭事件对她的影响很大。还没等我问她最近情况如何，她就主动把父亲出轨的事情一一告诉了我。

原来，小艾的父亲被母亲发现和一个有夫之妇维持了一段五年的亲密关系。出轨证据都留在他的手机里，包括两人的暧昧短信、露骨照片和转账记录。在证据面前，她的父亲承认了出轨的事实。他决定跟出轨对象分开，重新回归家庭。

"知道了这一切后，我感觉特别恶心，连续失眠好几天。我今天凌晨给我叔叔发信息，说想把我爸杀了。然后，我给我爸发微信，一开始回忆了小时候印象深刻的往事，后来我问他为什么和我男友一样总是喜欢睡别人的老婆。"小艾说到这儿呼吸急促，面部肌肉有些抽搐，脸上写满了愤怒和痛苦。

家人们的回复让她情绪更加激动。"我妈回信息告诉我，我爸看到了我的信息，还说这是他们两个人的事情不用我插手，让我冷静，不要太激动。过了一会儿，我爸给我发信息说，他跟我妈和好了。他爱我们，我妈已经原谅他了，他也希望得到女儿的原谅。叔叔告诉我，爸爸确实犯了很大的错误，但是我作为长女，需要全面考虑这件事情，尽力维护家庭的和睦。还说虽然我妈是受害者，但是也要尽量把我爸从深渊中拉出来。告诉我要多体谅一下我爸，可以了解一下他的苦衷……"小艾越说越激动，时不时闭上眼睛，仿佛这些字句像刀子一样，一次次插在被撕扯开的伤口上。更难过的是，没人看到她早已血淋淋的伤口。

"看到他们的回复，你感觉如何呢？"

"我不觉得我叔叔是个坏人，从小到大他都挺疼我的，但是他这么说的确让我觉得站着说话不腰疼，我听了更加难受。我现在也是伤痕累累，根本没力气安慰别人。他这么说也让我感到很内疚。"

"我听到了价值观上的不同。你注重个人的感受和想法，其他人更关注的是家庭和睦。在这个过程中，大家好像都在回避情绪。"

"是的，本来中国人就习惯情感回避，我们家更是事事'端着'，我妈还稍微能回应下我的情绪，我爸就是完全回避。我希望他能说一些安抚我的话，但是他说的是一种'大局观'的表达——什么我和你妈和好了，你要原谅我，要为家人考虑，完全没有回应我的情绪。我爷爷也是这样。可能他也不懂。我感觉特别失落。"

我问小艾这种失落感背后在表达什么，她告诉我："每次当你有情感表达的时候，如果对方接不住，你就会失望……"说到这儿，她突然停了下来，开始轻声啜泣。这时她还不忘照顾我的情绪，跟我说："抱歉，我有点情绪激动……"这让我更加感受到可能在成长过程中，她的情感是被忽略的。如果有真实的情感流露，可能会被评判指责，感觉是在做一件"错误"的事情。

"就是……"她顿了顿，极力地克制住自己激动的情绪，"你理性上知道这是延续几代人的情感表达模式，他们也有他们的难处，但是情感上我还是很失望，觉得特别孤独。好像我在说话而他们听不到一样，特别可怕。"

除了失望和孤独，小艾对母亲也有一种愧疚感。"我现在对我妈的态度很矛盾。我隔着屏幕都能感受到她的悲伤，但是我自己状态也不好，所以现在主动避免跟她联系。可是，我觉得她好可怜，我应该要孝顺父母，去安慰她。"她补充道。

"我听到在关系中即使你已经感到很不舒服了，但是还会把对方的需要放在第一位，压抑自己的感受，迎合对方的期待和要求。否则，你就会感到愧疚。"

她回复我："是这样的！我感觉情绪是一种特别弱的体现，是不够成熟和理性的体现，我总是在攻击自己。这让我想到了我的男友。明明他出轨了，但我还是觉得是我不对，是我没有魅力。虽然理性上我明白我比他的那些出轨对象在各个方面更优秀，比如家庭条件更好，学历更高，思想更有深度，工作更体面，但是情感上还是受到了打击。我从丹的日记里发现，他跟出轨对象性生活更频繁，我就总是问自己，难道我连她们都不如吗？我爸的出轨对象也比我妈差好多，无论是长相还是能力都不及我妈。可是我爸跟那个女的在一起，像第一次谈恋爱一样，天天说情话，还送礼物。他从来没跟我妈说过什么好听的话。我妈为这个家付出那么多，我爸从来没有把那么浪漫的一面展现给她，她觉得特别伤自尊。"

小艾叹了一口气，跟我说："我希望你能告诉我，让我知道我比她们都好。"

面对小艾的请求，我需要把握好一个度——既要认可对方积极探索的动力，同时要诚实地指出对方的思维盲区。

我告诉她："你能够面对自我怀疑这一部分真的很勇敢。很遗憾，我没有办法告诉你你比她们好。因为一说到'好不好'，就会涉及一个标准。这些标准因人而异。我听到你父亲、母亲、前男友和你的标准都不太一样。你觉得一个有价值的人的评判标准是什么样的呢？"

小艾沉默了一会儿，告诉我："我可以问心无愧地说我是个好人，很靠谱，可以被信任，可以给朋友带来快乐。总的来说觉得自己还不错。

"这么一说，我突然意识到我以前会不自觉地代入其他人的价值观，特别是我喜欢的人。这是受我爸教育的影响，他经常跟我说：'你别觉得别人说你好是真心的，那都是看在我们的面子上。你还是不够优秀，要虚心。'我觉得很长一段时间我都在规训自己讨好别人，硬要把自己塞到别人的标准里，最后也在别人的标准里迷失了自己。"

这次的咨询中，小艾意识到自己在关系中迎合讨好的模式，来自原生家庭父母对自己情感的忽略。在结束之前我告诉她，接下来的一周可以好好回想一下和父母的情感交流与互动，也许会有新的发现。

一周后，当我们再次梳理原生家庭的问题时，小艾告诉我，她觉得父亲在自己心中有了很大转变。

起因是小艾在整理之前电脑文件的时候，发现了父亲给她写的信。信的大意是，小艾出生后，父亲就因忙于工作，没花太多时间陪伴女儿，他感到很抱歉。她这才意识到，自己是在"丧偶式育儿"家庭中长大的，其实自己跟父亲的关系很疏离。出国生活后，母亲会经常主动联系小艾，但是父亲不会，他觉得母亲可以代替他表达自己的心意。久而久之，小艾只会跟母亲单线联系。父亲知道后觉得小艾不孝顺，两人之前还起过几次激烈的冲突。每次冲突都以不欢而散告终。她感觉她父亲和丹有很多相似之处。

我问小艾现在感觉如何，她告诉我："我现在感觉心情特别复杂，为自己感到难过，也觉得委屈，还有愤怒。"

我继续问小艾这些情绪在表达着什么，她说："我突然意识到我爸对我的影响好深，我从来没有被看到，也从来没有做过自己。他从小就跟我说，'要从自己身上找原因，要反思'，'要懂事、大方、得体、明事理'。我形成了一种条件反射，事情没做好就认为是自己不努力。

"长大后，他告诉我：'女孩子不要那么努力。你现在的主要任务不是找个好工作，而是找个好老公。'然后我就觉得我现在要马上谈恋爱结婚。这对我一个一直单身的人来说真的好难，所以好不容易遇到了一个我喜欢的人，进入了一段关系，就特别害怕离开，害怕让爸妈失望。"

当被问到如何能够打破这个满足他人期待的模式的时候，小艾想了一下，告诉我："有不满直接说出来对关系很重要，也让对方知道原来你在意什么，也能知道对方是怎么想的。这样的关系反而能更稳固。我的情绪更稳定，安全感才能慢慢变强。"

"我原先一直觉得我和男友没吵过架说明我俩关系美满，但现在回头看，我明明是受到了很多打压和否定，觉得自己不够好，也不敢表达想法，不敢直面矛盾把问题说出来。之前好多年都觉得我俩是灵魂伴侣，现在才知道这个关系其实很脆弱。我觉得好像不光把对完美伴侣的期待投射到了这个人身上，也把很多过往的不安、恐惧和不信任投射到了他身上，可能当时被冲昏了头脑。

"现在就会去想，到底我需要伴侣带给我什么，对方吸引我的是什么，我吸引对方的又是什么，他的需要又是什么，能不能相互契合。以及最重要的是，我的价值到底是什么，是什么能够让对方选择跟我在一起。

"理性上我知道分手对我是最好的，但在情感上离开这个人会让你觉得自己一文不值。你把你的一切都给了他，而他却在摧毁了你之后选择背叛你。虽然我跟他纠缠了三年，我现在努力调整自己的状态，但我仍然觉得自己没有什么价值。这是迄今为止我所经历的最严重的情感痛苦。我现在努力找工作，尝试忘记他，重新找到真正的自我，但这太难了。"

　　虽然小艾的家庭给她提供了优渥的物质条件，但是这远不足以帮助她成为一个自信的人。她所受的家庭教育是希望她满足外在的期待，扮演好自己的角色，这让她压抑了自己的情感，在关系中过度努力，却难以表达和维护自己的需要。遗憾的是，人际关系并不是努力就有回报的。这种过度努力反而可能会吸引自恋型伴侣，使她被对方控制和虐待，难以逃离。只有回归自己的需要和感受，才能甄别"有毒"伴侣，经营好一段亲密关系。

　　王琪虽然小时候经历了原生家庭带给她的创伤，但幸运的是，她能够接受和有意识地打破原生家庭对她的影响。真正让她害怕的不是过去，而是未来。一想到离婚后面临的挑战，她就感到不知所措。

　　"雨薇，跟你梳理完原生家庭的问题后，我发现自己的确有过度努力和讨好的模式，现在我也在积极地改变，我觉得我能够不陷入过去，以一个第三方的视角看父母对我的影响。

　　"我的父母虽然没有离婚，但是感情已经破裂。他们没有过度干涉我的生活，我爸还在我需要的时候能够给我提供支持和帮助。虽然他那一代人说话可能还是有一些'说教'的口吻在，但是当我跟他说给我足够的时间处理，不要干涉我的选择时，他也表达了理解和尊重。我觉得这就够了。

"但是现在可能最让我恐惧的是离开陈飞后，情况会不会更差？我周围很多女性朋友都已经结婚生子，老公在外面'玩得很开'，她们平时选择睁一只眼闭一只眼，最多也就是抱怨两句。我把最近陈飞'挽回'我的做法跟她们说了之后，她们竟然告诉我，反正男人都这个样子，能够给钱就行了。我在怀疑是不是我要求太高？"

我问王琪："那你觉得你需要什么样的伴侣呢？"

"我能够挣钱养活自己，我不缺钱。我希望能够找一个情感成熟的伴侣，他能够共情和理解我，而不是一直在消耗我。"

"听起来对方似乎不能满足你的需要，那究竟是什么会让你觉得自己要求太高呢？"

"好像我还是太在乎别人的眼光？最近看了很多跟女性相关的社会新闻。我在你的帮助下观察自己的需求，再看对方是否能满足我的需求，一次次地想最终我要如何选择，这种种问题都需要我在工作和生活的夹缝里想清楚，否则当我内心力量不够，就很容易被'一些声音'影响，比如：'离婚的男人随便就可以想结婚就结婚，离异女性却会被人戴有色眼镜看待，自己能赚钱又怎么样，还不是没人要。'这些听上去毫无逻辑的话对女性有很深的恶意。女性生存环境真的不容易，我要让自己拥有即使一个人也能好好生存下去的勇气，否则不在这个经历后脱胎换骨的话，我必将再次陷入类似的困境。

"我现在只能选择保护好自己，至于陈飞有什么改变或者又有什么动作，我不需要去分析，牢记他是那个带给我伤害的人，他的情感匮乏是个巨大的黑洞。他最爱他自己，我也应该最爱我自己。我要珍惜时间想清楚，不能再因为一些混乱迷失了，也要打破所有的幻想。"

我回复王琪："你能够不断区分社会的期待和自己内在的需要，并且在这个过程中寻找到自己的一个平衡，选择属于自己的生活，做得很棒。想跟你说，离开一段'有毒'的关系和未来是否会找到健康的伴侣是两码事儿。当你离开这段关系后，很可能就会成为一个不一样的你，你会吸引到不同的人。把现在的课题做好，然后再想下一步的事情。这就好像爬山，如果只把关注点放在山顶，很可能连一步都迈不出去。但是如果把关注点放在下一步，坚持走下去，就可能会走到山顶。"

"是的。最近因为过年，有好多信息会刺激到我，让我偶尔想到陈飞以及以前的一些事，情绪会反复。我发现以前我不愿意承认对方不爱我，是因为我依然活在外界的评判中，我依然不能真正地认识自己、尊重自己、爱自己，所以需要别人的爱来证明自己的存在。渴望爱是人的本能，但还是要从自己出发。我告诉自己，真正爱你的人是不会说出那些伤人的话、做出那些伤人的事的，我一层一层地剥开自己，有点疼，但是能从外界回归内在，会更有力量。"

第三节 愧疚：我也有做得不好的地方

愧疚感和羞耻感是处理情绪哀伤的过程中两种常见的情绪。

愧疚感是当一个人的行为无法满足想象中的期待和标准时，所产生的遗憾懊悔的情绪。它本身有积极的影响，能够帮助我们自我反思，更好地了解他人的感受，从而做出行为上的改变。[7]例如，自己因为工作约会迟到了，伴侣愤然离席，愧疚感会帮助你意识到自己的行为引发了对方的不适，从而感到抱歉，下一次准时赴约。

愧疚感也有可能被利用成为控制他人的工具。比方说，即使你没有做错什么，对方会直接或者间接表达自己不适的情绪，暗示是你的错，让你去寻找解决问题的方法。

羞耻感是当一个人的行为无法满足想象中的期待和标准时，对自身价值所产生的自责和批判的情绪。羞耻感往往源于在成长过程中所经历的对情绪和需要的忽略与打压。[8]比如：当一个男孩感到恐惧的时候会自然地哭出声，父母这个时候如果严厉地责备他，告诉他要坚强，那么长大后，当他感觉到恐惧的时候就会有一种羞耻感，觉得自己不够强大，是个软弱的人。

同样的例子里，你因为工作约会迟到了，伴侣愤然离席。羞愧感会让你感到自己是一个糟糕的人，什么都干不好，连伴侣都照顾不好，从而陷入自我责备的循环中，情绪久久不能平复。

约翰·布雷萧（John Bradshaw）在《治疗束缚性的羞耻》一书中提到，健康的羞耻感提醒着我们自己的边界在哪里，鼓励我们去满足自己的需求，而毒性的羞耻感消减了个人的自尊，使人不可控地感到自己丑陋、愚蠢、令人厌恶或无药可救。[9]

自恋型伴侣会通过打压否定幸存者的言行令他／她感到愧疚，从而使幸存者不断努力地迎合其近乎苛刻的标准。愧疚感和认知失调紧密相连。当自恋型伴侣的言行不一致的时候，幸存者会出于爱和信任，合理化对方的虐待行为，觉得是自己做得不够好。当虐待升级，幸存者会经历自我被蚕食的过程，对自我行为的怀疑会转变为对自我价值的怀疑。

一位幸存者曾告诉我："一开始我安慰自己，觉得对方只是在鼓励我变得更好，但是越到后来越发现不对劲，到最后我觉得自己像垃圾一样，什么都做不好，完全没了自信。"

如果周围的人缺少对自恋型虐待的了解，他们要么会告诉你"婚姻是一场修行，忍忍就过去了，没有一段关系是完美的"，要么会责备幸存者"不要抱怨你的伴侣，这是你的选择，你自己承担"。这会强化幸存者对自己情绪和需要的打压，加深羞耻感。

被家暴都是我的错？

蓓儿的自我责备一方面来自自己的"不完美"，另一方面来自"为什么不早点离开"。

"他都要带我见家长，说要跟我生孩子，为什么还会反悔？我也有做得不好的地方。我也发现我的一些缺点，比如不独立、跟原生家庭贴得很紧等。

"我觉得一开始我对他们家感到好熟悉，有一方面原因在于，我爸爸控制欲也很强。相当于我爸爸把'乖''听话'的我送到另一个家庭，继续管我。长大之后面对我爸我是会反抗反驳他的。但在家豪家里，我就完全'乖'，不反驳任何事，总是笑眯眯，其实我是难受的，可能是积压的隐性负面情绪用别的方式表达了。比如，我开始不热烈回应他了，不表扬也不崇拜。有的时候我也知道，自己在这段感情中有缺点，有做得不好的地方，也有贪念。"

我告诉蓓儿："我听到背后的逻辑是只有你表现得完美，才能够接受对方对你造成的伤害。"

"是耶，我感觉好像又在为他的行为找借口了……为什么会这样呢？"

"这是创伤性联结的表现。因为这段关系给你造成了伤害，很可能会让你下意识地去责备自己。责备自己会给你一种掌控感。再加上在原生家庭中，你太习惯为父母的情绪负责，认为是自己的错，所以可能会强化这种模式。"

"真的是这样！为什么我不早一点看清呢？当想明白他就是'有毒'的时候，才后悔当时自己怎么那么笨，明明觉察出了不对劲却没有趁早离开，还跟他发生了关系。如果能早点认清的话，就不会有后续这么多事了。

"但是有的时候又会想起分手时他跟我说的那些话，感觉他也很委屈，很受伤的样子，我就会觉得，他说不定真的是认真付出了，他一直渴望着我的回馈，可是我一次次让他失望了，他也很难过很委屈，我就觉得很内疚。我感觉自己在这两种情绪中间摇摆。"

"这是你在面对认知失调和创伤性联结时很正常的一种表现。你能够面对这一点就很好。每当你责备自己的时候，可以写下来对方对你做了什么，或者记录下来让你感觉混乱的情绪，如果能够梳理一下可能会让你看清，继而打破创伤性联结，建立新的认知。"

"是的。我感觉我现在还是没有完全放下，因为有的时候想起他，我就会觉得，如果以后他发展得比我好，各个方面都比我厉害的话，那我是不是就输了。后面我又觉得，如果我换一种心态，每个人都有自己人生的路要走，如果我按照我的内心走我自己的这条路，而不去过度关心别人的事情，或者是外界一些东西对我的影响的话，那我会不会走得更好一些，就是过度关心外界的话，有时候感觉会把我身上的能量损耗掉很多。"

娅娅也有和蓓儿同样的感受，她的愧疚感来自自己无效的沟通表达方式。

"把阿亮拉黑，跟他断联后，我总觉得自己也有做得不好的地方，比如我有强烈的分离焦虑，并没有在对方强迫我发生关系的时候及时阻止他。每次冲突都是我忍无可忍的时候才爆发，然后把他赶走，伤他的心。我感觉我的沟通模式也挺病态的，我是不是也是一个'有毒'的人？"

"娅娅，即使你在沟通中没有及时表达出来自己的需要，也并不能成为对方使用暴力、打压、侵犯、控制、欺骗、出轨、实施煤气灯效应的借口。

"你有觉察力，能够反思自己的行为，并且共情他人，你无效的模式更多的是一种童年创伤的反映。但是，对方的种种行为模式表现出他很可能存在人格障碍，即使跟一个边界感很强的伴侣在一起，他也会重复同样的模式。"

李萍也会时常陷入"是我的错"的陷阱里。

有一天，李萍突然问我："雨薇，我为什么哭不出来？"

"发生什么事了吗？"

"我会羞耻过去的出轨，但是我明白那个时候的选择是怎么回事。"

"那你觉得那个时候是什么让你做出那个选择呢？"

"情绪需要平衡，需要找一个喷发宣泄的方式，但是那个时候并不明白，这种选择还是在依靠别人，而不是自己。那个时候自己不知道什么是真正的爱，以为换了人就能解决，其实是需要解决自己的创伤。"

"那你觉得是什么让你产生这么多情绪，需要喷发宣泄呢？"

"我感觉需要被关怀、尊重、看见，还有修复小时候深深的创伤。受伤的自我没有恢复，我是不会好起来的。我现在明白了你说的关注自我，向内看。"

"我觉得一方面是自我完善；另一方面，如果在一段不健康的关系中，很可能会加剧自责和创伤。你要照顾好自己。"

这时李萍话锋一转，自言自语地说："他说女人一次都不能出轨，一次都不行。让我真的感觉都是我的错。但是我分析了当时的状况，确实是他犯错在先。"

"嗯嗯，夺回你对生活的掌控感很重要。认可你的需要和感受，你值得更好地被对待。"

"谢谢雨薇，谢谢你说这些话。"

过了不久，她又陷入了自我责备的循环中。

"张鹏他是一个特别好的演员。他在外总是展示出一副'模范丈夫'的形象，帅气、多金、孝顺、顾家、嘴甜，但是回了家我却被家暴、出轨，这让我感觉很羞愧，不敢跟别人说我经历的真实情况。我甚至有的时候会觉得是不是我太不'满足'？

"我有的时候有那种想抛弃一切，然后逃走的想法。连我最心爱的两个孩子我都不想要了，那一刻我就觉得我成了我妈，我就特别害怕。我觉得我是个特别恶毒的人，跟我妈一样……"

我告诉李萍："你产生这种'想要抛弃一切'的想法并不是因为你自私，而是因为你在一段'有毒'关系中无法改变现实。先别急着评判自己，问问自己是什么让你有这种想法。"

"是的，是的！我觉得我跟我妈不一样，我爱我的孩子们，我害怕他们受到伤害。但是，我就是每次被忽略或者被折磨的时候太痛苦了，想离开这个家，想改变现在的生活，太痛苦了。"

"即使有这个念头也不一定会付诸实践，自我关怀很重要的部分就是不要给自己的想法设限。问问自己这个念头到底在告诉你什么。自我责备在'有毒'关系中特别常见，这也是创伤性联结的一种体现。当你想通过自己的努力来改变一个永远无法被改变的人时，会出现这种情绪。你能够面对和接受这一点就好。"

难道我才是那个"有毒"的人？

在和陈飞的信息交流中，王琪"渐渐发现对方真实的一面，令人胆寒"。

"他总是让我不要想太多，一家人不要太较真儿，要往前看。他说让我多考虑父母的不易，不要跟他们计较。他还说让我可爱些，他就会被我吸引……总之就是类似这种让人看了感觉特别不舒服的话。"说着说着，她就皱起眉头，"我就决定这次写一封信给他，问清他到底是怎么想的。"

王琪写出来的几个问题是：

（1）我们为什么不生活在一起？因为长时间的分居更像是拖着不离婚、勉强在一起，不如重新看到彼此的努力，然后探索新的让双方都舒适的相处模式，这是更积极的做法，你觉得呢？

（2）现在的生活状态是你想继续下去的吗？你理想中的生活状态是什么样的？

（3）你的心想要回归这个小家吗？你是否已经停止做对我造成更大伤害的事情？

（4）关于这段婚姻，你内心的真实想法是什么样的？

后面，陈飞的回答是这样的：

（1）不要操之过急，真正的分居是各自生活没有交集，我们不是这样的，相信我，现在这样利大于弊。

（2）目前可以继续，有好处。

（3）这个我暂时不想回答，我有我自己的思量。我希望自己可以心无杂念，更愉快地跟你生活。

（4）这段婚姻什么都好，就是以前遭受了太多压抑的气氛，鸡毛蒜皮的争吵，和性格有关。你把小事当事，我拿小事无所谓，你能说，我不能说。这都是以前了，只是偶尔会担心害怕。假设你能和今天一样开心地生活，就是吃喝玩，做自己喜欢的事情。你开心就是我开心。

"我读完他给我的回复感觉特别压抑，任何情感都表达不出来。所以，我就随手摘抄了几句最近读到的有关原生家庭的心理学文章，比如，父母要成为一个独立的人才能愉快地享受亲密关系，而不应该期待孩子满足自己的需要。我指出他和他父母相同的情感回避——爆发的表达模式，结果，我感觉对方就炸了，然后发给了我一封长信。"

王琪把陈飞发给她的长信转给了我，她告诉我，她看完之后有一种"五雷轰顶"的感觉，长信里面表达的是"我出轨和家庭矛盾都是你的错，你要按我的方式来爱我"。

你不知道，上个月我内心想着找时间去和那个女孩道别，然后努力和你重新生活，在以前的基础上增加一些好的变化。可是这一两周我从你身上观察到和感受到的能量和情绪，让我打起了退堂鼓。尤其是今天的回复，你给我的感受是你对我的父母就像路人一样，没有丝毫情感。可能你今天的情绪导致你写那些话，我理解。

做一个温柔的、和蔼可亲的人不好吗？你不和蔼可亲，那我如何靠近你？做自己本身没有错，可是毫无顾忌地自私地做自己，导致周围的人不舒服，那就是不对的，甚至是愚笨的。前几个月我尝试过提醒你，我说你应该多展示自己可爱的一面，以此来吸引我。你的回复是：夫妻之间是平等的，不需要吸引。我真的有点不知道怎么回复你。

我说了在亲人、夫妻之间，不需要对错，不需要分得很清楚，不需要讲道理。为什么不多给家人一些包容和关怀，却要被情绪牵着鼻子走？这么多年来，吵得太多了，你认不认可前些年的吵架都是没有任何意义的？为了避免争吵，很多时候我都在迎合你。只要你开心，情绪平稳，我就可以正常吃饭、玩游戏和工作。但是我内心深处想要一个温柔随性的伴侣，做事情前会征询我的意见，愿意追随我，意见不合可以好好沟通，而不是像你这样爱发号施令、甩脸子，喜欢讲道理的女强人。说句难听的，我靠自己赚了很多钱，凭什么我不能过得开心一点？

你特别容易较真，鸡毛蒜皮无所谓的事情你总会放大。这么多年来，我一直和你说让你心大点，但是你似乎真的没有任何改变。如果有人对你评论或者提意见，你可能会说'又不要你们管，我要做自己'。你的主观思想会自动认为别人在指责你或者说你不好，你会展示'进攻性的自卫'，弄得大家很尴尬，你太在乎别人的评价了。没有事物是百分百完美的，世界不是非黑即白。

关于情绪控制，我想举个例子。有一次我妹妹因为男朋友的事情闷闷不乐，你做了午饭她没什么胃口吃，你在餐桌上就说你要回家了，你只管自己发泄，完全不把其他人放在眼里，不顾及其他人的感受。当时我被你带偏了，和你一起引发了那么大的家庭争吵，现在我还对我爸妈和妹妹感到很内疚。从小到大，我们家从来没有发生过争吵。自从我们结婚之后，每次过年，都是你引起了不愉快。我们不是家长，我没有扮演好哥哥的角色已经是不合格，没资格的我们去评头论足和说狠话就是错上加错，当家做主的是爸妈。

大部分了解你的人，说话要小心翼翼，要思考再三，要尽量迎合你，你知道吗？因为一个不小心，你就开始变脸，气氛就开始压抑。一旦感觉压抑，我就想要走开，眼不见心不烦。如果一个人的忍耐是有限度的，恐怕我达到了90%。其实我已经快要到崩溃的边缘。我不会再和你们任何人争吵了，我会逃。

我问王琪："看完这封长信，你的第一感觉是什么呢？"

"读完他的信之后我浑身发抖，不知道是生气还是难过。他说得那么有理有据，我感觉是不是我才是那个'有毒'的人？是不是真的是因为我情绪管控不好，所以才造成他们家乱成一团，是我太敏感、情绪太激动了？"

"这和你之前分享给我的事实并不是很相符。我记得你说过你们刚交往没多久，当见到他妹妹的时候，陈飞就告诉你他们家庭气氛很压抑，想要离开那里。还有一次过节的时候大吵一架，妹妹因为无法忍受母亲的情绪，就要把头往墙上撞。平时在家庭群里聊天，不只是你觉得不知道该怎么回复他爸妈的信息，陈飞和妹妹也不知道该怎么回复。"

"是的，我感觉他把责任完全推给了我，没有觉得自己有任何问题，他拿联系那个'真爱'来要挟我。我承认我的确情绪处理有问题，刚开始在一起的时候面对冲突，容易逃避，之后我一直在努力控制自己的情绪。虽然我做得不完美，但是他想让我变得温柔和蔼其实就是情感压抑，不能说不好的事，一切就当没有发生过，一味顺从父母的要求，根本不在乎他自己和我的感受。"

"是的，面对问题，他其实已经意识到自己在'逃'了，可是依然选择不去面对。我觉得他已经做出了自己的选择。"

"我现在明白了，雨薇。虽然这一切难以接受，但是我不后悔跟他聊这件事情。这让我看清了事情的真相，原来他是这样的一个人。"

在以上几位来访者的例子里，她们内化了在亲密关系中所经历的暴力行为，形成了创伤性联结。当遇到冲突的时候，特别是痛苦的现实的时候，她们会合理化自恋型伴侣的虐待行为，下意识地去责备自己。这是一种自我保护的反应。

因为我受苦了，你也应该受苦

　　小艾遇到的例子中，脆弱型自恋伴侣会通过扮演受害者的角色，博得当事人的同理心，引发她的内疚感，从而侵犯她的边界。这种利用自己的脆弱去攻击他人的方式更难让人察觉和看清。

　　"因为我和丹是在社交软件上认识的，当我们开始约会的时候，我就一直遵守着约会的原则，不去问对方是否同时在用其他约会软件。后来我发现丹一直都没有停止在网上跟别人暧昧，我才觉得自己特别傻。当我跟他对质的时候，他会摆出一副'你不懂''都是你的问题''你在控制我'的态度，或者狡辩说'不删约会软件是想保留我们俩的聊天记录'。那个时候我还挺感动，觉得误会他了，还有点责备自己，觉得我怎么能这么巴结男人，这样有损我酷女孩的形象。

　　"关系进行到现在，每次感受到我想分手的时候，他就会表现得很在意这段关系，会试图很努力地跟我'沟通'，会有很长的对话，也会有些改变，会做些平常不愿意做的事情，不过都是些很小的事，比如平时不愿意太多亲吻和前戏，但和解式性爱的时候会很温柔体贴。他还会在对话的时候抱着我，紧紧地抱着我，好像真的很怕失去我一样。此处有可能是我脑补给他加戏了，但我的感觉就是这样，可能他就是个有情感障碍的人，他就是没法给我承诺，没法克服他的阴暗自私的那一面。

"我觉得这跟他小时候的经历相关。他从小失去了母亲，父亲管一大家子，可能对他缺少关爱。而且他遇到的那些女朋友都没有办法体谅他的脆弱，不能包容他。我这两天脑子里想到一个画面，就是他告诉我他小时候总是一个人饿着肚子呆呆地坐在窗前，没有人陪着他，让他感到自己被抛弃了。一想到这些，我就感觉挺难过的，觉得很愧疚，我的心又软了下来。

"我现在最痛苦的是当我跟他说我想分手，让他搬出去时，他就会做一些浪漫的举动：给我做饭；带我去我们一直想去，但是他一直拖着没去的地方，说可以庆祝我们的纪念日，但是他连我们的纪念日是几号都忘了。后来，我还是坚持要分手，他却说：'你要毁了我们三年的感情吗？你跟那些抛弃我的人有什么区别？'那个时候我感觉自己让他失望了，我跟他的前任一样出于自私的原因离开了他。他看起来那么可怜，我感觉自己内心特别硬，我觉得我是一个没有同理心的人。"

当小艾分享到这里，我感受到她对丹抱有强烈的亏欠感。在我们咨询的过程中，她会经常在哭的时候跟我道歉，喝水的时候感到抱歉，有的时候会因为网络状况欠佳（很多时候是我这边网络不好）感到不好意思，我能感觉到这种自责都成了一种条件反射，她会下意识地承担起所有的责任，稍有闪失就会觉得很羞愧。

小艾的亏欠感很可能来自丹对她进行的被动攻击，这也是在脆弱型自恋关系中常见的一种模式。

在第一章跟读者们分享过，脆弱型自恋伴侣和其他自恋型伴侣不同的是，他们获得认可的方式是通过示弱而获得他人的同情，对自我价值感有消极的认知，无法接受任何形式的批评。他们一开始会表现得细腻、敏感、谦逊，一旦伴侣相信他们之后，他们就会开始回避问题，用隐性攻击和操纵的方法来管理自己的情绪，并对他人施加惩罚。这背后的逻辑可以用一句话总结，就是"因为我受苦了，你也应该受苦"。

他们擅长使用被动攻击（passive aggression），即通过扮演受害者，利用他人的同理心，把自己的需要放在第一位。[10] 跟这种类型的人在一起，你会感觉虽然对方没有说任何"冒犯"你的话，但总是让你感觉不舒服，总是需要你去承担照顾者的角色，令你做出突破自己边界的行为。

在小艾之前的经历中有一个特别经典的被动攻击的例子就是她和朋友们出去旅行，把喂猫的事情拜托给了丹，丹起初欣然接受了。在旅行的途中，当她感觉丹不怎么回复她信息的时候，她跟丹抱怨他回信息慢这件事情。丹并没有主动回应小艾的问题，却对小艾进行了攻击，责备她在外玩得那么开心，根本不在乎自己的感受，一点不能体谅他定期去小艾家喂猫的辛苦。

当小艾把自己想要分手的决定表达出来后，丹不仅没有意识到自己的行为给小艾造成的伤害，还质问她："你就是要毁了我们三年的感情吗？""你跟那些抛弃我的人有什么区别？"遇到冲突，丹会通过发脾气让小艾感到愧疚，利用她的同理心让她继续留在这段关系中。使用被动攻击的人不会因为自己做的事情对他人的影响产生情绪反应，反而会因为自己的行为被批评而变得情绪化。

"我能理解你同情他的过去，但是他在使用被动攻击，利用你的同情心去回避他的责任。"

"可是，他也是受害者……他会不会也是回避型人格呢？"

"受到伤害和攻击别人是两码事儿。很多人认为经历过痛苦的人更能理解他人的痛苦，但遗憾的是如果你遇到一个脆弱型自恋伴侣，他受到的伤害会变本加厉地转变为对你的伤害。即使他有回避型倾向，这也不能成为他伤害你的理由。"

我经常遇到自恋型伴侣拿自己的心理状况和情绪问题当成虐待别人的借口。研究显示，自恋型人格障碍患者往往也会出现其他心理疾病的症状。[11] 很多人会把攻击性的主因归咎于其他心理疾病，但是忽略了浮夸、特权感、共情力低、贬低他人、撒谎、出轨的核心并不是情绪调节问题，而是脆弱的自我，即自恋。

我继续对小艾说："自恋型人格障碍和回避型依恋模式不一样的是，自恋的人在一开始会非常照顾你的感受，然后你们的关系会非常火热，之后他就会回避甚至攻击伴侣，而回避只是一种病态自恋的表现。如果是回避型人格的话，他一开始不会创造出那么美好的场景，让你觉得遇到了真爱。他跟你的关系一靠近，就会有疏离感。即使他回避，共情力也会在线，不会对你进行攻击和打压。丹的行为不是因为回避而是自恋。"

"可是，他之前说到自己过去经历的痛苦的事情还会流泪，我觉得他是有共情力的。为什么他会对我这样，是不是真的是我的错？"

"真正的共情力不只是表达自己的情绪，还有另一个重要的部分是意识到自己的行为会对对方造成什么样的影响。遗憾的是，在你的分享中，当你尝试表达自己脆弱情绪的时候，或者对他的某些行为表达不满的时候，他并没有意识到自己的行为对你造成的影响，更难理解你的感受。他只是在回避问题或者对你进行被动攻击让你有负罪感，他无法为自己的行为负责。"

"那我是否能够帮助他成长呢？就像咨询师一样帮他看到他身上的问题。"

"我不建议伴侣成为对方的咨询师，毕竟咨询师是每周见来访者一次，而且也不需要获得来访者的情感支持。但是亲密关系不一样，你和这个人进入亲密关系，你是有自己的情感需求的，你要二十四小时面对他，这是非常消耗人的。"

"我感觉好痛苦，感觉帮不上他，我抛弃了他……"

"理解你的痛苦，我相信放手不是一件容易的事情，特别是这个人小时候受过伤害。但现在他是成年人，你需要让他长大。如果你救了他，你其实是在阻碍他的成长。你可以给他提供成长的工具或者建议，但不要妨碍他为自己负责。"

"我明白了，感觉我自恋的部分没有处理好，所以才想帮助他，其实还是想通过帮助他证明我自己。你这么一说，我就明白了。"

第四节 惋惜：忘不了曾经美好的回忆

很多幸存者告诉我在处理情绪哀伤阶段最难的就是面对过去美好的回忆。即使自己理性上知道对方是个自恋型伴侣，但是蜜月期和回吸期所经历的心动体验可能是人生的"高光时刻"——美妙的交流、浪漫的旅行、烛光晚餐、激情的性爱、心动的承诺等，也会让幸存者体验到上瘾般的快感。一旦离开这段关系，她们会从心理和身体上体验到巨大的失落感，好似戒断反应（abstinence reaction），也就是反复、长期、高剂量使用某种成瘾物质后，在减量或停用时出现的一系列症状。[12]

在"戒断"过程中，幸存者之所以渴望继续留在关系中，或者再次努力去回到恋爱时的状态，是因为沉溺于欣乐回想（euphoric recall）——只记得美好的部分，忘记痛苦的部分。[13] 这是在一种非正常关系中的正常反应，也是创伤性联结的表现。因为幸存者无法改变现实，所以她会合理化自恋型伴侣的虐待行为，会选择性地想起关系中积极的一面。欣乐回想虽然能保护我们不受到创伤的困扰，但可能会让幸存者忽略在一段自恋型虐待关系中所经历的伤害，无法看清伴侣和关系的本质。

疗愈自恋型虐待创伤很重要的一个挑战就是接受关系中情感的复杂性，即你在这段关系中的确体验到了愉快幸福的感受，但这只是拼图中的一块，同时进行的还有伴侣的出轨、打压、欺骗和抛弃，你需要对关系有一个现实的认知，整合好复杂的情绪。毕竟，良好的关系并不只是由"高光时刻"组成，更重要的是"高光时刻"之外的日常互动。

欣乐回想在疗愈创伤的过程中自有它积极的意义。它的出现能够帮助我们更好地了解到我们的脆弱，让我们更好地去尊重和关爱自己。如果你或者身边的人经历了一段自恋型虐待关系后，正在被美好回忆所困扰，不用着急回到关系中或者压抑否定自己，花些时间去跟这些情绪相处，也许会有意想不到的收获。

有位幸存者是这样描述这个时期的复杂感受的："现在只有我独自悲伤，我好希望紧紧地抓住那个他所承诺的美好的未来，可是一切都是谎言，我在这个人身上浪费了情感和时间。我是多么愿意相信他，但是他却把我的信任踩在脚底。虽然很难，但是我现在选择放下，开始学习爱自己。"

我要的是伴侣，不是人生导师

蓓儿曾问过我："雨薇，大家在'有毒'关系的初期感受到自恋型伴侣给自己的爱，是不是都是那种很真诚、很热烈、感天动地的爱呀？因为，我今天又回想起他对我的好，好像确实是教科书级别言情小说般的一片真心和无微不至，就感觉如果把我俩那个时候的互动拍成电视剧，观众看到'他对我好'的那部分都会落泪。"

我告诉蓓儿："是的，'有毒'关系初期都会让人感到浪漫至极，但是不久之后就会让人感到不适。"

"我就总是有一种矛盾的感觉。有句话是'爱一个人最好的方式就是帮助他成为更好的自己'，你觉得他的行为是在印证这句话吗？一开始他要求我'每天都要护肤''每周要读至少一本书''不可以说负能量的话''不可以在公众场合跟男生说说笑笑'，等等。我以前觉得有一个人管着自己还蛮好的，但我后面发现我如果没有做到，他好像真的会生气失望，于是压力就好大……"

"那你觉得这种压力感在告诉你什么呢？"

"感觉好像那些并不是我想要的。"

"那你觉得什么是'成为更好的自己'呢？"

"我觉得可能是按照自己的想法来？并不是说对方不能给我提建议，而是以我的兴趣爱好为主，不是以他认为重要的事情来。我需要的是一个理解我的伴侣，而不是一个'人生导师'。"

"那这段经历对你的择偶标准有什么影响呢？"

蓓儿考虑了一下，跟我说："我之前觉得高颜值、高学历、家境好的人是有魅力的，而且我还希望我的伴侣能够告诉我该怎么做。现在虽然没办法一下子放下，但我确实觉得这些外在的东西不能满足我的需要。我更希望有一个能够尊重我、跟我共情的伴侣。长相、学历和背景可能并不能保证一个人是有共情力的。"

"而且……"蓓儿皱起眉头，一脸嫌弃地说，"我现在好讨厌那些一味说教的人。我之前还以为那是自信的体现，我那时候真的好傻好天真，还以为遇到了一个'救星'。现在才明白那只是控制，因为他们的自我太脆弱了。"

小艾告诉我令她最为困扰的就是丹是个"渣"得不彻底的人，他也有善良的一面。

"圣诞节的时候他亲手给我缝了一顶帽子。平安夜的时候我们装饰圣诞树，发现没有放礼物的袜子，但是那个时候天已经很晚了，所有的商店都关门了。他小的时候参加过童子军，手工活儿比我好，就给我做了袜子。第二天一早起来，还给我和我的猫准备了礼物。当天他还给他的家人发了一封邮件，回顾这一年中温馨美好的时刻，还专门写到了我，最后附上了我们在圣诞树下的合照。

"当时他带我去他公司聚餐，感觉牛排快没了，所以他没有夹。那个时候我还觉得他特别有公德心，会考虑别人。在他家人的聚会中他也比较克制，不会因为自己喜欢吃什么就不顾别人。还有一次我们出门远足，遇到很险的地方，他还让我踩着他的手过去。有一对母女带着自己的狗爬坡，因为特别陡，狗爬不上去，他就帮忙把狗抬了上去。他不喜欢狗，还被狗划伤，我就觉得他特别绅士。

"很多小事加在一起，在他出轨之前我一直觉得他是个好人。从来没有怀疑过他。"

小艾一口气列举了丹的"优点"，我能感觉到她真的很被这些打动。

"小艾，我相信你在那一刻的感受是真实的，因为你是一个重感情的人。但是，我可能想把关系的另一面也展现出来，想跟你一起探讨。不知道你是否愿意跟我一起做个练习？"

"好的。"

"那我们可以把关系的阶段、当时的场景和你的感受三个部分写下来。在刚才你说的经历里，有哪一个最让你无法忘怀？"

小艾顿了一下，告诉我："就是在圣诞节的夜晚我们一起缝袜子的经历。"她说的时候声音有些颤抖，泪水润湿了双眼。

"好的，那我们以'圣诞节'这个主题来梳理你的经历，我们按照关系的阶段、当时的场景和你的感受这三个部分来描述。那你如何描述圣诞节缝袜子的经历呢？"

"在关系的初期，我们第一次过圣诞节。他特别认真地给我缝袜子，跟我分享小时候在童子军的见闻，还说有一天要带我回家过节。那个时候我感觉特别幸福，终于在这个陌生的国家有一种归属感了，仿佛自己也有了'家'。"

"那你如何描述第二次圣诞节的经历呢？"

"第二次圣诞节是我们交往的第二年，他邀请我去他们家做客。我在他们家门口等了很久，他也没有理我，只是跟他的侄子侄女们打电子游戏，好像我不存在一样。那个时候我感觉自己被搁在一边，感觉生气、委屈和不舒服。等聚会结束后，我跟他提起过这件事情，他没有觉得自己做错什么，还埋怨我不懂事。这让我感觉很愧疚。"

"那下一次呢？"

"第三次圣诞节也就是近期经历的事情。我们的关系经历了出轨、分手、原谅、复合、纠缠。他住在我家，我想跟他分手。这次圣诞节经历很糟糕。他有一种想要霸占我们家房子的架势。他想邀请他们家二十几口子人来我家吃饭。我跟他说这是我父母的家，我需要征得我父母的同意。但是他不仅不尊重我的意愿，还说'你怎么忍心让我的家人们挤在那么小的一个地方庆祝圣诞节？'我就觉得特别莫名其妙，还很愤怒，心想：'这又不是你的家，你凭什么评判我的决定？'"

"小艾，我听到三次圣诞节你有不同的体验和感受，特别是感受这个部分，我想把我听到的反馈给你。我听到你的情绪从幸福、有归属感，到生气、委屈、不舒服、愧疚，再到莫名其妙、愤怒。如何理解这个过程中你情绪的变化呢？"

小艾一下子不知道该说什么，她沉默了一会儿，告诉我："我一想到过去美好的画面，我竟然忘记了他那么糟糕的一面。"

"这很正常，"我告诉小艾，"这是认知失调的表现，你需要重新书写你的经验，而不是依照自己的情绪来。每当你又想到关系的美好，记得提醒自己故事的另一面。很多时候决定一个人品质的，不是他好的时候有多好，而是坏的时候能有多坏。他为你做手工不能抵消他对你的攻击和打压。如果需要，可以时常做我们刚做的这个练习或者把他'坏'的部分写下来。等你混乱的时候，时常去看看。"

"好的。"

过了一段时间，小艾告诉我，她觉得写日记对她疗愈认知失调这个部分很有效。

"我写下了我的经历、感受、挣扎和他对我说的话。我会准确地引用他所说的话，那些话现在在我脑子里挥之不去。我发现随着时间的流逝，我忘记了他对我说的和做的许多卑鄙的事情。现在每当我读那些日记时，我意识到经历这一切不是我的问题，有问题的那个人是他。"

逃离婚姻的理由

李萍放不下的是那个"照顾者"的角色，她告诉我在这段关系中自己最放不下的就是孩子们。每当她看到孩子们幸福稳定的生活，她就念着张鹏的好，有一种"当一个贤惠的妻子，仁爱的母亲"的冲动。

李萍有一天发给我一则保姆虐童的社会新闻，她告诉我："看了这条新闻我就感觉男人就应该在外工作，女人就要在内照顾好孩子。我不会请保姆，我会坚持一个人照顾孩子。我不会后悔。"

我问李萍："之前你跟我分享过你带孩子的过程中经历的'两难'选择。有一天早上送孩子的路上，走到半路忽然想起煮了鸡蛋但火没有关。如果继续送孩子，你就需要承担着火的风险。如果回去，孩子就会迟到。你把孩子放到半路赶回家，之后又急匆匆赶到放孩子的地点送孩子上学……"

李萍的情绪突然变得特别激动，打断了我的分享，开始自己继续把这个经历讲述出来："接上孩子，我用尽全力蹬着单车，孩子嘴里说：'你怎么骑得这么慢，你能不能快点！'我极力压着情绪。孩子又说：'要迟到了！'然后我就说：'让你爸回来开车送你！'我哭了一路，我一边骑单车一边哭。我跟孩子说：'你爸爸一个月给五千块钱，我什么都要管。你多久没有见到你爸爸，我就多久没有见到。你爸爸只知道吃喝玩乐，我在委曲求全、忍辱负重。等到你十八岁你就会明白今天妈妈说的每句话。'

"我是如此坚强的一个女人，此刻我可以脆弱，我可以痛，我可以哭泣，因为选择就是需要放弃一些选择。因为我的境遇你不知道，我可以不顾两个孩子走得这样洒脱吗？我可以做得到吗？我可以自私到这样的地步吗？"

我告诉李萍："我感觉到你压抑了很多愤怒委屈的情绪，你希望照顾好你的孩子们，却缺少支持和帮助。你所经历的这一切很不容易，也很难做出两全的选择。无论你做出什么样的选择，我都尊重你。没有人有资格告诉你应该怎么做。我能做的就是希望能够让你对伴侣有一个合理的期待，这样不会失望，避免伤害自己。"

"我昨天给他发信息，就是很认真地跟他谈分手这件事情，但是他完全不理会我，还说让我滚，把我推得好远。是什么让我放不下呢，是孩子吗？是自己的贪婪吗？"

她说到这里，又回到了认知失调的循环中，企图通过努力获得对方的认可。于是，我告诉她："我发现在我们的交流过程中，你会时不时经历情感的爆发，陷入从希望到失望再到情感爆发的循环。"

"雨薇，是我的错吗？是我自己没控制好吗？"

"不是，是对方的问题。但是如果继续待在这段关系中，可能同样的问题会重复发生。"

"就是说因为对方不改变，我们的关系会一直循环。"

"是的，没有两全的选择，很遗憾。"

"我明白了，我会不断提醒自己。"

王琪所怀念的是那个包容她的陈飞，她告诉我他们刚结婚的时候，陈飞一直扮演着情绪照顾者的角色。

"他知道我的原生家庭很糟糕，所以一开始很照顾我的情绪。"

当被问到是什么让她放不下的时候，她开始分享和陈飞之前的经历。

"我们是闪婚，结婚不久就发生了很多冲突和矛盾。那个时候我挺不懂事的，一发脾气就坐在地上哭，像个小孩子一样，希望陈飞过来安慰我。他那个时候都会哄我，给我点外卖，送我礼物。"

"过了一段时间，当我们吵架的时候，我就不坐在地上哭了，而是从屋子里跑出去，在小区里溜达，等着他下楼找我……"王琪突然笑了起来，"现在想想那个时候的我真幼稚。不过我还是挺感谢他对我的包容的。我记得有一次，我再一次地'离家出走'，这次我躲了起来，故意让他找不到。没想到我就看他提着外卖，在楼下一直找我。他那个手忙脚乱的样子我现在还记忆深刻，我当时还挺感动的。"

"当你想到这个经历，你的感受如何呢？"

"我现在心里还觉得暖暖的，还是有一点点被打动。"

"那你觉得这些感受在告诉你什么呢？"

"我觉得对方还是挺包容我的吧，我感觉他之前的确承受了我不少的坏脾气。"

这时，我就又需要扮演那个"坏人"，把陈飞的另一面展现出来。

"王琪，还记得对方最近在给你的长信里说'一旦感觉压抑，就想要走开，眼不见心不烦'，如何理解他对你的包容和想逃的一面呢？"

"会不会是我做得太过分了，让他逃走呢？"

"那你觉得你做得过分的部分是什么呢？"

"表达我的情绪？我在关系的初期的确不会处理情绪，但是之后我就再也不会让对方承担我的情绪感受了。我发现我在一直成长，他却没什么情绪表达，也不愿意改变。而且后来他总是拿我的原生家庭说事儿，说我这种'咄咄逼人'的'女强人'的性格都是因为缺少'完整'的家庭。这个人真糟糕！

"你这么一问我突然意识到，可能我还是对他抱有一些幻想，我爱的不是那个真实的他，而是自己对他的一种想象。"

超过四分之一的女性遭受过亲密关系暴力

虽然娅娅已经拉黑了阿亮，但她还是会不由自主地想念阿亮，因为对方能够满足她的性幻想和性需要。

我经常听到来访者告诉我，性是让她们无法与'有毒'的人彻底分手，时不时被'回吸'，卡在痛苦循环中无法自拔的重要原因。

因为自恋型伴侣急需证明自己的魅力，他们会非常刻意学习如何"表演"，制造浪漫的气氛，让整个性行为过程极富热情。这会让幸存者的大脑产生一种幻觉，好像性互动美妙非凡。

但是时间长了，幸存者慢慢会意识到，和伴侣的性体验非常程式化，对方并不能真正感受到她们的情绪，或者对她们身体的反应有敏锐的觉察，而是需要严格完成一套标准化的流程，从而证明自己的魅力，一切都非常可测，甚至有点死板。

自恋型伴侣会不厌其烦地寻求幸存者的夸奖，还时不时把自己和幸存者的前任们相比，求胜欲很强。如果幸存者不小心说出他们不满意的答案，伤害到他们脆弱的自我，他们会变得暴怒，对幸存者进行攻击。

我经常听到自恋型伴侣会以自己的性偏好为借口要挟幸存者。他们会突破幸存者的边界，要求她们尝试无法接受的性行为。如果不满足他们的性偏好，就会以出轨作为威胁。自恋型伴侣往往会说是幸存者不够"开放""先锋""有趣""包容"，才导致他们的不忠。其实，无论幸存者做什么都无法满足自恋型伴侣对于认可和关注的需要。因为自恋型伴侣很容易感到无聊，所以需要强烈的刺激。

自恋型伴侣会不断寻找新的"猎物"和刺激的性行为去满足情欲的无底洞。出于对刺激感强烈的需要，他们非常有可能尝试不安全的性行为。我接触过的来访者遇到过各种各样的情况，比如：无保护措施的性行为（譬如不使用避孕套，甚至故意让女性怀孕，为其堕胎），在公共场所发生性关系（可能触犯法律），患有性传染病但不透露真实情况，等等。

当然，自恋型伴侣也有可能拒绝或者中途停止性行为，说幸存者表现不好或者身材太差，企图通过羞辱对方从而进一步操控幸存者。

还有一些自恋程度比较高的伴侣会使用虐待性的手段。这些都是极度危险的信号。如果幸存者不幸遇到，请立即离开和寻求帮助。

经历自恋型虐待的幸存者，很大程度上会陷入混乱的状态，把性和亲密感弄混。真正的亲密是关系中的双方在当下全然坦诚地面对彼此，深度共情，跟伴侣的情绪、心理和灵性建立紧密的连接。良好的亲密关系绝对是一个互惠互利的过程。伴侣能够尽量依照对方可以接受的方式去满足他 / 她的需要，而不是单方面地一味地索取 / 付出。

如果在这段关系中，只有通过性才能体验到一种亲密感，那么很可能当事人陷在一段不健康的关系中。因为在日常缺少深度的情感交流，幸存者处于不安焦虑状态，太渴望被对方看到了，所以才那么渴求和自恋型伴侣身体上的结合。这样会产生一种幻觉，即，"对方是接纳和需要我的"。但是，这很可能是一种创伤性的依恋。

"我可能再也遇不到这种能够给我极致性体验的伴侣了。"娅娅一边叹气一边跟我说。

我问娅娅："当你想到和阿亮的性关系的时候，现在感受如何？"

"我感觉有些羞耻又有些遗憾，我拼命不想让自己想到这些，我害怕自己还会失心疯一样地去找他。"

"如果你愿意的话，是否能够探索一下，那些极致的性体验满足了你什么样的没有被看见的脆弱呢？"

娅娅努力想了很久，跟我说："我不知道……"

"没关系娅娅，如果你想到可以随时分享给我。"

过了几天，娅娅分享给我她做的一个梦，她说"我觉得里面有很多隐含的脆弱和没有被满足的需要"。这个梦具体来说是这个样子的：

我梦见我和阿亮出门买东西，我爸出现了。我立刻选择离开阿亮，不辞而别，去找我爸。当我看到我爸的时候，我很惊讶，他穿着衬衫、笔直的裤子站在人群里面，我跑过去拉着爸爸的手，好像是要给别人看一样。周围有其他认识的人，我觉得很骄傲很满足。

我爸说他一个手指头被咬了下来，我大惊失色。他说没关系。手指头后来被阿亮的狗找到了。我看了一下我爸给我的照片，上面的确是阿亮的狗。后来，我们一起去游乐场买了一堆奇怪的东西，需要推个车把东西拉走。于是，我就去找手推车。

可是，等我推着手推车出来，发现爸爸不见了，我满世界地找他，打电话，是我妈妈接的。我妈跟我说他俩在另一边玩碰碰车，还说他们能够看到我，还在描述着我这边周围的环境。

不知道为什么我在梦里勃然大怒，我叫他们立刻把碰碰车停下。我感到很委屈，我的手里推着很重的手推车，我一个劲儿地往前走，然后痛哭流涕地走向了一扇玻璃门。我跪倒在那里，看到了手机的日期，今天是爸爸的生日。

后来爸爸和妈妈出现，我弟弟也来了。他们特别开心地说着碰

　　　　　恋爱中的暴君

碰车多么好玩，三个人还用我不熟悉的语言开始唱一首我不熟悉的歌，我完全插不进去。我埋头大哭，等着他们来安慰我，想告诉他们我有多委屈。

我问娅娅，她是怎么理解这个梦的。她告诉我："我看见自己想要被关注，但是被爸爸妈妈忽视。我也看到阿亮的狗狗出现在梦中，好像那是阿亮'无害'的一面，但是他间接伤害了我和我最爱的家人。我想离开阿亮是因为我想要获得那种被关爱的满足感——被我爸爸看见，去找我爸爸。"

"读完之后非常感动，想抱抱你娅娅，谢谢你把这部分分享给我，我觉得这是特别好的觉察。感觉你把在父亲那里没有得到满足的需求和期望，投射到了阿亮身上，渴望阿亮能够接纳你、关心你，因此忽略了阿亮给你带来的伤害。这不是你的错，意识到后给自己一些时间打破这种投射就好，你可能需要回归到渴望被满足的真正需求。"

"是的，我之前总是觉得无法一个人活，需要找一个男人为我负责。现在我觉得我其实需要好好工作，好好照顾自己，把这部分关爱给到自己。"

出于篇幅的原因，我无法把五位来访者所有的情绪哀伤的经历都囊括在内，这里呈现的只是冰山一角。现实生活中她们所经历的哀伤的阶段更加强烈、艰难和反复，每一个人都是在一次次被情绪击倒后，再次站起来，继续向前，处理自我成长的课题。其中的艰辛大家可以通过下面几组数据了解一下：

　　由联合国开发计划署、联合国人口基金、世界卫生组织、世界银行等多家国际机构联合发布的报告指出，15 岁至 49 岁的女性人群中，有 27% 的女性曾遭受过亲密伴侣的身体或性暴力。这可能是近年来调查面最广、跨越时间最长的一次研究——覆盖全球 161 个国家和地区的 200 万名女性，收集了从 2000 年到 2018 年开展的 366 项调查研究和统计数据。[14]

　　全国妇联 2022 年统计数据显示，在中国 2.7 亿个家庭中，约 25% 存在家庭暴力。其中 90% 受害者是女性，且受害人平均遭受 35 次家暴后才选择报警；有 30% 的女性曾遭受家暴，每 7.4 秒就会有一位女性被丈夫殴打。[15]

　　我国自 2016 年 3 月 1 日起正式实施了首部针对家庭暴力的专门法《中华人民共和国反家庭暴力法》。该法实施以来，对预防和惩治家暴行为起到了显著作用，但在司法实践中仍存在诸多难点。

　　2022 年 3 月 8 日，北京市千千律师事务所研究团队发布了《遭遇家暴，赔偿几多？——千份涉家暴诉讼判决书分析》（以下简称《分析》）。《分析》选取了 2018 年到 2020 年一审民事判决书 1014 份，其中原告自诉遭遇家庭暴力的离婚诉讼案件 844 份，原告自述遭遇家庭暴力提出离婚损害赔偿的案件 76 份，原告自述遭遇家庭暴力提出生命权、健康权、身体权纠纷的赔偿案件 94 份。其中

92.4% 的原告是女性。

结果显示，原告举证情况不乐观，家暴总体认定比例偏低，获得家暴损害赔偿的比例极低。涉家暴的 844 份离婚案件中，被法院认定存在家暴的约 6%，得到赔偿支持的只有 12 起，仅占 1.4%。

家暴案件中的证据具有极强的隐蔽性，难以收集，原告举证能力不足，提交的证据中最多的是出警记录，但其效力可能由于多种原因难以达到证明标准，多重困难下，家暴常常难以得到认定。

76 份离婚损害赔偿案件中，80.26% 的原告提出的赔偿要求被驳回，剩余得到法院支持的案件中 2/3 的原告得到的赔偿金额在一万元以下。[16]

幸存者遭遇自恋型虐待后离开或者留下看似是一个理性的决定，但是背后却是需要经历挣扎的过程。下一章，我会聚焦五位来访者的选择。

参考文献

1. Kessler D. Finding Meaning: The Sixth Stage of Grief[M]. New York: Scribner, 2020.
2. Solomon A H. Loving bravely: Twenty lessons of self-discovery to help you get the love you want[M]. Oakland, CA: New Harbinger Publications, 2017.
3. World Health Organization. Complex post traumatic stress disorder.[R/OL]. (2019-05-25) [2023-03-29].https://icd.who.int/browse11/l-m/en#/http%253a%252f%252fid.who.int%252ficd%252fentity%252f585833559.
4. 皮特·沃克. 不原谅也没关系：复杂性创伤后压力综合征自我疗愈圣经 [M]. 严菲菲, 译. 北京：北京科学技术出版社，2023.
5. Cloitre M. Complex PTSD: Assessment and treatment[J]. European Journal of Psychotraumatology, 2021, 12（sup1）: 1866423.
6. Hestbech A M. Reclaiming the inner child in cognitive-behavioral therapy: The complementary model of the personality[J]. American journal of psychotherapy, 2018, 71（1）: 21-27.
7. Malti T. Toward an integrated clinical-developmental model of guilt[J]. Developmental Review, 2016, 39: 16-36.
8. Baldassar L. Guilty feelings and the guilt trip: Emotions and motivation in migration and transnational caregiving[J]. Emotion, Space and Society, 2015, 16: 81-89.
9. Bradshaw J. Healing the shame that binds you: Recovery classics edition[M]. Deerfield Beach, FL: Health Communications, Inc., 2005.
10. Allen J J, Anderson C A. Aggression and violence: Definitions and distinctions[J]. The Wiley handbook of violence and aggression, 2017: 1-14.
11. Coleman S R M, Oliver A C, Klemperer E M, et al. Delay discounting and narcissism: A meta-analysis with implications for narcissistic personality disorder[J]. Personality disorders: theory, research, and treatment, 2022, 13（3）: 210.
12. Fernandez D P, Kuss D J, Griffiths M D. Short-term abstinence effects across potential behavioral addictions: A systematic review[J]. Clinical psychology review, 2020, 76.
13. Jones L. Trauma-Informed Risk Assessment and Intervention: Understanding the Role of Triggering Contexts and Offence-Related Altered States of Consciousness （ORASC）[M]//Trauma-Informed Forensic Practice. London and New York: Routledge, 2022: 49-73.

14. World Health Organization. Violence against women[EB/OL].（2021-03-09）
    [2023-02-13]. https://www.who.int/news-room/fact-sheets/detail/violence-
    against-women.
15. 光明网 . 听她说 | 尚丽平代表：帮助困境女性需要社会力量 .[R/OL].（2023-
    03-13）[2023-05-16].https://v.gmw.cn/2023-03/13/content_36427125.htm.
16. 北京市千千律师事务所 . 遭遇家暴，赔偿几多? ——千份涉家暴诉讼判决书分
    析 .[R/OL].（2022-03-15）[2023-04-20].https://mp.weixin.qq.com/s/f_A7BGa-
    ku6wOjOecQ2iqGw.

第四章

我该如何选择：
留下还是离开

我们从创伤知情，聊到了情绪哀伤，现在让我们聚焦五位来访者的选择。

面对现实的选择，很多来访者都会被一个症结所困扰，那就是对方是否真的（不）爱我。我会跟她们说："看你对爱的定义是什么。每个人对爱的理解和标准不同。重要的是对方爱的能力，是否能够满足你的需要。"

跟自恋型伴侣最好的结局是什么？理想中，离开是最好的选择，但是现实生活需要有太多权衡考虑的因素，所以每个人的选择要按各自的需要和情况而定。没有最好的结局，任何选择都会经历挣扎和痛苦。无论是离开还是留下，只要认清现实，做出任何一种选择都是一场英勇的战役。

虽然自恋型虐待关系对一个人身心的损伤极大，但是出于种种原因幸存者选择留下，这是个人的选择，没有人有资格去评判。即使选择留下，这背后的动机也不尽相同。一些人经过权衡觉得可以接受伴侣的虐待行为，但是另一些人留在这段关系中是一个过渡，为了看清对方，进而更好地离开这个人。

如果幸存者选择留下，疗愈之路会变得异常艰辛。幸存者需要时刻面对自恋型伴侣所实施的显性和隐性的暴力，这势必会让幸存者长期经历情感的起伏和身体的不适。留下还可能会面临周围亲友和社会对于受暴妇女的偏见，让当事人感到压力和羞耻，更不敢去疗愈和寻求帮助。

即使幸存者选择离开自恋型伴侣，她所经历的认知失调和创伤性联结的体验也不会立刻消失，幸存者很可能会时刻陷入自我怀疑的循环中。幸存者一边需要处理动荡的情绪，一边需要重建自我。因为经历一段自恋型虐待关系，幸存者可能再也回不到之前那种天真的状态里，对人会变得谨慎，甚至会很容易动怒。这是疗愈过程中必经的阶段。

不仅如此，主动离开一段自恋型虐待关系还有很多现实层面的问题需要解决。我接触过的案例中，无论是分手还是离婚都是一个艰难的过程，没有所谓"好好开始就能好好结束"的剧本。

来访者需要在身心陷入低谷的状态下，依然坚守自己的底线，做出为自己和所爱之人负责任的选择。如果是分手，可能会面临跟对方情感、经济和社会关系的纠缠。如果是离婚，对方很可能会选择拖延甚至报复。

如果分手或离婚涉及孩子，对方很可能会使用低劣的手段争夺孩子的抚养权，故意不让孩子与幸存者相见，让孩子对幸存者心生怨恨，孤立幸存者。父母离间综合征（parental alienation syndrome）在自恋型虐待家庭中很常见，具体是指父母中的一方针对另一方进行的以憎恨为目标的活动，利用孩子作为其敌对活动的工具。[1]

在我接手的案例里，主动和自恋型伴侣离婚是极其艰难的。幸存者多次提出协议离婚的要求被自恋型伴侣拒绝是常态，很多时候离婚手续需要走起诉程序。在起诉过程中，自恋型伴侣不惜羞辱、算计、欺骗、隐瞒、操控幸存者和双方的律师，从而维护自己的面子和利益。

由于司法体系和从业人员对自恋型人格和自恋型虐待了解甚少，他们很容易倾向于相信自恋型伴侣的论述，让幸存者遭受心理和经济上的二次伤害。在这个过程中幸存者会身心俱疲，很多人都会因此而放弃，继续回到自恋型虐待的循环中。即使成功离婚，自恋型伴侣也会时不时出现，用共同债务、监护权、抚养费去继续操控幸存者。

在这一章里，我会通过上述五位来访者的亲身经历，跟大家分享和讲述不同个体所面临的不同挑战，以及如何基于现实的考量，做出最适合自己的选择，同时帮助大家创建一个工具箱，里面有技巧和资源能够处理现实生活中的挑战。

第一节 留下：独自咽下苦果

很多时候选择留在一段自恋型虐待关系中就是选择把苦果吞下。幸存者很容易认为自恋型伴侣的攻击行为是自己造成的，进而对自己进行责备和打压，产生身体不适和精神错乱的感觉。

德瓦苏拉博士提出，如果选择继续留在一段自恋型虐待关系中，幸存者可以尝试以下的几个技巧：

首先，合理期待。在一段自恋型虐待关系中最难处理的就是期待一次次落空所带来的绝望的感受。这是因为对方恋爱轰炸的举措可能会让我们继续有所期待，可能会觉得这次对方真的痛改前非了，只要我再给他一次机会，关系就会改善。幸存者需要认清自恋型伴侣脆弱的实质，以及关系很可能会重复"恋爱轰炸—贬低打压—抛弃回吸—恋爱轰炸"这个循环。自恋型伴侣的改变大概率是因为不想失去幸存者作为他的自恋供给对象，而非长期的、持续性的改变。保持一个合理的期待不会让幸存者陷入大起大落的情绪中。

其次，完全接受。完全接受自恋型伴侣很难改变这一事实。即使改变，他也很难有维持一段深入长久的亲密关系的能力。很多时候，幸存者总是希望通过自己的努力改变对方，这会让幸存者陷入自责和无力感中。如果能够接受并且认识到任何人（包括资深的心理咨询师在内）都无法完全改变自恋型伴侣脆弱的自我，幸存者们会更好地把握跟自恋型伴侣交往的分寸，把更多的时间和精力放在保护和关怀自己上来。

最后，维护边界，譬如采用"灰岩"（gray rock）的沟通技巧。灰岩旨在帮助一个人与自恋型伴侣互动，具体来说就是无论自恋型伴侣说什么做什么，都不要陷入他的情绪陷阱中。幸存者能做的就是把自己的底线表达出来，对方有任何的反应都要坚持自己的立场。

灰岩的沟通技巧包括：只能通过短信、电子邮件进行书面交流，就事论事地简单回复，在信息中不流露出任何情绪。它之所以得名，是因为灰色的岩石与周围环境融为一体，并不突出。这种类型的交流让自恋型伴侣感到无聊，所以会渐渐把注意力转到其他人身上。[2]

当幸存者被迫与自恋型伴侣沟通时，灰岩是一种理想的沟通方法，但是这种沟通方式很可能被自恋型伴侣利用，把幸存者描绘成为一个愤怒、刻薄、冷酷的人，可能不利于在司法程序中争夺应得的利益和孩子的抚养权。"黄岩"（yellow rock）是对灰岩的改进。它的名字来源于看起来比灰色的岩石更友好、更温暖、更吸引人的黄色岩石。通过黄岩这一技巧，健康的一方能够相对真实地面对自己。然而，它本质还是不满足伴侣的自恋需要，不太可能长期吸引自恋型伴侣的兴趣。

黄岩沟通的重点是想象自己所写的一切都是在法官或其他法律专业人员在场的情况下完成的。通过展示合理、礼貌的沟通方式，幸存者可以在司法系统中获得更良好的印象。具体内容包括：

（1）想象自己在跟同事或老板交流工作，态度彬彬有礼，忠于自己，不需要有太多情感的流露和跟话题无关的闲聊。请记住，你的沟通策略与自恋型伴侣怎么看你无关，一切都与司法系统的专业人士对你的看法有关。

（2）以结果为主，专注于现在和不久的将来，不要复盘过去的事件。如果对方开始偏离主题，展露出虐待性的一面，开始打压、贬低和挖苦你，可以提醒他回到问题的探讨上来。比如："虽然我不同意你对这件事的看法，但是咱们先把它放一放，继续回到暑假带孩子的安排上来可以吗？"

（3）当沟通取得进展时，记得认可和奖赏自己；当你的情绪被自恋型伴侣的某些言行触发到的时候，可以暂时远离沟通现场，关怀好自己的情绪，再重新进行沟通。这是一个熟能生巧的过程，没有人能够一步到位地做好，只要不放弃就好。该休息休息，该推进推进，把握好节奏，照顾好自己。[3]

当幸存者开始使用灰岩或者黄岩的方式维护自己的边界时，自恋型伴侣可能会变得暴怒，甚至会展现出攻击性行为。如果在这一刻幸存者对自恋型伴侣的情绪做出了反应，无论是讨好还是攻击，都会再一次地陷入虐待循环中。

很多幸存者不理解为什么表达愤怒也能满足对方自恋的需要，这是因为自恋型伴侣的目的是控制。只要自己的言语和行为能够触发对方的情绪，就满足了自恋者的需要。所以，面对对方的攻击，更有效的方式是不去回应。时间久了之后，当自恋型伴侣意识到无法再从你的身上获得控制感，他很有可能就会寻找新的目标。

需要强调的是，这里的"黄岩"和"灰岩"沟通技巧跟"冷暴力"非常不同，因为这是幸存者被迫沟通的时候，可以保护自己同时留下争取抚养权和应得利益时有效通信证据的方式，而非一种冷暴力的方式，因为本意不是去控制和虐待自恋型伴侣。

试图改变对方，最终只会拖垮自己

　　李萍和王琪决定留在关系中。李萍由于经济和孩子的原因选择留在这段关系中，她需要不断承受张鹏对她的情感忽略和贬低打压，打破自我责备的循环，把关注力放在自我满足上。王琪虽然留在关系中，但是她现在不断练习维护自己的边界。和陈飞以及他的家人的互动过程中，她学习不再希望获得对方的理解，不去卷入他家庭的闹剧中，更关注自己的情绪和感受，并且探索自己的需要。

　　我会时不时收到李萍的信息，从她的信息里能够感觉到她还是会时常陷入情绪混乱和自我怀疑的旋涡中。每一次混乱都会帮助她更看清关系的本质，这个时候，她会跟张鹏提分手。张鹏会选择拒绝或者忽略她的表达。自恋型伴侣不会轻易地结束关系，更不可能去真正共情和理解伴侣的痛苦。

　　李萍最近一次发给我的信息是一张她跟张鹏对话的截屏。在截屏里，她跟张鹏说"咱俩离婚吧"，张鹏就发了一个"滚"字，后面还加了一个笑脸的表情，就是嘴笑起来一条弯弯的线，被很多年轻人用作表示揶揄和嘲讽的那个。然后李萍的回复是：无赖。李萍随后问我："雨薇，他这个'滚'字是什么意思？为什么后面加的笑脸的表情给我一种不寒而栗的感觉？"

　　当我问到李萍为什么会有跟张鹏离婚的想法时，她告诉我："就是刚刚发生的事情，他明明说了一句骂我的话，转眼在我面前矢口否认，那一刻我震惊了。他又说用不用每次谈话我们录个音。就是这句话让我产生了自我怀疑，但自己又很快跳出了他的陷阱，我肯定他真的说过那些话！我觉察到他是不是运用了煤气灯效应？"

"是煤气灯效应，你的观察很准确。"

"我在发冷，他好可怕啊……"

"保护好自己，对对方降低期待，接受他就是这个样子，并且不要寄希望于对方能够满足你的需要。"

"是的，我之前完全没有意识到煤气灯效应的恐怖，现在才意识到原来真的好可怕，特别容易让我怀疑自己。那如果他这么对我的孩子们呢？如果他跟孩子们说'你妈是个神经病'，孩子们会不会受影响呢？我现在觉得我的大儿子多少还是受到了影响。他虽然学习很优秀，外表看起来特别懂事儿，但是我从他的朋友圈和他画的画里感觉到他特别忧郁。"

"我非常理解你对孩子们的关心。如果选择继续留在这段关系中，孩子们肯定会受影响。你能做的可能就是减少对他们的影响。如果直接告诉他们你们的爸爸是个有人格障碍的自恋者，他们很难理解，而且会造成他们的混乱。所以，如果可能的话，不用争辩张鹏对你的评判，告诉孩子你爱他们，接受他们对你的感受。我相信长大之后，他们会有自己的判断。在这个过程中，照顾好自己的情绪。"

"我明白了，我不会接他的话了。我也尽量不当着孩子们的面说他的不好，或者表露太多自己的情绪。我应该把更多的精力放在照顾我自己身上，还有就是学习和健身。之前我都会把他给我的钱花在这个家和家人身上，不敢花在自己身上，觉得自己不配。但是现在我要为自己着想，我会减少家用，多给自己存点钱。他送给我的奢侈品我也收着，留着以后可以变卖。这样如果有一天我离开了他，也能有本钱做个小买卖养活自己。"

虽然李萍还在经历混乱的过程，但是随着她对创伤疗愈的了解不断深入，以及练习合理期待、完全接受和维护边界，她陷入情绪混乱的频率越来越低，恢复情绪稳定状态也越来越快。李萍告诉我，现在让她释放情绪，获得掌控感的重要方式就是健身。

"之前健身是因为我生完两个孩子后都长到一百六十多斤了，我身高还不到一米六，我跟我老公出去，别人都觉得我是他妈。那个时候我特别自卑，把他出轨的责任都怪罪在我自己身上，觉得是我身材不好，所以他才出轨。

"我一开始健身的时候，他不允许。但是，我还是坚持了下来。后来，我把健身的关注点从减肥转移到保持健康的身材和良好的心态上来。我现在不去想他怎么看我，每当我健身的时候，我感觉就能忘记所有的情绪，不再去想对方怎么对不起我。"

"这是一个特别好的打破情绪反刍的过程，不再让你陷入想要改变对方和关系的死循环中。"

仍处在一段自恋型虐待关系中或者刚从一段自恋型虐待关系中

离开的人，往往会经历情绪反刍（rumination）的过程。

结合心理学家朱迪斯·赫尔曼博士（Dr. Judith Lewis Herman）关于创伤复原的观点，我观察到自恋型虐待受害者的疗愈过程总体包括三个阶段：

（1）创伤知情；

（2）情绪反刍；

（3）自我重建。

在第一个阶段，咨询师有必要让来访者了解和接受自己遭受了自恋型虐待这一事实，这是恢复主导权的关键。在第二个阶段，受害者经历情绪反刍的核心是希望解决不可解决的问题。情绪反刍在抑郁症等心理和情绪问题中也很常见。[4]这不仅不会帮助当事人处理情绪，反倒会逃避问题的核心，强化创伤性联结。情绪反刍也是让很多幸存者难以走出"有毒"关系的原因。

这三个阶段并不是线性发展的，而是循环往复的。举个例子，在来访者开始重建自信的过程中，他很可能会想到亲密关系中受自恋伴侣伤害的某个片段，下意识地去责备自己为什么不早点离开，却忽略了自己在不知情的情况下遭到了自恋型伴侣有意的欺骗（创伤知情），因此无法接受自己的选择，陷入愤怒的情绪中（情绪反刍）。

有很多可以打破情绪反刍的方式，比如：做一些积极有意义的事情转移自己的注意力，正念冥想，做放松练习，把对方所做的虐待性的行为记录下来，做一些在关系中对方不允许你做的事情。这一系列的练习都是帮助你打破修复关系的幻想，接受现实，并且把注意力放在自己身上的关键。

他想靠试管婴儿修补关系，我却有了恨意

王琪近期经历的一次情感冲击是，有一天，陈飞突然发信息问她是否能够接受试管婴儿这件事情。

王琪把这段时间和陈飞互发的信息转发给了我，里面是这样写的："你是否接受试管婴儿，有一个我们的孩子？这么问并不是想要否定和扼杀亲密关系，只是考虑到压力和年龄才有的想法，是独立的问题，没有关联。"

王琪回复："我无法接受在自己身体没问题的情况下去做这件事情，你有了解过什么是试管婴儿吗？我觉得我们还年轻，不知道你指的压力是哪方面的压力？有孩子是两个人都愿意然后发生的一件美好的事，他的到来不是为了完成任务。"

之后，陈飞是这样写的："我没有了解过关于试管婴儿的信息。我以为世界上那么多人做过，是科学安全的。生孩子不是任务，不要误解。试管婴儿仍然是我的精子和你的卵子，同样是我的意愿。"

后来，陈飞又附上另一条信息，里面是这样写的：

"我简单总结一下，怕你想太多。第一，之所以想到试管婴儿，

是因为我真的认为孩子可以促进和加强我们之间的关系。第二，世界上这个技术广泛传播，那么多人接受或主动采纳，说明它有一定的科学性。第三，它应该比自然受孕有更高的成功率，这样我的思想压力会变小，不用一直想着让你怀孕。第四，我不是说不想和你亲密，只是我自己，每亲密一次都希望你能怀孕。这同第三点。"

王琪的回复简明扼要，她说："你是因为体验到你想要的性，觉得我无法满足你，所以不想跟我亲密，但又想让我生孩子，所以才想到试管婴儿的吗？"

陈飞说："性真的只是生活中的一部分，我没有那么肤浅。不要过度看重。生活中更重要的是性格，以及是否轻松。我想要试管婴儿，就是想促进和加强我们之间的关系。"

我问王琪沟通完后她感觉如何，她告诉我："我没有对他的内容做回复，现在自己一个人坐着觉得千头万绪。对方没有了解过试管婴儿，却希望我配合；对方没有停止对我的伤害，不做正面回复；对方说有了孩子我们的关系会加强，可明明我还在受伤中，怎么能带着一颗受伤的心去抚养一个孩子？听上去我未来的日子就只剩下生孩子带孩子了，我的情感需求呢？我的事业发展和我的前途呢？对方看似自圆其说的话我觉得很刺眼。

"他永远得利，我一直被动，我不想配合了。我觉得这一切都是因为他自私自利、自以为是，刚才的瞬间我甚至有了恨意。我再次看清了这个人的真面目，一个企图靠做试管来尽快让妻子怀孕，然后把重建修补关系的重任压在孩子身上的人，是真正的巨婴，他还是在逃避他该承担的责任。

"他以为他在理智地权衡利弊，对我来说却是伤害在加剧，他只想着我可以变成他喜欢的样子、他想要的样子，而根本不尊重我，也没有把我当作一个有血有肉的人来看待。"

我回复道："你没有像之前一样陷入揣测对方的目的，而是以自己的需要为主，去看对方具体在说和在做什么，认可自己的情绪和感受。"

"雨薇，虽然乍看上去是今晚的变化，但我觉得是我一直在坚持觉察的结果，谢谢你陪着我。我觉得这周有必要再约个时间，好好巩固一下我自己的一些想法。"

等到了和王琪正式咨询的那一天，她一上来就迫不及待地告诉我："我非常不认可在现在这种情况下'生一个孩子就可以促进和增进感情'，这太扯了。我突然想到，他评价我强势，其实另一方面在表明，他觉得自己弱，控制不了对方，所以就直接扣帽子说是女性强势。

"我还没有完全决定要离开他，但是我坚定地想要保持目前这种分居的状态，绝对不想跟这个人住在一起。

"他上周又没有经过我的允许给我买了好多奢侈品。我跟他说了好几遍不要买，他说：'不行，一定要买。'他还继续给我打钱，还留言说是"零花钱"，我就想：你这是包养上瘾吗？我缺这点钱吗？这就是不尊重人的表现。

"他可能觉得自己做得好得不能再好，但是我觉得他做得不能再糟。他想出轨就出轨，他想给我买什么就买什么，完全都是以他的想法为主，他把我当成什么了？这让我想起我爸跟一个阿姨保持了几十年'好朋友'的关系，后来分手了是因为那个阿姨想跟他生个孩子。我爸知道这件事情之后立马提出了分手，还跟我说他们现在就是'非常普通的朋友'。我就觉得他们好现实，他可以为你付出时间和金钱，但是如果这件事情对他无利的话，他就会立马翻脸，离你而去。

"今天是我爸的生日。陈飞让我替他向我爸祝福生日快乐，我觉得很可悲。这是他第一次记得我家人的生日，还是因为前几天我提到了。他明明有我爸的微信，但是他选择让我去说。在刚开始的几秒钟我的确有一种感动，但是之后很快我就觉得这算什么啊。我们结婚这么多年，他父母和他妹妹的生日都是我一个人在办的。别以为他工作挣钱忽略我的父母就是合理的，我付出的时间和精力比金钱还重要。"

我回复王琪："你能够越来越关注陈飞做了什么，而不是听他说了什么，这特别重要。同时，我觉得你也在不断认可自己的感受，不陷入对方以自己的需要为中心的浪漫轰炸的模式中。那你现在如何划分跟他的关系边界呢？"

"我最近脸上又长了很多痘痘，我感觉身体里积压了很多的情绪。幸好我知道求救，不会压抑自己，不会用很多话术留住他的心。我现在已经有不想长久跟这个人生活下去的想法，只不过还没有做出这个决定而已。不过很明确的是我不想生孩子。如果我有了孩子，就算不是道德绑架，但是我所有的考虑还是会以孩子为主。如果没有小孩，我就可以做自己的选择，走自己的路。

"我觉得他对我没有吸引力，对他并不感兴趣。我发现我们三观都不一样。有一次，他们家庭群里分享了一个视频，他们会对别人的不幸遭遇幸灾乐祸。这种人如果是我的朋友，我都会离他们越来越远，更别说他们是我的伴侣和家人。

"他在表面上或者金钱上显示出的大方会吸引人，但是他和他的家人一样，其实很脆弱，容不得别人有其他的想法。他们很怕别人比他们厉害。我现在对我公婆笑眯眯，就像戴着面具一样。我心里跟他们特别远。我越笑眯眯，他们越没有办法影响到我。你们随便怎么说，我都不在乎。因为你们说的并不代表我。"

被 PUA 的人是骂不醒的

王琪突然停顿了一下，然后跟我说："我现在说出的这些话，除了对你说之外没有一个人能够理解我。我周围的人的生活也一地鸡毛。他们要么就劝我忍一忍，说什么'不能又要钱又要爱情'，要么就劝我赶快离婚，这种男人不能要。我这么优秀，他配不上我。我还有一个朋友，也刚离婚。她总是给我很多意见和建议。事情刚刚发生的时候，她跟我说不要主动联系这个人，后来我还是控制不住主动联系了陈飞。她知道后就跟我说：'怎么这么简单的事情你都做不到？我的时间和精力也很宝贵，为了你的事情不断地刺激自己的神经，对我来说也是种损伤。我图什么呢？累死累活只是让你做一点点，如果你什么都不做，医生都会觉得你无药可救！'"

我听到太多这样的情况，自恋型虐待的幸存者的亲友、助人行业的从业者、女权主义者都希望通过把自恋型伴侣"渣"的一面呈现出来，或者把深陷自恋型虐待关系的幸存者"骂醒"，让幸存者离开一段"有毒"关系。我很理解大家急迫的心情，遗憾的是，现实比想象中要更复杂。虽然我们非常希望所爱之人能够离开一个"有毒"的人，但是一味地劝人离开一段"有毒"的关系只会让幸存者更加怀疑自己的感受，陷入无力的循环中，出于好意的劝说可能会给幸存者造成二次伤害。有的时候，亲友甚至会把他们对其自恋型伴侣的无力感投射在幸存者身上，去谴责幸存者。

因为幸存者不是不知道自己经历了什么——她们甚至会天天学习了解自恋型人格障碍的知识——可还是缺少离开这段关系的力量。这一方面是因为缺少外界有效的帮助；另一方面是由于被精神控制后，不信任自己的感受，无法完全打破对对方的幻想，时常陷入混乱的状态中，所以无法真正离开。

多年辅导自恋型虐待幸存者的经历让我明白，离开是过程，而不是决定。这期间需要付出很多的努力。如果幸存者没有一个合理的期待，觉得知道就能做到，很容易就会陷入自我责备的循环中。

幸存者并不是想离开就能离开，而是通过一次次认可自己的感受，不断觉察关系中的虐待行为，看清对方自私的意图，接受对方无法被改变的事实，打破对浪漫爱情的幻想，处理好哀伤的情绪，在生活的一点一滴中积累起力量，这样才能离开这个人。

反倒是每一次突然下定决心的断联，可能一开始会觉得轻松畅快，但是不久就会觉得恐惧焦虑，再次陷入自恋型虐待的循环中。就像一位幸存者曾告诉我的："该走的路还是要走，不能跳，否则反弹的威力会更大。"

我跟王琪说："我听到朋友们把自己很多的期待和想法强加给你，不知道这让你感觉如何？"

"是的，我觉得她们是把自己代入了我的情境中。她们要么觉得女人就要知足，要么觉得应该立马把男人甩掉。但是人的情感这么复杂，哪有那么快就能够决定好？我觉得在这段关系中我还有很多部分没有看清，所以即使我离开了陈飞，可能在下一段关系中也会遇到很多相同或者相似的问题。所以我还是需要继续观察对方，同时也要疗愈我自己。我觉得我现在要跟我的这些朋友们保持距离。

"我现在越来越不担心自己会变得糊涂，对方说了什么让我产生的感受，我都很明确。我必须紧紧抓住自己的情绪，否则就会像我周围很多女性朋友一样特别混乱，一上来就会说："我老公是外界公认的好爸爸、好老公、好儿子，但是……我们之间没有交流，发生矛盾他永远躲在婆婆后面。"如果这个人不能让我更开心，那他就不是合适的人。他优秀与否，对我来说不重要。陈飞经常说："你不用考虑其他的，我保证你一辈子衣食无忧。"我心想你给我一个亿我也没用，钱多点少点我自己能挣，但是如果你满足不了我，什么都没用。

"我在网络上写作，读者们以为我是'人生赢家'。他们看到的往往是自己得不到的东西。他们可能会觉得：怎么到处都是不好的事情？总要让我看到一点好的吧！所以他们就会关注一些美好浪漫的爱情故事，以改变乏味的生活。我很庆幸我结婚十年没有生孩子，也一直在坚持工作。我自己这么能挣钱的一个人都会遇到这种事情，难以离开，更别说其他人。我很难想象周围的朋友们一胎生了一个女儿，还要再生一个儿子，然后自己的工作没有办法养活自己，还要靠老公和父母的贴补。真的想想就觉得好难。雨薇，你一定要把我的故事讲出来，让更多人知道，女性一定要经济独立，要情感独立。"

咨询快结束的时候，我问王琪现在怎么看待这段关系。她告诉我："我现在觉得陈飞出轨这件事情完全不是我的不幸，而是帮助我看清了这个人。我一开始找你咨询的时候觉得完蛋了，怎么会这样子，我要离婚了，我要孤独终老了。我现在完全不这么觉得。我现在觉得四十岁了也可以继续谈恋爱，继续建立亲密关系。世界上的人这么多，我害怕什么。我觉得总体上我要找一个三观一致，有共同语言，能够面对冲突的伴侣。这比有钱没钱、面子名誉重要得多。

"等我工作再忙一些，或者未来发展再明确一些，我就会尽快地离开。我现在觉得这个人在消耗我。我们之前共同生活了这么久，在分居的这一年，我想了很多。我觉得现在让我无法离开可能有两个原因。第一个原因是过去的一些记忆和习惯，毕竟一起生活了十几年，一想到离开，还是会有一些留恋。留恋就是留恋，我就学着克服。一想到我还有未来美好的生活，未来五十年比结婚十几年重要多了，我就不害怕。

"第二个原因，也是让我不愿离开的最主要的原因，是我始终觉得我在过去也是一个'有毒'的人。我也给他造成了伤害。那个时候的我情绪不稳定，想法很消极。他一直强调自己是很积极的人，因为脆弱，所以无法包容我的情绪，反而会攻击我。他就觉得你这个人怎么这么糟，怎么情绪这么不稳定。但是，我情绪不稳定是有合理需求的，只是他给不了。虽然理性上这么说，但是我情感上还是觉得自己带给他很多伤害。我需要时间去接受。"

"给自己足够的时间，王琪。"

"给自己足够的时间"是我对遭遇到自恋型虐待的幸存者经常说的一句话。很多时候，在跟仍处在一段自恋型虐待关系中的幸存者交流的时候，我觉得自己仿佛走在钢丝绳上一样，稍不留意就会把自己的期待和无力感投射在对方的身上。我非常能够理解很多人会对陷入一段自恋型虐待关系中的幸存者有"哀其不幸，怒其不争"的感觉。但是，有的时候知道却不说透，相信当事人有这个能力去发现，允许她自己去体悟，也是一种爱与慈悲。

李萍和王琪像一面镜子一样，让我更深刻地明白，对自己有耐心，给自己足够的时间去看清一个人，做出适合自己的决定是一个漫长的自我斗争，也是在学习自我关爱的过程。改变说来容易，但是现实生活中的改变是一步步脚踏实地走出来的。

不仅如此，当遇到挑战，她们所展示出来的脆弱、勇气和创造力，给了我源源不断的启发。这让我无论是在理论层面还是在实践层面，对"自恋创伤疗愈"这个议题有了更深入的理解。

有关心理治疗有效性的研究显示，咨询会产生有效的结果，但咨询师和咨询疗法的贡献仅占15%，而来访者的贡献占比最大，为30%。[5] 这个研究结果推翻了很多惯常的思维。

很多人认为找咨询师就像找医生一样，要找有名望的权威。似乎咨询的效果完全取决于咨询师的专业经验和能力。虽然咨询师的确起到一部分的作用，但是咨询的有效性更取决于来访者的意愿、能力和处境。具体来说，就是来访者是否有改变的意愿，来访者的专长和特性，来访者所处的社会、文化和关系。

我需要不断承认自己的无知，谦卑地向来访者请教，让她们告诉我自己的感受和想法。在我们这几年断断续续的合作中，我经常会跟她们说："如果我说了什么让你觉得不舒服的话，请随时告诉我。"她们总是很理解地告诉我："我会的，雨薇。"有的时候也会遇到解决不了的问题，但是她们依然选择面对和信任我，我内在的不安全感在某种程度上也得到了疗愈。我有幸受邀陪她们走这段路，她们也是我生命中的礼物。

第二节 离开：漫长的疗愈

无论是被动抛弃，还是主动离开，结束一段自恋型虐待关系都是件艰难的事情。

如果被自恋型伴侣所抛弃，幸存者很容易陷入自我怀疑和攻击的情绪中。有些幸存者主动离开后，因为没有经历前任的回吸，会不断怀疑自己的判断，认为对方可能没有自恋倾向，甚至怀疑自己才是那个"有毒"的人。

蓓儿在刚被分手的那段时间自信被彻底打碎，需要处理很多对过去的哀伤和反刍的情绪，才能不断打破认知失调和创伤性联结的困扰。这是一段困难重重的重建之路。

如果主动选择分手，也面临很多的风险。自恋的核心是脆弱的自我。选择主动离开会让自恋型伴侣的自我感到受到威胁，他们很可能会变得暴怒，甚至在言行上升级对幸存者的虐待。他们甚至会操控周围的亲友去攻击和孤立幸存者，让离开的过程变得更举步维艰。

我还遇到过来访者自述，有权势的恶性自恋型伴侣不惜一切代价报复离开的自己，企图摧毁她的生活，甚至威胁她的生命安全。

娅娅的伴侣虽然呈现恶性自恋型伴侣的特质，但是幸运的是对方无论在资源上还是能力上都不如娅娅，所以并没有能力对她构成太大的威胁。小艾的伴侣虽然表现出隐性的特质，但是在分手过程中对她施行了胁迫和软禁，已经侵犯到了她的人身安全。

如果幸存者想要主动离开自恋型伴侣，不要告诉对方自己的决定。如果两个人保持同居的状态，确保打包好重要物品，把危险的物品藏好，做好随时离开的准备。如果无法离开，那就寻求相关机构帮助或者报警。

物理上的离开只是离开一段关系的开始，下一步是心理上的离开。这个离开就意味着幸存者对对方一切的状态都保持一段距离。

这就需要幸存者无论是面对对方留恋的短信，还是在朋友圈发愧疚的感言或美好的瞬间，甚至是言语的骚扰和威胁，都采取冷处理的态度，非必要不回复，必要时延迟回复，回复的时候只简明扼要地把自己的想法表达出来，不向对方提供任何情感表达，拒绝被对方煤气灯效应，也有意识地不去煤气灯效应自己。

等到有一天，当自恋型伴侣过得好与坏不再过多影响幸存者的心情（看到对方过得不好会有一种窃喜很正常），幸存者能够平静地过自己的生活，学会享受独处，重建自我价值感，心理上的离开才就此告一段落。

成功的父母，往往养出没出息的孩子

我们咨询关系快结束的时候，蓓儿问我怎么跟她的好友小楠说她"被分手"这件事情。

"我一方面害怕她评判我，觉得我太幼稚，遇人不淑，认为主要还是我的错。另一方面我觉得作为好朋友，我应该告诉她实情。我怕有一天不经意间说到这段关系，她会责怪我没有告诉她。我害怕失去这个重要的朋友。"

"那你觉得在之前相处的过程中，小楠是个什么样的人呢？"

"她挺讲义气的，特别愿意打抱不平的那种。"

"那你们之间有没有遇到过冲突和矛盾呢？"

"好像没有……她是'如果我朋友遇到问题，我会坚定站在她那一边，一致对外'的那种人。"

"我觉得只要你信任她，并且觉得安全就可以尝试说出来。不过，要合理期待，可能对方不能完全理解你的经历。同时，可以一开始试探着说一点，看对方接受度如何。如果对方说了任何评判你的话，让你感到不适，可以转移话题。或者直接把自己的感受告诉她，希望她能够尊重你的感受。"

"好的，雨薇。"

过了几天，我收到了蓓儿的信息，她告诉我：

"我昨天约了小楠吃饭，然后聊到我分手的话题，我就讲了大致实情，就是他一开始疯狂追求，然后中间确实对我很好，很细心，但后面突然就说分开，并说了几个理由。我也承认我在相处过程中肯定也有问题。因为怕小楠不了解自恋型人格，所以我没有跟她说太多关于这方面的内容。

"小楠向我表达的意思就是，她觉得家豪就是没那么喜欢我了。虽然相处中我也有做得不太完美的地方，但小楠觉得这件事情主要的错是在家豪身上，并且让我拉黑删除不要回头，努力专注搞事业。"

我回复她说："感觉小楠真的站在你的立场上想问题，并且给了你很多支持和鼓励。"

"对的，是这样的，小楠是边界感特别强的女生，一副'敢说我姐妹不好我就怼你'的样子。她昨天那么做我觉得是想安慰我多一些，我也感受到了她的小心翼翼。让我欣喜的是，她说我变了，更懂得人情世故了吧。以前我更加倾向于活在自己的世界里，接受他人的付出，不会主动思考对方是否话中有话或者话中有需求，也不会有意识地观察并记住别人的喜好，很迟钝的。现在我反倒觉得这也是成长的必经之路。"

我问蓓儿，经过了这段时间的交流之后，她现在怎么看她和家豪的这段关系，她回复我：

"我这段时间突然发现，一直以来自己的情绪都是被他所带动和控制的。一开始他恋爱轰炸我的时候，我们仿佛有很多共同的话题，我很自信很开朗很快乐。现在才明白这都是因为他有意为之，而不是因为我们真的契合。他只是想快速取得我的信任和依赖，或许他对那些话题实际上一点兴趣都没有。

　　"后期我不开心了，变得自卑，战战兢兢，一切以他为先，不断讨好他，不敢表达自己的观点，这其实都是他的手段。他故意让我感觉到他的冷漠，也不说他自己的需求，让我自责，不断反思，营造自己很忙很累的状态让我不敢打扰他。他对我给他发的消息也没有什么回应，也没有一点兴趣。这是因为他这个时候的目的就是想让我主动说分手，他不想维系这段关系也就没有必要再演戏，再跟我聊天互动。

　　"这一切都是他设的一个局，演的一场戏。最后分手时数落我在他需要的时候没有给他支持，跟我没有共同话题没办法深入聊天。其实这些都不是我的缺点，我没必要怀疑自己。分手的真正原因就是，他觉得我不好控制，所以放手了，又找了一堆所谓的理由，其实都是假的。没有什么真情实感，都是利己的目的。因为困在他的局里，我内心就开始动摇，从而产生认知失调，怀疑自己的行为是不对的，自己是不够好的，要按照他的指示'调整'，乖乖待在局中任他摆布，被榨干价值。他的妈妈是这一切的帮凶。所以，我没有错，我只是被'选中'了而已。换个角度，这或许也是一份礼物吧。

"但很危险的是，我其实还没有拉黑删除他，只是在微信上设置了不看他的朋友圈，我现在害怕点开他的微信，我怕会看到伤害到我的东西，比如他介绍新欢的朋友圈信息之类的。一直拖着，怎么办呀？还有他妈妈的微信要删除吗？我顾忌的是，她是长辈，删了我会觉得有点没礼貌。"

我告诉蓓儿："看你的感受。如果你现在狠不下心，我特别能够理解，做好对方可能会联系你的心理准备。"

"好的，我了解，我做下心理建设，删完告诉你。迟早都是要删的。这类人可能觉得，分手后能跟他做朋友，有他微信，我都要感恩戴德吧。"

过了几天，蓓儿发信息告诉我："我想到了一个好办法，我想拜托我的好朋友帮我拉黑删除。还有一个问题就是，我爸还是会很愤怒，觉得有一口气没出。这几天一直跟我说，想给他们一家三口各发一条微信，发一段话。气出了这件事他才能过去。你觉得我是不是要极力制止。"

我告诉蓓儿："能够理解叔叔的愤怒，但是我觉得如果抱着'发一段话就能出口气'的期待去这么做，可能一开始感觉很痛快，但是之后对方的回复甚至是报复可能会让他感到更气愤。因为他们是不会承认错误，也不会善罢甘休。所以，如果能够把控好，不把情绪发泄在他们身上，找一些其他的发泄情绪的途径也许会更好。"

"我明白了雨薇，我会劝劝他的。"

最后一次跟蓓儿交流时，她告诉我："我觉得家豪本质上来说是妈宝男，与妈妈内心的连接永远存在而且他俩就是共谋。他最后选择的伴侣也是忠于父母的'最佳'选择，而不是自己内心喜欢的那一个。

"家豪长得特别正派，我一度不敢相信他的一些行为，会为他找借口，比如压力太大等，而且我觉得，这种从小家教很严、管很紧、规矩很多的家庭出来的男生，如果表面看着老实正派，有部分内心其实特别渴望自由狂野，私下也会很开放。"

我回复道："关于家教森严这个部分特别认同，男性对母亲有一种既爱又恨的感觉，希望获得母亲的认可，但同时又厌恶女性，渴望逃离。这一点在亲密关系中表现得特别明显，其实还是没有完全脱离对母亲的依赖，也跟母亲看似体贴但内在是控制的行为有关。"

蓓儿继续说："我感觉很大一部分男生面对母亲控制都不太敢直面、调整，有时候还要妻子帮他们完成和母亲的脱离，但更多时候他们只是将妻子当成第二个妈。如果说前几天还在迷茫困惑，那么现在我醒过来了。

"我发现自我探索的过程，就是更加坚定地认识自己是个怎么样的人。当遇到别人评价自己（不论表扬还是批评）时，都能以平和客观的心态看待。不会因为他人的评价而大喜大悲，情绪化，或者认知失调。任何应激反应，比如逃避、攻击等都是因为触及了内心的创伤。这就解释了为什么对方会攻击我，或者我会攻击别人，都是源自内心的一些自卑等。找到原因之后，就更顺畅啦。"

分手后的断联误区

上次娅娅决定拉黑阿亮之后，她就没有再回到关系中。但是，她还会时不时查看阿亮在社交平台的动态，想知道对方近况如何。保持社交断联在当今社交媒体盛行的时代几乎是不可能，这给疗愈工作增加了难度。

一位经历过自恋型虐待关系的社群伙伴告诉我："分手前她跟我说：'我跟出轨对象就是玩一玩，到时候还是会跟你在一起，你这辈子就栽在我手里了。'我微信拉黑了她，她用短信找我；手机号拉黑了她，她用支付宝找我；支付宝屏蔽了她，她用闲鱼找我；闲鱼屏蔽了她，她经常去我的唱吧，听我的歌曲。我感觉她就像一个鬼一样，阴魂不散。"

娅娅告诉我："我还是会去查看他的社交媒体。之前可能会更频繁一些，现在基本上保持在睡前和早起后刷手机的时候。"

"那你觉得是什么会让你想看对方的社交平台呢？"

"我想知道他最近在做什么，状态如何，分开了之后怎样了，会不会变了一个人，好奇对方是什么状态。"

"那你感觉如何呢？"

"想看到他的状况，但是不想看到他过得好。就是有这些小小的邪恶想法。我还很害怕看到他跟他前女友秀恩爱，或者很快跟其他女生秀恩爱。我感觉我的潜意识里还是没有完全接受我们分开这个事实。"

"很理解这种感受，娅娅。理想的条件是当你离开这个人，就可以切断跟他之间的关系。但是，如果现在一时间你做不到这件事情，慢慢来。当然，如果看对方的社交媒体已经给自己的情绪和生活造成了困扰，这是我们需要关注的。但是如果你感到情绪起伏在慢慢下降，就不用太纠结这件事情。可以先从每天减少看他的社交平台的频率和时间开始，比如这周一天看两次，一次看半个小时，那争取下周一天看两次，一次看二十分钟，慢慢来。"

"之前在自恋型人格障碍小组的帖子里，我看到留言说要彻底不看不联系伴侣，就觉得我这么做是不对的，现在感觉听到了不同的意见。"

"如果没有准备好就完全切断联系，'后坐力'会使你责备自己，陷入之前美好的回忆。这需要花一段时间慢慢处理好。能够把持好自己，有意识地减少就好。断联经常陷入的误区是'我一定要如何如何'，没关系，给自己足够的时间。"

"但是我感觉现在他发的动态好像换了个人一样，跟之前特别夸张的那种模式相比，现在比较正面，仿佛在表达愧疚、伤心的情绪。他经常动不动就会发一些名言警句，还会发一些出去散步、郊游的照片。会不会是他改变了呢？"

"首先，自恋型伴侣在分手后可以按照你喜欢的方式发朋友圈，希望博取你的注意力很正常。我之前遇到自恋型伴侣为了回吸前任，会把前任单独分组，发一些仅前任可见的朋友圈，迎合前任的期待，进行定点攻击。其次，不知道看到他朋友圈的内容，会不会让你回忆起之前相处的一些瞬间呢？"

"最后几次拉扯，有一次我说要彻底离开他，他会说'终于体会到我对你造成的伤害，有想哭的感觉'。他说很多事情他自己不成熟，只能向前看。我现在一想到自己主动离开了他，就感觉'他完全跟我没有关系了'，'他要彻底从我的生活中消失了'。会不会因为他年龄还太小，男生又成熟得晚，我做得太过分了？"

我能感觉到娅娅又陷入了认知失调的模式里，我问她："你觉得这几次分手和复合的纠缠过程中，他是如何表现的？"

她想了想，告诉我："他会先示弱，表达出有想改变的意思，让我回头。但是那个时候我就感觉到我们俩的关系特别脆弱，根本不堪一击。情人节的时候我送他礼物，我跟他说我爱他。他听了之后跟我说：'不要跟我说这种恶心的话。'接到了礼物之后还莫名其妙地跟我说：'你是不是做了很多对不起我的事情？'我当时就很纳闷。后来我过生日的时候，我想让他给我买喜欢的手链，他看了一眼觉得太贵了就什么都没送我。"

"那你觉得对方的行为在表达着什么呢？"

"在他眼里我并不重要。"

"那你现在感觉如何？"

"他这么说，我就觉得特别愤怒。我很想报复他。为什么他可以得逞？为什么他可以把几个女生耍得团团转？"

我经常听到来访者说有关报复的想法。当来访者逐渐接受自恋型伴侣真实一面的时候，愤怒是一种经常出现的情绪。很多时候我们处理愤怒的方法就是希望对方得到惩罚。虽然小说和电视剧常出现这种情节，但是在结束一段自恋型虐待关系后，"正义"往往是缺席的。很多病态自恋者拥有很多权力和资源，能言善辩，极具迷惑性。他们不仅会利用权力保护自己，还有可能继续伤害更多的人。所以，如果我们还抱有"善有善报，恶有恶报"的期待，只会更加失望。

我一般告诉来访者，报复病态自恋者就面临着自身安全受到威胁的风险。如果希望通过报复对方能感觉到好受些，那说明自己可能还陷在这段关系中没有走出来。对方的一举一动还是会牵动着自己，消耗着自己的心理能量。我觉得最好的报复就是从他们的手里夺回自己的自由，不再被他们虐待性的行为，诸如冷暴力、煤气灯效应操控、缺少共情力所困。当切断了自恋型伴侣控制自己心理的线，你便获得了真正的自由，这是对他们最好的报复。

我把这些想法告诉了娅娅，最后补充道："我的责任是把所有可能发生的都告诉你，最后把决定权交给你。无论怎么做，我都会支持你。我希望你安全第一。"

"明白了雨薇，我再好好想想。"

当我再收到娅娅的消息的时候，她告诉我她发了一条抖音视频，把阿亮所有的事情都曝光了出来。

"我还是控制不住自己，把他所有的恶心事儿都说了出来，分享给了我们共同的朋友。我看到他的一位朋友还给我点了赞，那一刻我觉得特别解气。"

我问娅娅阿亮有没有对她做出什么事情。娅娅告诉我："他就很愤怒地给我用各种平台发消息，让我赶快把那个视频删除，他甚至扬言要找到我，给我颜色看看。我搬了家，他也不太清楚我公司在哪里，所以他根本找不到我。我感觉我当众羞辱了他，特别爽。"

我还是隐隐地有些担心娅娅的情况，于是回复道："听到你感到了解气和释放，为你开心。请确保自己的安全，保护好自己。"

"好的雨薇，谢谢你的关心，我会的。"因为娅娅切断了一切跟阿亮的联系，阿亮没有再联系和攻击娅娅了。

后来当我问到她现在情况如何的时候，她告诉我自上次发完视频后，经历了短暂的一段情绪高亢期，但是很快情绪又跌到了谷底。

"那个时候我感觉无法放松自己，身体是紧绷的，还有酸痛的感觉。白天工作无法集中注意力，到了晚上会感觉抑郁，暴饮暴食，用食物去调节自己的情绪。休息特别不好，整宿整宿地睡不着觉，脱发很严重。后来，我去看了医生，被诊断出有 PTSD，现在在吃药稳定自己的状态。我现在还好，一直都按时复诊，各个方面都还行，谢谢你惦记着我。"

看见他的出轨日记，我终于彻底醒悟

娅娅离开的故事暂时告一段落，让我们把镜头转向小艾。小艾还面临着丹住在她家，不愿意离开这件棘手的事情。后来，经过和亲人朋友商讨后，她决定报警。

"我的一个年长的朋友知道了这件事情，把她的一个律师朋友介绍给了我。我跟律师说完之后，律师愤怒地跟我说：'如果你是我女儿的话，我心疼死你了，我都想把那个男的杀了。你一定要报警，保护好自己。'上周还有一天，我们大吵一架，我说要跟他分手。他一开始跟我说：'你要毁了我们三年的感情吗？'之后干脆进入我房间，把手放在我的肚子上，逼我跟他对话。早上六点醒来，他躺在我的床上，继续逼我对话，就是一种严刑拷问的感觉。最后是我求他，他才肯走。我害怕极了，夺门而出。等到了晚上，丹还把我们家门反锁了。那一刻我就下定决心要跟他分手。

"我也通知了他爸爸，告诉他如果他儿子明天下午之前不走，我就会报警。他爸爸去了他也没开门，一直把自己反锁在里面。丹告诉他爸爸，他想跟我当面谈。我去找他，他的态度非常差。他告诉我他怒不可遏，说自己也是住在这儿的，我有什么权利赶走他。他还说这里的警察来了可能只是和我们进行一次对话，即使下驱逐令也至少需要一两个月时间才能执行。最后他又求我让他住到那时再找房子、搬走。

"那个时候我信以为真，还好我的朋友知道丹可能会耍赖，所以帮我报警。警察来了，丹说自己因为要跟我分手，没有一天睡好觉的，感觉太累了，能不能明天再聊。他还强调，我离家出走的那一天，他一夜都没睡，就是在等我回来，结果我一直都没回家，所以他就放弃了，不得已把家门反锁。他真的像奥斯卡影帝一样，摆出一副'我都这么惨了，你怎么还要把我赶出去'的样子，总是一种受害者的姿态。其实，把主人反锁在外，主人是可以报警的，算是紧急呼叫。

"搬出去之后，他还尝试用邮件和短信跟我联系，我都没回他。他来搬东西的那天，我们俩都哭了，我那个时候还在想，为什么要到这个地步呢。可是，第二天我无意间在他的房间里发现了一个日记本。我才发现原来在我们认识之前，他和一个已婚已育的女人保持性关系已经有一段时间了。日记里详细记录了他们两人之间的互动。那个女人还自称是他的奴隶，总是想要跟他发生性关系。翻阅他的日记，很多关系初期的奇怪情形都对上了，比如，有一次我俩约好第二天要吃饭，结果晚上我给他发信息确定地点，他一晚上都没回我。原来他一整晚都和那个女人在一起。

"那个时候我们认识没几个月，还在热恋期。他总是会带我回家，对我特别殷勤。现在我对他的印象完全被颠覆了。如果我没发现这本日记，以我的个性，今后还有可能回到关系中去，至少也会成为朋友。现在我才发现之前所有的不安全感是真实的。所有他不回我信息的时候，基本上都在和这个女人鬼混。我和这个女人的生日只差一天，也就是说他前一天刚给她过完生日，第二天就给我过生日。

"我在他其他的日记里看到，他写给那个暗恋对象的好几封表白信，还说什么'爱你好像呼吸一样那么容易'。而他跟我说'我爱你'三个字不是那么轻易能说出口的，需要经过几十年的磨合才行。但是，他在日记里跟一个从未交往过的女生这么表白，太可怕了。我对他的幻想一下子就被击碎了。

"我才发现我们在一起的三年，有两年他都是没有工作的，而且找各种各样的借口不去工作。之前没有跟他住在一起的时候，我觉得他可能是一直在做自己喜欢的事情，比如写小说，设计游戏，后来才发现他只是拿着低保，没日没夜地打游戏，自己的伟大理想还在原地踏步。之前他还辩解，说：'大公司特别邪恶，他们应该多交点税，普通人多不容易，总是在做一些没有意义的工作。应该给普通人提供房子和生活费，这样他们才能真正做自己热爱的事情。'他跟前任分手，都是前任的错。他跟我在一起，都是我的错。他找不到工作，都是社会的错。"

过了一段时间，当我们再次见面的时候，我问小艾感觉如何。

她告诉我："他这段时间开始想挽回我了，发信息告诉我他有多想我，继续骚扰我，我看到的第一反应就是恶心。我完全没有搭理他，我现在对他的感觉只有恨，觉得他这个人特别自私邪恶。"

"虽然恨他，但是不知道为什么我还是会梦到他，甚至会做一些跟他有亲密行为的梦。在梦里我还是会体验到那种温存的感觉，我真的觉得好羞耻。"

我告诉小艾："很多时候梦在表达压抑的情绪。在日常生活中，当我们感到不安全的时候，会下意识地压抑很多情绪。但是这些情绪并不会因为被压抑了就消失，反倒会在我们做梦的时候，也就是我们的防御机制比较放松的时候，被释放出来。所以，做梦并不是代表着你还爱着他，或者你很留恋你们的亲密接触，而是大脑在处理已经跟他分开这一事实。"

"这么一说的确是，我们两个后期基本上也没有什么交流了，可能唯一的亲密感就是通过性获得的。而且他在整个过程中也并不是很在乎我的感受，也不怎么采取保护措施，所以我总是感到很紧张，不能完全放松。还有一件让我放不下的事情是我跟他在一起的时候，他给我拍了很多私密照片，我很害怕他利用这些照片勒索我。虽然我知道这不是我的错，我也可以寻求法律途径解决，但是我还是觉得特别恐惧。"

"那你觉得是什么让你感觉恐惧呢？"

"就是一种不确定性，不知道他会自私到利用照片做些什么。"

"以我的经验来看，脆弱型自恋伴侣会过度注重自己的隐私，总是有一种受迫害的倾向。他把你的照片，特别是跟你一起的照片泄露出去的可能性不大。而且你已经想到了解决办法。我觉得可能这种恐惧更多的是来自一种因为被背叛，对他的信任被击碎，处在一种震惊的状态里。这种感觉好像过去的一切都是一个骗局，你也很难预测对方未来的行为，整段关系都被否定掉了，所以，你会有一种恐慌感。不知道是否可以这么理解呢？"

说到这儿，我看小艾突然流下了眼泪。她说："抱歉，我情绪有些激动……"她擦了擦眼泪，继续说："就是，我感觉自己为什么这么傻，在这种人身上浪费了这么多时间。分手后，自己怎么恢复得这么慢，还是没办法彻底放下这段关系。"

"我听到了很多自我责备，不知道是什么让你会有这种想法呢？"

"我前些日子见了一个朋友，她有过很多恋爱经历，我一直把她当成我的恋爱顾问，她经验丰富，并且还同时跟好几个男生约会，我觉得她懂得比我多。我跟她说了我分手的这件事情，我告诉她我很难过，还对丹很留恋。然后她就说我傻，说我应该高兴，跟那个穷鬼在一起是没有未来的。但是我就是好不起来，感觉自己很差劲，很委屈。"

"我听到对方在那一刻没有看到你的情绪，反倒会把自己的想法强加给你。"

"是的！这么一说我感觉她好像是女版的我前任一样。自己不奋斗，总是希望通过找一个有钱的男朋友发家致富。在一段关系中不断出轨、说谎，没有同理心。我在跟她交往过程中有很多时候都感觉不舒服，但是因为一个人在海外生活太孤独了，我很需要跟相同文化背景的人聊聊天，吐吐槽。因为很多事情只有在国内长大的人才明白，所以我跟这个朋友一直有联系。"

"小艾，我看到很多伙伴在经历了一段'有毒'关系后，突然发现自己的气质会吸引很多相似的朋友。这很正常，是因为你觉醒了，而且有辨别能力了。很多伙伴会担心自己是不是变得'事儿多'了，但我觉得这反倒是件好事儿，你越来越清楚自己的边界在哪儿，把那些'有毒'的人排除在外。没有人有资格告诉你应该怎么选择，以及给你的疗愈设定一个时间线。给自己足够的时间。"

过了一段时间，我收到了小艾的信息。她告诉我："我深深地反思了自己以前的交友原则。我以后不能因为排解寂寞而交朋友了。她明显无法共情我的处境，我拉黑了她，我需要给自己创造一个安全的空间去疗愈自己。"

"支持你，小艾！为你的决定感到开心。"

参考文献

1. Montagna P. Parental alienation and parental alienation syndrome[M]//Psychoanalysis, Law, and Society. London and New York: Routledge, 2019: 188−200.

2. 德瓦苏拉 . 为什么爱会伤人 : 亲密关系中的自恋型人格障碍 [M]. 吕红丽 , 译 . 杭州 : 浙江大学出版社 , 2022.

3. Swithin, T. Implementing yellow rock communication when co−parenting with a narcissist.[EB/OL]. [2023−03−13].https://www.onemomsbattle.com/blog/implementing−yellow−rock−communication−when−co−parenting−with−a−narcissist.

4. Watkins E R, Roberts H. Reflecting on rumination: Consequences, causes, mechanisms and treatment of rumination[J]. Behaviour Research and Therapy, 2020, 127.

5. Norcross J C.Psychotherapy Relationships That Work: Evidence−Based Responsiveness[M]. New York: Oxford University Press, 2011.

后记

创伤疗愈作为一种
意义的追寻

这本书断断续续写了一年多。感谢本书的编辑叶嘉莹的邀请，让我有机会能够系统性地整理辅导自恋型创伤的理念和经验。同时也感谢编辑宋文倩的协助，没有她们的支持和鼓励，这本书不会有今天的呈现。随着这两年思考和实践的不断深入，我的心境发生了改变，对自恋型创伤这一议题有更深入的看法，比如：从政治经济的视角探讨自恋，性别结构对于青少年时期男性发展的影响，女性自恋的特征，以新自由主义、个人主义为基础的西方理论（如心理学、女性主义）的去殖民化、本土化过程，等等。

我发现讨论自恋型创伤这一议题的时候，应该把它放在一个更大的社会背景和更复杂的权力关系之中去理解。由于本书篇幅有限，不能一一展开，略显遗憾。希望未来有机会跟大家继续分享，欢迎批评指正。

当初聚焦自恋型虐待的疗愈工作，是因为我本人也曾是一个自恋型虐待的幸存者。

我曾"爱"一个人爱到失去理智，放弃了一切，为爱走天涯。我想要一个真正懂我、理解我的人，他能看到我内心的冲突、精神上的空虚、环境上的不适应。他能够抚平我的创伤，把我从泥潭里面拯救出来。那个时候，我相信只有他才能给到我关心。

我就想要追求那种疯狂爱的感觉。我能感觉到自己被深渊里释放出的一种巨大的暗能量所吸引着，无法逃脱。那一刻我抛下了一切，就想看看深渊的尽头到底是什么。

直到爱成了控制打压和妥协忍让，直到我有一天起来浑身酸痛，精神恍惚，无法集中注意力，直到有一次无意间翻到他的聊天记录，发现了他的所有秘密。

那一刻我僵住了，没有哭闹和对峙，但有一种释怀的感觉。

我终于明白，我无法满足他脆弱的自尊心，我也无法给到他所想要的认可和关注，我更无法改变他的自私和逃避。

我不知道谁能够拯救他，但我知道那个人不是我。

于是，我选择拯救我自己。

我没有及时离开他，因为这对我来说太痛苦了。一方面是因为还对他有期待，另一方面是我已经背叛了全世界，无力马上回头，所以，我选择从心理上渐渐地离开这个人。

这个过程是极其痛苦的。对抗认知失调的过程就是把自己赋予他身上的光辉一点点剥掉，每剥一层就像撕掉一层皮一样痛苦。最后留下的，是他最真实、最赤裸的一面。当他的光环不再，我知道时间到了。

就像很多自恋型虐待的幸存者所经历的一样，离开自恋型伴侣对我来说也是一场无比狼狈的纠缠，现在想起来还心有余悸。

幸运的是，在这个过程中我有足够的资源去接受专业性的帮助，也有人坚定地站在我的身旁信任我、支持我。我深知不是每个人都有这样的条件去疗愈自己，所以那一刻我下定决心，当我疗愈整合好这段经历，我要为像我一样的幸存者们做些什么。

你问我后悔吗？我不后悔。如果再让我活一次，我依然会这么选择。因为如果不经历这一切，我无法真正面对自己的创伤，去认真学习爱的功课。

爱不仅有教科书里所讲的平等、沟通、尊重和诚实，还有自私、伤害、恐惧和无可奈何。当美好的泡泡被戳破的时候，我才意识到，爱不是一个抽象的概念，而是用心经营生活的一种能力。

于是，我不再一味地批判和抱怨，开始积极地承担起疗愈的责任，改变自己低自尊的状态。

在疗愈的过程中，我逐渐明白，缺爱不是借口，自己需要为自己的情感创伤负责，不能希求任何人成为你的拯救者，或是幻想自己未来能够奇迹般地被改变。我之前无法分辨爱和控制，也不会爱自己，更不会爱别人。

在情绪哀伤的过程中，我经历了无数次情绪被触发的时刻。每当这个时候，我会告诉自己你值得被爱，你可以表达出来，你不再是那个小时候需要看人脸色的无助的孩子。

当我有了边界感后，我学习克服内疚自责的情绪，告诉自己这不是自私，而是维护自己利益和规则的正当行为。

当我接触一个人，我越来越不太在意他拥有什么，也不在意他说什么，而是在意每次遇到冲突的时候，他的反应是什么，如何去做出选择。

我一度对自己的经历感到羞耻，也因为看到自恋者继续逍遥法外，没有受到惩罚而感到愤怒，但是我没有选择沉默，我使用我的方式开始"复仇"。

受到很多幸存者的鼓励和启发，我开始学习助人的知识和技巧，渡人渡己。我做播客，呼吁更多人关注自恋型创伤这一议题。我创建社群，邀请更多有相同或类似经验的伙伴互助疗愈。我无法改变过去，但是我可以决定当下，影响未来。自恋型创伤疗愈不只是一个个人被疗愈的课题，也涉及诸多社会性的议题，需要更多的关注、探讨和改变。

对我来说，自恋型虐待逐渐从一个如鲠在喉的经历，到创伤性的身份，再到一个联结他人，创造改变，实现自我的契机。

因为自身的经历以及跟来访者合作过程中所观察到的相似的体验，我开始阅读相关的研究文献，结识了有四十多年科研和临床经验的心理学家拉玛尼·德瓦苏拉博士，接受了她系统性的培训，开展了辅导自恋型虐待受害者的工作。

大部分寻求咨询帮助的是自恋型虐待关系中的受害者，他们的伴侣往往是不在场的，这就给咨询的过程带来了困难。我需要从来访者的叙述中把支离破碎的情节串联起来，尽量客观地讲述并解释她们的经历、情感和选择。

有读者可能会问："只听一面之词，会不会不太客观呢？"其实，亲密关系暴力的案例几乎都是需要依靠受害者的记忆来还原真相的，一个原因是涉及私人领域的问题缺少目击者，另一个原因是施虐者很少会承认这些虐待。尽管存在这些挑战，创伤心理学家经过研究发现，受害者对于创伤事件的叙述是有很强的可信度的。

我跟蓓儿、李萍和娅娅进行的是短期的合作，咨询时数加起来大概十个小时，断断续续持续了两到三个月的时间。在和长程咨询的来访者小艾和王琪的交流过程中，我们已经保持咨询关系一年有余。

在这里我想表达对这五位来访者的敬佩之情。感谢她们有勇气去讲述自己所经历的创伤性的体验。出于个人的安全和隐私考虑，所有当事人都采用虚构的名字，相关的身份信息也经过了模糊化处理。我希望这五位主人公的故事能够成为一个启示，让更多有相似经历的人夺回自己的选择权，书写自己亲密关系的结局。

经历过并战胜自恋型创伤的幸存者们是我见过的最真实、最勇敢的一群人。他们学会原谅过去的自己，跟之前的伤痛和解，在当下的生活中树立好自己的边界，并且对他人充满慈悲与爱。

对于很多幸存者来说，经历了自恋型虐待关系，才能深切地了解自己的核心创伤，并且赋予创伤以意义。这个阶段用英文来说是 Thriving，中文的意思是茁壮成长。玛雅·安吉罗（Maya Angelou）说过："我的人生使命不仅仅是生存，而是茁壮成长；

带着激情、慈悲、幽默和个性去这么做。"

有位来访者曾感叹道："雨薇，陷入自恋关系中是不是成长的必经之路？我经历过之后，发现周围有一个好朋友也在经历同样的事情，但是我发现无论怎么劝她好像都没有用。我想象一下那个时候的自己，好像也是这样。必须自己经历，才能够明白。"

我觉得她所言极是。经历自恋型虐待本身可能不会让一个人变得深刻，往往是经历苦难后，有了主动性，挣扎着去反思、改变、成长，这个过程才真正让人打破对于爱的幻想，感受到什么是真正的爱。

我遇到过很多幸存者不断挑战自己，选择去做那些自己想做，但因为受困于一段不健康的关系从未有机会做的事情。有些人培养了受益一生的兴趣爱好，热爱生活，积极过好每一天。有些人重返学校学习，成为律师、社工和咨询师，或者在自己的工作中尽可能创造机会，帮助陷入自恋型虐待关系中的受害者和幸存者。在这些行动中，他们把个人的力量凝结起来形成集体的力量，不仅寻找到了人生的意义，还在积极创造超越个体的改变。

就在今天的工作中，一位正在疗愈自恋型创伤的来访者这样告诉我："我曾因为自恋的父亲给我造成的伤害感到羞耻和愤怒。我不知道怎么面对自己的软弱，所以一度被他吸血吸到情感麻木，身体僵硬。后来，我踏上了疗愈的旅程，深入地为小时候的自己哀伤，开始学习接纳真实的自己。那个时候我极度痛苦，整夜失眠，每天脱发。我一度觉得自己失去了共情力，变成了我的父亲。

直到有一天，我再也不愿意进入那种关系中，我感觉自己起死回生了。我意识到我不再需要摒弃过去的自己，我的过去成为我生命中的一部分，甚至是重要的部分。我想成为一名咨询师，帮助更多的人疗愈在原生家庭中所经历的自恋型虐待。我觉得我找到了自己的使命。"

自恋型男友识别指南

你的男朋友是否有以下表现，符合的请标 ✓

1. 聊天的时候总是只谈论自己，对你的想法缺少兴趣　　□ 是　□ 否

2. 刚认识就对你很热情，主动追求你，你觉得遇到了灵魂伴侣　　□ 是　□ 否

3. 好胜心强，容易跟你产生矛盾和爆发争吵　　□ 是　□ 否

4. 即使没有获得相应的成就，也认为自己能力很强、与众不同　　□ 是　□ 否

5. 期待你能经常夸奖他和称赞他　　□ 是　□ 否

6. 从不站在你的立场思考，总是希望你顺从他　　□ 是　□ 否

7. 一旦你质疑他或者拒绝他的要求，他就会情绪失控甚至暴怒　　□ 是　□ 否

8. 缺乏同理心，从不关注你的感受和需求　　□ 是　□ 否

9. 不会为改善关系努力，每次你想好好聊聊，他往往会逃避　　□ 是　□ 否

10. 当你指责他时，他会扮演"受害者"的角色，推卸责任　　□ 是　□ 否

11. 经常冷暴力，态度疏远冷淡，对你漠不关心，不回复信息　　□ 是　□ 否

12. 否认自己说过的话、做过的事，让你经常怀疑自己的判断　　□ 是　□ 否

13. 你经常感到失望沮丧，怀疑自己是不是做错了什么　　□ 是　□ 否

14. 干涉你的衣着、言行和交友，让你时刻告知他自己的位置　　□ 是　□ 否

15. 对你处处不满意，挑剔你做得不好　　□ 是　□ 否

16. 挖苦嘲讽你的生活习惯和兴趣爱好，经常贬低你 □ 是 □ 否

17. 永远不会真诚道歉，不承认他做错了或者伤害了你 □ 是 □ 否

18. 有意无意地提到童年的悲惨遭遇，以及被前任伤害的经历 □ 是 □ 否

19. 善于在外人面前树立良好形象，来获得他人的正面评价 □ 是 □ 否

20. 忠诚专一度低，和其他异性关系密切甚至出轨 □ 是 □ 否

21. 当你想结束这段关系时，他会向你示好和做出承诺 □ 是 □ 否

22. 在感情深入发展的时候忽然提出分手，然后迅速失联 □ 是 □ 否